토픽 한국 불교사

36개 테마로 보는 한국 불교의 스펙트럼

토픽 한국불교사

김용태 지음

여문책

차례

이 책은 불교를 프리즘으로 삼아 한국사의 다채로운 스펙트럼을 담은 교양서다. 빛이 파장에 따라 퍼져나가듯이 불교와 관련된 36개의 토픽으로 한국의 역사를 가로세로로 가로질렀다. 비록 책 한 권에 한국 불교사의 모든 것을 담아낼 수는 없지만, 한국사의 흐름 속에서 불교가 무슨 역할을 했고 또 어떤 의미를 갖는지 생각해보고자 했다.

필자는 한국사를 공부하다가 불교의 매력에 빠져서 전공으로 택했고, 이후 25년을 불교사 연구로 보냈다. 2016년에 『토픽 한국사 12』를 낸 지 5년 만에 『토픽 한국 불교사』를 출간하게 된 것은 필자가 걸어온 학문의 여정과도 다르지 않다. 『토픽 한국사 12』의 프롤로그에서 밝혔듯이 필자는 10대에 치기 어린 민족주의자였고 대학에 들어갈 때는 고대사의 영광을 되찾는 꿈에 부풀어 있었다. 그러다 시대의 현실에 눈뜨고 인문학도로서 소양을 키우면서 동아시아 문명의 보편 가치, 전통에서 근대로의 이행 문제에 관심을 가지게 되었다. 그러면서 한국 밖의 더욱 넓은 세계로 시선을 돌렸고, 동아시아 문화권의 공통분모이면서 근대의 파고를 넘어 지금까지 이어지는 불교의 도도한 전통과 마주하게 되었다.

역사학도라면 강의나 책 외에도 답사의 추억에서 사찰과 불교를 떠올리게 마련이다. 필자 또한 마찬가지였는데, 특히나 일본 교토와 나라에 갔을 당시 달밤에 줄줄이 늘어선 사찰과 탑의 아스라한 실루엣을 처음 보았을 때의 충격이 엊그제 일처럼 기억에 생생하다. 『삼국유사』에서는 불교가 전성기를 구가하던 통일신라의 경주를 "절들이 하늘의 별처럼 펼쳐져 있고 탑들이 기러기 떼처럼 늘어서 있었다"고 묘사했는데, 바로 그 모습이었다.

대학원에 들어가고 나서 첫 겨울방학 때 지도교수님과 선배들을 따라갔던 보름간의 인도 답사는 불교사 연구에 대한 확신을 더해주었다. 그리고 어느새 20년이 지나 2018년에 은사 최병헌 선생님을 모시고 다시 찾아간 인도는 세월의 부침과 외형상의 변화만큼이나 많은 회상과 감회를 불러일으켰다. 깨달음과 열반을 상징하는 부다가야와 쿠시나가라에서 지난날의 열정과 고민을 뒤로한 채, 무엇을 해야 하고 또 할 수 있을지를 생각해보는 기회였다.

현재의 시점에서 필자가 그나마 위안으로 삼는 것은 『조선후기 불교사 연구』(2010)와 『조선 불교사상사』(2021) 같은 전공서를 내어 조선시대 불교사 연구자로서 최소한의 책임은 다했다는 사실이다. 더욱이 이 『토픽 한국 불교사』로 더욱 많은 독자가 한국 불교의 역사를 제대로 알고, 조금이라도 가깝게 다가설 수 있게 된다면 더 바랄 나위가 없을 것이다.

36개의 테마를 모은 『토픽 한국 불교사』는 개설적인 한국 불교 통사는 아니다. 하지만 불교가 한반도에 들어온 이래 지금까지 1,700년 동안 일어난 사건과 불교사의 흐름, 인물과 사상, 기록과 문화유산 등 다를 수 있는 것들을 최대한 이 책에 녹여내려 했다. 대학에서 강의한 한국 불교사 내용에서 출발해 영어와 일본어로 펴낸 한국 불교사 책을 거쳐 2015년 7월부터 2016년 6월까지 『현대불교』 신문에 연재한 '한국불교 토픽 36선' 시리즈에서 재구성한 것을 다시 가다듬어 여기에 충실하게 담아냈다.

인도에서 탄생한 불교는 동남아시아·중앙아시아·동아시아의 각지로 전파되었으며 고도의 철학적 사유이자 보편적 종교로서 문명사적인 영향을 미쳤다. 불교가 수용되고 토착화되면서 각 지역에서는 수많은 문화 접변과 변용의 현상이 펼쳐졌고, 이는 한반도에서도 다르지 않았다. 불교가 들어온 이후 한국사는 그전과는 비교할 수 없는 새로운 차원의 질적 도약을 경험했다. 또한 한국에서 불교는 인도나 중국과는 다른 고유한 특성을 만들어냈고 한국적 토양에 맞는 풍성한 열매를 맺어왔다.

불교는 한국의 역사에서 사상과 종교, 문화와 의례, 문학과 예술 등 여러 분야에서 빛나는 역할을 해왔고 그만큼의 지분을 가지고 있다. 그래서인지 한국인의 심성과 가치관의 밑바닥에는 유교와 함께 불교가 알게 모르게 깊이 스며들어 있다. 또한 불교는 과거의 유산으로만 있는 것이 아니라 현재까지도 살아 있는 전통이자 미래다. 이 책에서는 36개 토픽의 흥미로운 이야깃거리를 통해 한국 불교가 걸어온 발자취, 어제가 만들어낸 오늘, 오늘에 비친 내일을 열어보려 한다.

대중에게 지명도가 전혀 없는 필자를 발굴해 『토픽 한국사 12』를 출간한 뒤 다시 몇 년의 기다림을 감내하며 연작으로 이 책을 내주신 여문책 소은주 대표님의 노고에 깊이 감사드린다. 또 한국 불교사 연구의 외길을 걸을 수 있도록 도움을 주고 성원해주신 여러 선생님에게도 이 책을 통해 감사의 인사를 드린다. 끝으로 어려운 철학박사 학위를 따느라 고생한 아내 최민영과 어느새 중학생이 된 딸 태린에게도 고마운 마음을 전한다.

2021년 5월
남산 아래에서 김용태

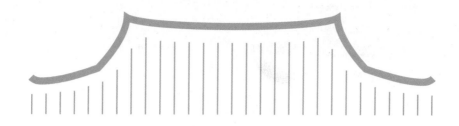

1부

한국인의 삶 속에 들어온 불교

1장

불교, 인도에서 나와
중국으로 오다

불교는 지금부터 약 2,500년 전에 인도에서 활동했던 붓다의 가르침에
서 시작되었다. 붓다가 살았던 기원전 6~5세기는 인류 문명이 인문학
의 꽃을 피우기 시작한 여명기였다. 이 무렵 서구에서는 소크라테스·플
라톤·아리스토텔레스로 이어지는 그리스 철학의 전성시대가 열렸고,
동방의 중국은 공자孔子 같은 제자백가諸子百家 사상가들이 나와 생각
을 펼치던 춘추春秋시대였다. 당시 그리스와 인도, 중국은 강력한 통일
왕조가 세워져 천하를 주름잡기보다는 많은 도시국가나 제후국이 존
재하면서 서로 경쟁과 각축을 벌였다는 공통점이 있다. 이러한 시대 배
경 아래서 철학·정치·종교 등 다방면에 걸쳐 새롭고 혁신적인 주장들
이 쏟아져 나왔다. 인도에서는 주류 종교인 브라만교의 권위에 정면으
로 맞선 자유사상가들이 등장했는데 그 대표자가 바로 붓다였다.

　깨달음을 얻어 붓다가 되기 전의 고타마 싯다르타는 기원전 560년
무렵 현재 네팔의 남부에 있는 룸비니에서 사캬(석가釋迦)부족의 왕자
로 태어났다. 그의 아버지는 카필라국의 왕인 숫도다나(정반왕淨飯王)

였고 어머니는 마야摩耶부인이었다. 동정녀 마리아가 예수를 낳은 것과 마찬가지로 붓다에게도 보통 사람과는 다른 신비한 출생담이 전한다. 마야부인은 여섯 개의 어금니를 가진 흰 코끼리가 오른쪽 옆구리로 들어오는 태몽을 꾸었고, 결국 싯다르타는 마야부인의 오른쪽 옆구리로 세상에 나왔다고 한다. 싯다르타는 태어나자마자 두 손으로 하늘과 땅을 가리키고 사방으로 일곱 걸음을 걸으며 "하늘 위와 하늘 아래에서 오직 내(참된 나)가 홀로 존귀하다"고 외쳤다. 그의 탄생 소식이 알려지자 여러 현인이 와서 보고 천하의 이상적인 통치자인 전륜성왕轉輪聖王이나 완전한 깨달음을 얻은 이가 될 것이라고 예언했다. 싯다르타라는 이름도 '목적을 달성한 사람'이라는 뜻이다. 싯다르타의 아버지는 아들이 대를 이어 훌륭한 왕이 되기를 바라는 마음으로 쾌적하고 좋은 환경을 누리며 현실의 괴로움을 알지 못하게 했다.

하지만 싯다르타는 성장한 후 궁을 빠져나가 생로병사生老病死로 괴로워하는 삶의 실상을 목격했다. 이때 그는 고통과 번뇌를 떨쳐버리는 방법을 찾고자 결심했고 29세에 출가해 6년간 고행苦行에 매진했다. 갈비뼈가 드러난 비쩍 마른 모습의 고행상은 바로 이때의 모습을 형상화한 것이다. 그러나 몸을 혹사시키는 고행으로는 진정한 깨달음을 얻기 어렵다는 사실을 알아차린 뒤 고행자 집단에서 나와 홀로 수행에 전념했다. 마침내 그는 붓다가야의 보리수 밑에서 모든 번뇌를 완전히 끊은 궁극의 지혜를 얻어 깨달은 존재인 '붓다'가 되었다.

붓다는 스스로 깨달은 법인 다르마에 대한 검증과 확신을 거친 뒤에 7주가 지나서 법을 설했다. 최초의 설법 장소는 바라나시의 녹야원이었는데 여기서 법의 수레를 처음으로 굴렸다는 뜻의 초전법륜初轉法輪을 행했다. 앞서 함께 고행했던 다섯 명의 수행자들을 불러 가르침을 전하자 이들은 그 즉시 깨달음을 얻어 첫 번째 제자가 되었다. 이로써 불佛(붓다), 법法(다르마), 승僧(불제자)의 삼보三寶가 갖추어지면서 불교 교단인 승가僧伽가 생겨났다. 승가는 무소유와 평등, 화합을 대원칙으로 했으며 당시의 금기를 깨고 천민과 여성도 구성원으로 받아들였다. 붓다는 제자들에게 중생을 위해 널리 법을 펴라고 당부하면서 두 사람이 같은 방향으로 가지 말라는 "무소의 뿔처럼 혼자서 가라"는 유명한 말을 남겼다.

붓다가 깨달은 다르마의 핵심은 사성제四聖諦, 팔정도八正道, 십이연기十二緣起였다. 사성제는 미혹과 깨달음에 관한 진리인 고집멸도苦集滅道다. 고는 현실의 고통, 집은 갈망이나 애욕 같은 고통의 원인, 멸은 번뇌가 없어진 열반의 상태, 도는 열반에 이르는 방법을 말한다. 팔정도는 고통과 즐거움의 중도를 통해 열반에 이르는 올바른 방안을 가리킨다. 구체적으로는 바르게 보고, 생각하고, 말하고, 행동하고, 삶을 유지하고, 노력하고, 마음가짐을 갖고, 마음을 집중하는 수행법이다. 십이연기는 무명無明에서 행行, 식識을 거쳐 태어나서 늙고 죽는 것까지, 현상세계를 원인과 결과의 12단계의 전개과정으로 설명한다. 다시 말해 행위가 업業으로 쌓여 이어지는 연기법緣起法이라 할 수 있다. 이와 함께 다르마의 세계를 구조화한 삼법인三法印도 중요하다. 삼법인은 제행무상諸行無常·제법무아諸法無我·열반적정涅槃寂靜이다. 각각 모든 존재는 생겨나서 없어지고 변하며, 영원한 실체를 가진 자아가 없고, 번뇌와 고통이 계속되는 윤회의 사슬에서 완전히 벗어난 열반의 경지를 의미한다.

〈팔상도 도솔래의상〉

　1부　한국인의 삶 속에 들어온 불교

그런데 붓다가 제시한 다르마의 내용은 그렇게 어렵고 사변적인 것은 아니었다. 붓다가 깨닫고 실천한 것은 진리 자체에 대한 철학적 탐구라기보다 어떻게 하면 현실의 고통에서 벗어나 깨달음을 얻고 열반에 이를 수 있는지의 문제였다. 불경에 나오는 독화살의 비유를 들어보면, 어떤 사람이 독화살을 맞았을 때 누가 왜 화살을 쏘았는지를 일일이 따지기보다 일단 독이 퍼지는 것을 막고 사람을 살려내는 것이 가장 시급하다고 말하고 있다. 이처럼 삶의 고통 속에서 허우적거리는 중생들을 구제하는 것이야말로 붓다의 가장 큰 관심사였다. 그렇기에 붓다는 시간이나 공간의 끝은 어디인지, 신과 영혼의 실체는 무엇인지 같은 형이상학적 질문에는 답을 하지 않았다. 그에게는 누구나 가장 절실한 문제에 집중해서 스스로가 해답을 찾게 하는 것이 중요했다. 이러한 그의 태도는 역설적으로 수많은 논쟁과 다양한 해석이 나올 수 있는 여지를 남겨주었다.

붓다는 80세가 되어 고향으로 돌아가던 길에 쿠시나가라에서 열반에 들었다. 이때 슬피 우는 제자들에게 "생겨난 모든 것은 없어진다. 슬퍼하지 말고 내가 말한 법과 계율을 스승으로 삼아 힘써 정진하라"고 당부했다. 붓다는 출가 후 50년 이상을 수행과 교화에 힘썼고 삶과 존재의 핵심을 꿰뚫는 법을 깨달아 이를 널리 펼쳤다. 그의 가르침은 현실의 고통에서 벗어남은 물론 진리를 추구하고 중생을 구제하는 실천적 상생의 길을 활짝 열어주었다. 이후 불교는 붓다의 가르침을 매개로 인도 전역으로, 나아가 중앙아시아·동남아시아·동아시아로 널리 퍼지면서 세계화의 긴 여정을 떠나게 되었다.

붓다가 설한 법은 경장經藏, 율장律藏, 논장論藏을 아우르는 삼장三

藏으로 모아졌다. 붓다의 말씀을 담은 경장은 불교 경전을 가리키는데 "나는 (붓다로부터) 이와 같이 들었노라"는 여시아문如是我聞으로 첫 구절이 시작된다. 율장은 승가에서 지켜야 할 계율을 수록한 것이며, 논장은 경전과 율장에 대한 이해와 해석을 모은 것이다. 처음 1차 결집은 붓다의 입멸 직후에 제자 마하가섭摩訶迦葉의 주도 아래 이루어졌다. 붓다를 늘 옆에서 모시며 가르침을 가장 많이 들었기에 다문제일多聞第一로 알려진 아난다阿難陀가 경장을, 하층계급 출신으로 계율을 잘 지켜 지율제일持律第一로 불린 우팔리優波離가 율장을 전했는데, 이는 기억과 암송을 통해 이루어졌다. 이후 약 100년이 지나 다시 2차 결집이 열렸다. 시대가 지남에 따라 상황이 변하고 계율 해석을 둘러싼 다른 주장들이 나왔기 때문인데, 이때 교단은 상좌부上座部와 대중부大衆部로 나뉘었다. 3차 결집은 기원전 3세기 아쇼카왕 때 이루어졌는데, 그동안 만들어진 논서들을 논장으로 모아 삼장이 모두 갖추어지게 되었다. 이 시기를 기점으로 그 이전은 초기 불교나 근본불교, 이후는 부파部派 불교나 아비다르마 불교라고 부른다.

부파불교는 철학적 분석과 논의가 중심이 되었고 출가자 중심의 승원체계 또한 확고히 자리를 잡았다. 그렇기에 실천수행이나 대중신앙의 면은 비중이 크지 않았다. 그 여파로 기원전 1세기 무렵부터 새로운 불교를 지향하는 운동이 일어났는데 그것이 바로 대승불교였다. 대승불교는 재가신자가 붓다의 사리를 모신 불탑을 숭배하고 신앙한 데서 기원했다고 알려져 있다. 그런데 최근에는 대중부 같은 부파교단의 출가 승려들에 의해 시작되었다는 주장이 설득력을 얻고 있다. 또한 예불과 중생 구제를 내세운 대승경전이 성립되고 불전 문학과 구전 설법사가 나오면서 불교가 대중에게 더욱 확산되고 세계종교로 발돋움하는 토대가 만들어졌다.

　대승大乘은 깨달음을 향해 가는 큰 수레라는 뜻으로, 수행과 철학의 연찬을 통해 자신만의 깨달음을 추구하는 자가용차가 아닌, 많은 사람이 함께 타서 중생을 널리 구제하는 대중버스와 같다. 그렇기에 대승불교는 무엇보다 중생을 이롭게 하는 이타행利他行의 가치를 중시하며, 위로는 깨달음을 추구하고 아래로는 중생을 교화한다는 '상구보리하화중생上求菩提下化衆生'의 실천을 기치로 내세웠다. 이러한 대승의 입장에서 볼 때 기존의 부파불교는 스스로의 문제에만 관심을 갖는 것이었고, 따라서 작은 수레라는 의미의 소승小乘이라는 비판을 받았다. 대승불교는 깨달음의 주체를 출가자뿐 아니라 재가자까지 포함시켰기에 사람들은 이제 누구나 붓다가 될 수 있다는 희망을 갖게 되었다.

　대승불교의 시대가 되면서 부처와 보살에 대한 관념도 달라졌다. 원래 붓다는 깨달음의 길을 연 선각자이자 영원한 스승이었지만 사리탑 신앙을 통해 숭배의 대상이 되었고 중생 구제의 자비를 베푸는 신격으로 받들어졌다. 부처의 개념도 석가모니 붓다에 머물지 않고 과거·현세·미래의 삼세불三世佛, 각 방면의 공간을 주재하는 사방불四方佛·시방불十方佛 등으로 넓혀져 모든 시공간을 아우르게 되었다. 진리를 상징하는 법신法身(비로자나불毗盧遮那佛), 공덕功德을 쌓은 보살이 성불한 존재인 보신報身(노사나불盧舍那佛), 중생 제도를 위해 현세에 출현한 화신化身(석가모니불釋迦牟尼佛)의 삼신三身 관념도 이 무렵에 등장한다. 보살도 애초의 의미는 붓다가 깨달음을 얻기 전의 구도자 시절을 가리키는 말이었는데, 대승에 와서는 부처가 될 수 있는 모든 중생을 뜻하게 되었다. 따라서 보살은 대승 이타행의 실천적 주체로서 붓다의 지혜를 갖추어 중생을 구제하는 역할을 몸소 실천해야 했다.

이러한 혁신적인 대승의 가르침은 대승불교의 성립과 함께 등장하기 시작한 여러 대승경전에 모아졌다. 우리에게 친숙한 『반야경般若經』, 『법화경法華經』, 『화엄경華嚴經』, 그리고 영원한 부처의 나라로 이끄는 정토淨土 관련 경전이 1세기 이전에 이미 출현했다. 2~5세기에는 누구라도 부처가 될 수 있는 근거인 불성佛性의 존재를 설한 『여래장경如來藏經』, 『열반경涅槃經』 등이 인기를 끌었다. 이 무렵 대승불교의 대표적 사상인 중관中觀, 유식唯識, 여래장如來藏을 설파하는 유명한 논사들이 배출되면서 철학적 깊이를 한층 더했다. 참과 거짓, 옳고 그름을 논증하는 학문인 인명학因明學 같은 불교 논리학의 발전은 당시 불교 교학과 사유체계의 수준이 어느 정도였는지를 잘 보여준다.

불교는 대승의 깃발을 높이 든 것과 때를 같이해 중앙아시아를 거쳐 동아시아로 전해지기 시작했다. 인도와 중국은 언어는 물론 사고방식, 세계관 등에서 완전히 이질적인 문명이었다. 인도에서 태동해 성장한 불교는 중국에 와서 어쩔 수 없이 충돌과 갈등, 변용의 과정을 겪어야 했다. 중국에는 초기 불교, 부파불교, 대승불교의 대부분의 경전과 논서가 전해졌고 그 안에 담긴 붓다의 가르침은 동아시아인의 사유와 심성의 바다에 엄청난 후폭풍을 몰고 왔다. 불교는 유교儒教, 도교道教 같은 중국의 토착사상과 피할 수 없는 한판 승부를 벌여야 했지만 결과적으로 동아시아 사상을 훨씬 다채롭고 깊이 있게 만드는 데 크게 기여했다. 이뿐 아니라 중국인과 동아시아인들은 불교가 제시한 업과 윤회輪廻의 내세관來世觀을 통해 삶과 죽음을 연속적·순환적으로 바라보

〈팔상도 쌍림열반상〉

게 되었다.

공식 기록에서 중국에 불교가 전해진 것은 1세기 중반 후한의 명제 때로 확인된다. 어느 날 명제는 꿈에서 황금빛을 띤 신인神人을 보았고 그 정체가 과연 무엇인지 궁금해 서역에 특사를 보냈다. 이때 서역의 승려들이 특사단과 함께 『사십이장경四十二章經』 등의 불경과 불상을 흰 말에 싣고 중국에 왔다. 이를 기념해 한나라의 수도 낙양洛陽에 중국 최초의 절인 백마사白馬寺가 세워졌다. 그에 앞서 기원전 2세기 후반에 한의 무제는 북방의 흉노족과 싸우는 와중에 월지 등 서역의 나라와 동맹을 맺기 위해 장건張騫을 파견했다. 장건은 두 차례나 서역에 다녀왔고 그 덕분에 이 지역 여러 나라에 대한 정보가 한나라에 알려지면서 유명한 실크로드(비단길)가 생겨났다. 이 길을 통해 기원 전후 무렵 인도의 불교가 중앙아시아를 거쳐 중국에 들어올 수 있었다.

중국은 후한이 망하고 3세기 초부터 6세기까지 위·진·남북조의 극심한 혼란기를 거쳤다. 남북조시대에는 중국 한족과 북방 유목민족들이 대륙의 남북을 나눠 가졌고 여러 왕조가 세워지고 없어지면서 치열한 다툼을 벌였다. 이러한 시기에 사람들은 현실의 고난을 이겨내기 위해 종교적 구원을 더욱 바라게 되었고 원래 있던 도교와 함께 불교에 대한 관심이 커졌다. 불교가 들어온 초기에는 도교 황로黃老신앙의 영향으로 부처를 영원히 죽지 않는 불사不死의 신으로 여겼으며 늙지 않고 오래 살고자 복을 빌기 위해 불교를 신앙했다. 불교와 도교의 경쟁과 상호 모방은 불교가 중국에서 토착화되는 시기를 앞당겼다. 이 시기에는 노자老子가 부처가 되어 인도에서 교화를 펼쳤다는 '노자화호설老子化胡說'이나 공자와 노자 등 중국의 성인聖人이 원래 부처의 제자였다는 '삼성화현설三聖化現說'이 등장하기도 했다.

불교의 중국화에 크게 기여한 여산廬山 혜원慧遠(344-416)은 법신의 영원성을 근거로 사후 영혼의 존재를 인정하는 '신불멸론神不滅論'을 주장했다. 이는 중국인에게 몹시 생소했던 윤회나 업의 관념을 설명하는 데 많은 도움이 되었다. 혜원은 백련사白蓮社 결사를 조직해서 염불念佛을 통해 극락極樂으로 가는 아미타불阿彌陀佛 정토신앙을 보급하는 데도 앞장섰다. 나아가 출가자인 승려는 군왕君王에게 예를 올리지 않는다는 '사문불경왕자론沙門不敬王者論'을 주창했다. 하지만 동아시아에서는 인도와 달리 세속의 권력과 동떨어진 불교 교단은 허용되지 않았다.

불교가 중국에 수용된 것은 전혀 다른 이질적 언어의 문자로 쓰인 불전의 번역이 있었기에 가능했다. 경전 한역이 시작된 초창기에는 어려운 불교 교리를 옮길 때 중국식 용어를 빌려와 이해하는 격의格義불교의 단계를 거쳤다. 예를 들자면 대승사상의 핵심 개념인 공空은 영속적이고 고정된 실체를 인정하지 않는다는 뜻이지만 처음에는 단지 없다는 의미의 무無로 번역되었다. 수백 년간 이어진 불전 한역의 역사는 구마라지바(구마라집鳩摩羅什), 파라마르타(진제眞諦) 등 언어의 천재들이 연이어 나오면서 화려하게 꽃을 피웠고 방대한 불교 경전과 논서 대부분이 한문으로 옮겨졌다. 그 결과 불교 사상에 대한 깊은 철학적 탐구가 시작되었고 지론地論, 삼론三論, 천태天台, 화엄華嚴 등 여러 학파와 종파가 성립되어 수·당대 교학의 전성시대를 열었다.

불교는 인도에서 출발해 중앙아시아와 동남아시아, 그리고 중국과 한국, 일본의 동아시아까지 아시아 대륙의 곳곳으로 퍼져나갔다. 그리고 보편적 세계종교이자 고도의 사유체계를 가진 불교는 각 지역의 문명사적 발전에 지대한 영향을 미쳤다. 지난 2,500년간 수많은 사람이 불교를 통해 마음의 위안을 얻고 죽음에 대한 두려움을 떨쳐낼 수 있었으며, 한편으로는 인간과 세계에 대한 깊이 있는 통찰을 할 수 있었다. 이는 한국인과 한국사의 경우도 마찬가지였는데, 이제부터 '한국 불교'의 전통이 만들어진 과거의 시공간을 찾아 먼 여행을 떠나보자.

2장

한반도에 들어온 불교,
새로운 문명을 열다

한반도에 불교는 언제 들어왔을까? 공식적으로는 4세기 후반 고구려와 백제에 불교가 전래되었지만, 고구려의 경우 불교를 처음 접한 것은 그보다 앞선 시기였다. 현재 한국 불교의 역사를 1,700년이라고 하는 것은 그 때문이다. 삼국 가운데 중국과 인접한 만주와 한반도 북부에 자리 잡아 고대 국가의 성립과 발전 속도가 가장 빨랐던 고구려였기에 불교를 받아들인 것도 제일 먼저였다. 고구려는 17대 소수림왕(재위 371-384) 때인 372년에 국가 교육기관인 태학太學을 설립하고 법률체제 율령을 반포하는 등 문물과 제도를 정비하는 과정에서 중국으로부터 불교를 수용했다. 당시 중국 북조 전진의 황제인 부견符堅이 승려 순도順道를 보내 불상과 불경을 전했다. 이는 앞서 전진이 전연을 물리치는 과정에서 고구려가 군사적 도움을 준 데 대한 외교적 답례 차원으로 이루어졌다. 부견은 중앙아시아 구자국(쿠차)에서 활동하던 언어의 천재 구마라지바를 데려오기 위해 군대를 파견한 일화에서 볼 수 있듯이 유명한 숭불 군주였다.

순도가 오고 2년이 지난 374년에는 아도阿道가 고구려에 파견되었고, 이듬해에는 초문사肖門寺(성문사省門寺)와 이불란사伊弗蘭寺를 세워 이들을 각각 머물게 했다. 당시 고구려의 수도는 현재 만주 길림성 집안현에 위치한 국내성이었고, 두 사찰도 그 인근에 자리 잡았을 것으로 추정된다. 391년에는 고국양왕이 "불법을 받들고 믿어서 복을 구하라"는 교서를 내렸고, 392년 광개토왕 때는 지금의 평양 지역에 아홉 개의 사찰을 창건했다. 광개토왕의 아들인 장수왕은 부왕의 대대적 영토 확장의 성취를 이어 남진정책을 펼쳤고 도읍을 평양으로 옮겼다. 그런데 374년의 공식 수용 이전에 이미 고구려에는 불교의 존재가 알려져 있었다. 중국 남조의 양나라 때 나온『고승전高僧傳』에는 4세기 중반에 동진의 고승 지둔支遁이 요동의 고구려 도인에게 편지를 보낸 사실이 나온다. 불교가 전래된 후지만 동진의 승려 담시曇始가 395년 경전과 율장을 가지고 요동에 와서 교화를 펴고 계율의 법을 세웠다는 기록도 전한다. 이는 4세기에 중국의 남북조와 고구려 사이의 불교 교류가 민간 차원에서는 이미 이루어지고 있었음을 보여준다.

한반도 중남부의 서쪽에 위치한 백제는 고구려보다 10여 년 뒤인 384년 15대 침류왕 때에 불교를 받아들였다. 중국 남조의 동진에서 보낸 서역 승려 마라난타摩羅難陀에 의해 공식적으로 불교가 수용된 것이다. 다음 해에는 백제의 도읍이었던 하남 위례성, 즉 한성(현재 서울 송파구 풍납토성과 몽촌토성 일대) 주변 한산에 절이 세워지고 열 명이 출가해 승려가 되었다. 이후 전개된 백제 불교의 수준은 문화나 사상 면에서 매우 높았던 것으로 보인다. 하지만 541년 백제 성왕이 양나라 무제에게 사신을 보내『열반경』등에 대한 주석서를 요청해서 받은 사실 외에는 아쉽게도 5~6세기의 상황을 보여주는 기록이나 유물이 거의 남아 있지 않다. 다만 왜(일본)에 미친 백제의 영향이나 유물, 일본 측의 평가에서 백제 불교의 저력을 짐작해볼 수 있다. 일본의 불교는 백제 성왕이 6세기 중반에 전해주며 시작된 것으로 알려져 있는데, 백제에서 보낸 승려와 기술자들이 불교 교학과 문화를 열도에 심어주며 새로운 시대를 열었다.

신라는 한반도의 동남부 끝자락에 치우쳐 있어서 삼국 가운데 중국 문물의 수용이나 고대 국가로의 전환이 가장 늦었다. 그럼에도 고구려가 남쪽으로 영향력을 점차 확대하면서 5세기 전반에 고구려를 통해 불교가 전래된 것으로 보인다. 『삼국유사三國遺事』 등에서는 신라와 고구려의 접경 지역에 있던 모례毛禮의 집에 아도, 또는 검은 얼굴을 한 묵호자墨胡子로 불리는 이방인 승려가 와서 불교를 전했다고 한다. 이처럼 신라에 불교가 첫 선을 보인 것은 당시 정치적·군사적으로 신라를 쥐고 흔들던 고구려를 통해서였다. 그런데 433년에 신라가 백제와 손을 잡게 되면서 불교가 백제 쪽도 경유해 전해졌을 것으로 추정된다. 어쨌든 신라에도 비교적 이른 시기에 불교가 들어왔을 것이다. 하지만 대외관계의 변동뿐 아니라 정치적·사회적으로 기득권을 쥐고 있던 귀족세력의 거센 반발 탓에 신라에서 불교가 공인되기까지는 100년 가까운 시간이 더 필요했다.

여기서 잠깐, 신라에 불교가 처음 전해졌을 당시에 한반도를 둘러싼 군사적·외교적 상황이 어떻게 펼쳐졌는지를 살펴보자. 삼국 가운데 가장 약체였던 변방의 신라는 날선 군사적 대결을 벌이던 고구려와 백제 사이에서 줄타기 외교를 했다. 396년에는 고구려 광개토왕이 몸소 군대를 이끌고 내려와 아리수(한강) 건너 백제의 도성 한성을 포위했고, 백제 아신왕은 남녀 1,000명과 포 1,000필을 바치며 항복했다. 전쟁에서 승리한 고구려는 백제의 58성, 700촌락을 얻었고 백제 왕의 동생과 대신 열 명을 볼모로 잡아갔다. 이때 고구려의 신민臣民이 되겠다고 해야 했던 백제는 분을 삭이다가 3년 만에 맹약을 파기하고 바다 건너 왜와 연합했다. 백제와 동맹을 맺은 왜는 고구려의 세력권에 있던 신라의 국경을 침범했고 광개토왕은 400년에 군사 5만을 신라로 보내 왜군을 내쫓았다. 기사회생한 신라는 그에 대한 보답으로 내물마립간이 고구려에 조공을 바치고 신민이 될 것을 약속했다고 한다.

『삼국사기』에 나오는 박제상(363-419)의 유명한 일화는 이러한 당시의 정황을 잘 보여준다. 박제상은 눌지마립간이 고구려와 왜에 볼모로 가 있는 동생들을 데려오라고 명하자 418년 먼저 고구려로 가서 장수왕을 설득해 복호를 데려왔다. 이어 왜로 건너가 미사흔을 몰래 신라로 도망치게 했다. 이를 알게 된 왜왕은 박제상을 유배 보내 불태워 죽인 후 목을 베었다. 『삼국유사』에는 그가 왜왕의 회유를 받자 "계림(신라)의 개나 돼지가 될지언정 왜왕의 신하는 될 수 없고 계림의 형벌을 받을지언정 왜의 벼슬과 상은 받지 않겠다"라고 했다는 기록이 전한다. 이때 박제상의 처는 남편을 그리워하며 치술령 고개에서 바다 건너 왜쪽을 바라보고 통곡하다 죽어서 치술신모가 되었다고 하며, 그녀가 망부석이 되었다는 설화가 전해진다.

고구려 장수왕은 427년 평양으로 천도한 후 남진정책을 계속 밀어붙였고 이에 위기감을 느낀 백제는 신라와 나제동맹을 결성해 고구려의 남하를 막아내려 했다. 하지만 475년 고구려는 백제를 쳐서 개로왕을 죽이고 수도 한성을 점령해서 한강 유역 요충지를 차지했다. 다급한 상황에서 신라는 1만 명의 구원병을 보냈지만 고구려군의 기세를 꺾지 못했고 백제는 웅진(공주)으로 천도했다. 481년 이번에는 고구려가 신라에 군대를 보내 일곱 개의 성을 점령했지만 백제가 신라를 도와 고구려군이 신라 땅 깊숙이 들어가는 것을 막아냈다. 고구려의 거듭된 공격과 위세에 눌린 두 나라는 493년 백제 동성왕과 신라 이벌찬伊伐湌 (17관등 중 1등급 관직) 비지比智의 딸이 혼인하는 등 동맹관계를 더욱 튼튼히 했다. 한반도의 정세가 다시 뒤바뀐 것은 6세기 중반에 가서였다. 551년 백제와 신라 연합군은 고구려를 공격해 한강 일대를 되찾았다. 그런데 2년 후 신라 진흥왕은 백제로부터 한강 하류지역을 빼앗아 신주를 설치했고, 그 결과 굳건했던 나제동맹이 깨지고 신라와 백제는 적대관계로 돌아섰다.

　신라에서 불교가 공인된 것은 앞서 백제와 친선관계를 유지하며 고대 국가로서 체제를 정비해가던 법흥왕 때의 일이었다. 법흥왕은 즉위 후 527년에 살아 있는 생명을 위해 복을 닦고 죄를 없애기 위해서라며 신라 최초의 사찰인 흥륜사興輪寺를 세우려 했다. 하지만 불교 사원의 건립을 반대하는 귀족들의 반발이 너무 거세자 이를 돌파하기 위해 측근 이차돈異次頓을 처형하면서까지 왕의 의지를 관철시켰다.

백률사 이차돈 석당

이때 이차돈의 목에서 하얀 젖이 치솟는 이변이 일어나자 귀족들도 더는 반대하지 못했다. 이차돈의 순교는 불교에 대한 토착세력의 거부감을 누르고 불교가 신라에 안착하는 과정을 상징적으로 보여주는 사건이다.

일본에서도 불교가 수용될 때 신라와 비슷한 양상이 벌어졌다. 기록상 불교가 일본에 전래된 시기는 535년 신라의 불교 공인보다는 조금 뒤였는데, 당시 문화적 선진국이었던 백제로부터 불교가 전해졌다. 6세기 중반 긴메이欽明 천황 때(538년 또는 552년) 백제의 성왕이 불상과 경전을 보낸 것이 불교 전래의 공식적인 시점이었다. 548년에는 백제 승려 도심道深이 일본에 와서 불교를 전했다는 기록이 『일본서기日本書紀』에 나온다. 당시 일본에는 한반도 계통 도래인들이 활발히 활동하고 있었고 이들을 통해 불교가 이미 알려졌을 가능성이 크다. 어쨌든 일본에서도 신라와 마찬가지로 독자적인 조상신 숭배나 신령 신앙을 가졌던 일부 귀족세력이 불교 공인을 적극 반대했다. 이에 백제 도래인 계통인 소가蘇我씨 가문이 왕을 도와 전면에 나서면서 불교 도입에 부정적이었던 모노베物部씨 측을 굴복시켰다. 그 결과 일본 최초의 사찰인 호코지法興寺가 593년 소가씨의 씨사氏寺로 건립되었고 선진 불교국인 백제와 고구려의 승려들이 초빙되어 불교 확산의 단초가 마련되었다. 이들의 가르침을 받은 쇼토쿠聖德 태자는 율령과 관위를 정비하는 등 고대 국가의 체제와 기틀을 다졌고 불교가 일본에서 정착, 발전하는 데 큰 역할을 했다. 그는 유명한 호류지法隆寺와 시텐노지四天王寺를 창건했고 불교 교학 이해와 연구에 뛰어난 재능을 보여주었다.

한편 한반도 남부 낙동강 유역에는 연맹체 국가인 가야가 1세기에서

6세기 중반까지 이어졌는데, 대륙이 아닌 바닷길을 통해 남방 불교가 수용된 정황이 있어 주목된다. 『삼국유사』에는 가야 연맹체의 첫 수장인 금관가야 김수로왕의 왕비 허황옥이 인도 아유타국 출신으로 해로를 따라올 때 바다신의 노여움을 달래기 위해 파사석탑을 싣고 왔다는 전설이 소개되어 있다. 『삼국유사』의 저자 일연一然은 탑의 모양이나 재질이 매우 특이하며 이 지역에서 구할 수 있는 돌이 아니라고 하면서 남방 전래설을 긍정했다. 이 이

김해 파사석탑

야기의 사실 여부를 쉽게 단정할 수는 없지만, 김수로왕 때가 아닌 후대의 상황을 반영해 만든 설화라 하더라도 육로뿐 아니라 인도나 동남아시아에서 해로를 통해 불교가 전해졌을 가능성 자체는 남아 있다.

신라에서도 바다를 통한 이방인의 도래나 이질적 문화의 수용 사례가 확인된다. 『삼국사기』에는 4대 군주 석탈해가 왜의 동북쪽 멀리 떨어져 있는 다파나국 출신이라고 나오는데, 그는 알로 태어났고 궤짝에 실려 바다를 건너 금관가야에 도착했다고 한다. 하지만 아무도 거들떠보지 않았고 다시 진한의 아진 포구로 흘러갔다. 이 전설은 이방인 출

신으로 신라의 임금에 오른 석탈해의 기이한 인생 역정을 윤색한 것으로 보인다. 또 처용가나 처용무로 잘 알려진 처용의 설화를 보아도 고대부터 한반도 남부로 연결되는 일본과 동남아시아의 바닷길이 열려 있었고 그 길을 통한 인적 교류와 문물 유입이 이루어지고 있었다. 더욱이 가야는 철의 생산지였고 국제적 무역 활동의 중심지였다. 일본 규슈에 있는 산인 가라쿠니산韓國山의 일본어 발음도 해상교역으로 명성을 떨치던 옛 가야(가라)의 위상을 전해주는 흔적이라 할 수 있다.

한반도에 불교가 전해진 것은 4세기부터이며 고구려·백제·신라는 고대 국가의 체제를 정비하고 선진 문물을 도입하는 과정에서 불교를 수용했다. 불교의 공인은 각 나라의 발달 정도와 지역적 특성, 대내외적 여건에 따라 차이가 났는데 고구려와 백제가 4세기 후반, 신라는 6세기 전반이었다. 비록 150년의 시차는 있지만 불교가 들어오면서 역사 발전의 문명사적 전환이 시작되었다는 점에서는 모두 같았다. 글로벌한 보편성을 가진 불교가 고대 한반도의 토착문화와 만나면서 충돌과 변용의 풍파를 겪기는 했지만 새로운 문명의 서막이 열렸다는 점에서 불교 수용은 한국사의 흐름을 바꾸는 일대 사건이었다.

3장

신라 왕실이 불교를 택한 이유: 왕권강화의 시너지 효과

고구려·백제·신라 삼국에서 불교를 수용하고 공인한 것은 공통의 정치적·사회적 조건과 시대적 요구를 배경으로 이루어졌다. 고구려와 백제, 신라는 150년 정도의 시차가 나기는 하지만, 불교를 공식적으로 받아들일 무렵에 고대 국가 정립을 위해 왕권을 강화하고 중앙집권적 체제를 갖추기 위한 제도 정비의 노력을 기울였다. 신라보다 앞서 고대 국가의 기틀을 다졌던 고구려와 백제는 4세기 후반 강력한 왕권을 구축하고 율령과 관료체계 등 법제를 정비하면서 중국의 선진문물과 함께 불교를 수용했다. 이에 비해 신라는 6세기 초까지도 다른 지배세력을 압도할 만한 국왕의 권위가 확립되지 못한 상태였다. 6촌에서 시작한 초기의 연맹체적 정치구조가 큰 변동 없이 지속되고 있었던 것이다.

한반도 동남쪽의 변두리에 자리 잡고 있던 신라는 삼국 중에서 고대 국가 체제의 완비가 가장 늦게 이루어졌다. 신라는 6세기 전반 23대 법흥왕(재위 514-540) 때에 와서야 율령을 반포하고 관료의 공식 의복을 제정했다. 또한 왕이 군대를 직접 통솔하기 위해 병부를 설치하고 귀족세력의 대표인 상대등(오늘날의 국무총리)이라는 관직을 두어 국왕을 보좌하게 했다. 이는 6촌의 촌장이나 앞서 군주를 배출한 박씨와 석씨 등 다른 지배세력과 큰 차이가 나지 않던 신라 국왕의 지위가 격상되었음을 의미한다. 신라의 귀족세력은 왕권강화와 연동되어 들어온 불교에 대해 대놓고 반대했다. 불교는 국왕 중심의 통치체제를 강화해 자신들의 정치적 입지를 축소시킬 가능성이 있었고, 이들이 믿는 천신이나 조상신 등 토착신앙보다 훨씬 강하고 영험한 종교이자 고차원의 사유체계였기 때문이다.

이러한 귀족세력의 반발을 잠재우기 위해 법흥왕은 527년에 흥륜사 창건을 명했는데 별 진척이 없자 누가 그 일을 지체시키는지 알아보라고 추궁했다. 신하들이 왕명을 거역한 일이 없다고 하자 왕은 측근인 이차돈을 불러 공사가 진척되지 않는 죄를 물어 처형했다. 이는 정치적 상징성을 띤 행위였는데 국왕의 강한 의지를 확인한 귀족세력들이 한발 물러섬에 따라 535년에 불교를 공인했고, 흥륜사는 진흥왕 때인 544년에 완공되었다. 이처럼 우여곡절을 겪은 끝에 불교가 신라에서 공인되었고 김씨 왕실은 왕권강화를 위해 더욱 적극적으로 불교를 활용했다. 불교와 왕권의 만남은 점차 폭발적인 시너지 효과를 냈고, 변방의 약소국에 지나지 않았던 신라는 자신감 넘치는 강소국으로 성장해 끝내 삼국통일의 대업을 이룰 수 있었다.

신라에서 불교와 왕권의 만남이 어떻게 전개되고 어떤 결과로 이어졌는지 몇 가지 사례를 들어 살펴보자. 먼저 전륜성왕 관념의 도입이다. 전륜성왕은 불교에서 말하는 이상적 군주인데 세상을 평화롭게 다스려서 내세불인 미륵불彌勒佛이 내려올 수 있는 기반을 다지는 존재다. 기원전 3세기 무렵 인도 대륙 대부분을 처음 통일한 마우리아 왕조의 아쇼카왕은 정복전쟁이 끝나자마자 다르마(법)에 따른 사회의 통합과 평화를 추구했다. 그는 자신이 바로 전륜성왕임을 내세웠고 후세에 전륜성왕의 화신으로 추앙받았다. 신라에서도 그를 모델로 해서 6세기 중반 진흥왕이 전륜성왕 관념을 처음으로 내세웠다. 전륜성왕은 철륜鐵輪, 동륜銅輪, 은륜銀輪, 금륜金輪의 순서로 나타나는데, 진흥왕은 왕자들의 이름을 동륜과 사륜舍輪(철륜)으로 지었다. 또 신라 최대의 사찰인 황룡사皇龍寺를 창건할 때 아쇼카왕이 불상을 만들기 위해 모아둔 황철과 황동을 얻어서 높이 1장 6척의 존귀한 상이라는 뜻의 '장육존상丈六尊像'을 만들었다는 전설이 남아 있다.

신라의 진흥왕(재위 540-576)은 인도 아쇼카왕과 마찬가지로 영토 확장과 국운의 흥륭에 큰 공적을 쌓은 위대한 군주였다. 진흥왕은 백제의 세력권 아래 있던 남쪽의 가야를 병합했고 한강 유역과 함경남도 등 한반도 중서부와 동북부까지 신라의 영역을 확장해나갔다. 그는 자신이 복속시킨 지역에 도덕에 기반을 둔 차별 없는 통치를 행하겠다고 선언하며 순수비를 세웠고 순행을 할 때는 승려들을 대동했다. 이는 아쇼카왕이 법에 따른 통치를 만천하에

북한산 진흥왕순수비

공포하기 위해 수많은 석주를 세운 데서 아이디어를 얻은 것으로 보인다. 여담이지만 서울 북한산 비봉에 세워져 있던 진흥왕순수비는 19세기 초에 추사 김정희가 탁본을 뜨고 글자를 판독해서 조선은 물론 중국 금석문 학계에까지 알려지게 되었다.

신라의 불교와 왕권의 관계를 언급할 때 가장 눈길을 끄는 것은 왕실에서 표방한 '진종眞種' 관념이다. 진종 관념은 다른 나라에서는 보이지 않는 독특한 인식으로 신라 왕족이 인도의 왕과 무사계급인 크샤트리아, 더 구체적으로는 부처가 속한 석가족의 혈통에서 유래한 '참된 혈족'이라는 뜻이다. 신라 왕실은 진종 관념을 내세우며 자신들이 바로 석가족과 다름없다고 자부했고, 진흥왕·진지왕·진평왕·진덕여왕까지 네 명의 국왕이 왕명에 '진眞'자를 썼다. 신라 김씨 왕족을 지칭하는 '진골眞骨'이라는 명칭도 이러한 진종 관념에서 나왔을 가능성이 크며, 한 걸음 더 나아가 국왕의 직계 일가는 부처의 직계 가족과 동일하다는 의미에서 성스러운 권위를 갖는 '성골聖骨'이라고 불렀다.

진흥왕의 태자였던 동륜의 아들 진평왕의 이름은 부처의 아버지인 백정(정반왕), 형제들은 부처의 삼촌인 백반과 국반, 왕비는 부처의 어머니 이름인 마야였다. 이는 무엇을 뜻하는 것일까? 바로 그의 뒤를 이어 왕위에 오를 다음 국왕이 부처임을 미리 예고한 것이었다. 하지만 진평왕은 후사를 이을 아들이 없었다. 그래서 선택된 후계자가 공주 덕만이었다. 한국사에서 최초로 여왕이 된 선덕여왕은 이렇게 탄생했다. 덕만은 중생을 구제하기 위해 일부러 여자의 몸으로 태어났다는 『열반경』의 '덕만 우바이'에서 나온 이름이고, 선덕은 부처가 전륜성왕이 될 것이라고 예언한 '선덕 바라문'에서 따온 명칭이다. 그리고 선덕여왕을 이어 다음 왕이 된 진덕여왕은 덕만의 사촌 승만이었다. 승만은 『승만경 勝鬘經』의 승만부인에서 유래한 이름이다. 이처럼 법흥왕 이후 신라 중고기에 여왕이 두 명이나 나오게 된 것은 당시 사회에서 모계의 비중이 컸거나 여성의 권리가 강했기 때문이 아니었다. 그보다는 진종 관념에서 유래한 특별한 혈연 관념, 바로 신라 왕실과 국왕의 권위를 신성한 존재인 부처에게서 찾으려 했던 데서 연유한다.

　이와 함께 신라에서는 왕명도 불교식으로 정해 시너지 효과를 극대화했다. 불교가 공인된 6세기 전반의 법흥왕부터 삼국통일 직전인 7세기 중반의 진덕여왕까지 신라의 왕명은 모두 불교와 관련이 있다. 그렇기에 법흥法興-진흥眞興-진지眞智-진평眞平-선덕善德-진덕眞德으로 이어지는 이 시기를 불교식 왕명시대라고 부른다. 『삼국유사』에서는 이때를 중고기라고 해서 앞뒤의 상고기, 하고기와 구분했는데, 한국사에서 불교가 왕권강화에 적극 활용되고 이데올로기화가 가장 극명하게 이루어진 시대였다. 중고기의 신라 왕실은 전륜성왕, 석가족, 부처를 전면에 내세워 국왕의 권위를 드높였고 왕실의 혈통적 정당성을 찾으려 했다. 그런데 전륜성왕이나 불교식 왕명의 사용은 신라뿐 아니라 백제에서도 확인된다. 6세기의 백제 국왕인 성왕聖王, 위덕왕威德王, 혜왕惠王, 법왕法王 등의 왕명은 불교에서 유래한 것이다. 특히 백제의 중흥을 꾀하고 일본에 불교를 공식적으로 전한 성왕은 전륜성왕의 줄인 말이었다.

　신라에서 불교는 왕권강화에 기여하면서 왕권의 비호 아래 교단의 안정적 성장을 도모할 수 있었다. 일부 고승들은 외교문서 작성 등 국정 현안에 참여하기도 했다. 신라 불교 교단은 진골 출신인 자장慈藏

(590-658)의 주도로 그 체계가 잡혔는데, 그는 계율과 수계受戒의식을 정비했을 뿐 아니라 승단 운영의 제도적 기초도 닦았다. 신라에서 국가와 교단이 밀접한 관계를 가지며 체제 지향적 성격을 띠게 된 것은 자장이 그 단초를 열었다고 할 수 있다. 『삼국유사』에는 자장이 중국에 유학해서 문수文殊보살을 친견했을 때, "너희 국왕(선덕여왕)은 인도의 찰제리종刹帝利種(크샤트리아) 출신으로 이미 부처님의 수기授記를 받아서 남다른 인연이 있다. 그러므로 다른 동이족들과는 다르다"라는 말을 들었다고 한다. 자장은 당에 유학 갔다가 643년에 신라로 돌아와 대국통大國統에 임명되었고 선덕여왕의 전폭적 지원을 받아서 교단체제를 정립했다.

자장은 국가 대표사찰의 위상을 지닌 황룡사에 높이 80미터에 이르는 9층 목탑을 세울 것을 건의했다. 이는 삼국항쟁기의 국가적 위기 상황에서 왕권을 수호하고 신라의 안정과 발전을 기원하기 위한 상징적 조형물이었다. 탑을 9층으로 세워서 불교의 힘에 의지해 주변 9개 나라의 침입을 막아내려는 염원을 담았다. 신라에는 오랜 과거부터 불교와 깊은 인연을 맺어왔다는 불국토佛國土 관념이 널리 퍼져 있었는데, 이는 불법과 호법신들이 부처의 나라인 신라와 국왕을 보호해준다는 의식을 반영한 것이다. 황룡사가 과거불 가운데 하나인 가섭불이 머물던 곳이라는 인식이나 9층 목탑을 발원한 것은 바로 불국토 관념에서 나온 것이었다. 신라 국왕과 왕실이 전륜성왕, 부처, 석가족임을 표명했던 것도 신라가 바로 불국토라는 확고한 믿음이 있었기에 가능한 이야기였다.

한편 나라의 평안을 기원하는 진호鎭護국가법회인 백고좌회百高座會

황룡사와 9층 목탑 복원도

도 613년 원광圓光(555-638)이 주도해 황룡사에서 성대하게 열렸다. 백
고좌회는 부처와 왕들의 문답을 기록한 『인왕반야경仁王般若經』에 근
거한 법회로서 『인왕반야경』은 나라의 재난을 막고 복을 기원하려면
국왕이 먼저 불교의 가르침을 따라야 한다고 설하고 있다. 황룡사 백고
좌회에서 법을 설한 원광은 신라인이 지켜야 할 윤리규범으로 세속오
계世俗五戒를 제시했다. 세속오계는 충성을 다해 군주를 섬긴다는 사
군이충事君以忠, 효를 지극히 다해 부모를 모신다는 사친이효事親以孝,
신의로써 친구를 사귄다는 교우이신交友以信, 전쟁에 나아가 물러서지
않는다는 임전무퇴臨戰無退, 선별적으로 택해 살생을 한다는 살생유택
殺生有擇이다. 이는 유교의 덕목과 불교적 관념, 무엇보다 전란기의 시
대 상황을 함께 반영한 것으로 당시 신라인의 현실적 삶이 투영된 것이

었다.

오랜 세월에 걸친 삼국의 치열한 각축은 신라의 통일로 일단락되었다. 신라는 당시 세계제국이었던 당과 연합해서 660년에 백제, 668년에 고구려를 무너뜨리고 삼국통일의 위업을 달성했다. 통일전쟁을 겪으면서 피폐해질 대로 피폐해진 민생을 되살리고 민심을 다독이는 한편, 죽은 이들을 추도하는 것은 시급하고도 절실한 과제였다. 신라 사회뿐 아니라 새로 복속된 백제와 고구려의 유민을 포섭하고 통합하는 것도 시대의 과업이었다. 불교는 사람들의 삶의 고통을 해소하고 내세의 위안을 주는 데 크게 이바지했다. 나아가 여러 지역과 사회 구성원의 통합을 이루는 데도 역할을 다해야 했다. 앞서 중고기 신라 왕실에서는 왕권을 강화하고 통치이념을 확립하기 위해 불교를 정치적 선전도구로 삼았지만, 통일 이후에는 사회통합을 도모하고 만인의 행복을 기원하는 종교적 기능에 더욱 충실해야 했다.

통일이 되면서 신라의 국왕들은 정치이념으로는 유교를 내세우고 덕치德治를 강조했다. 또 왕의 권위도 도덕적 자질과 군주의 능력에서 찾으려 했다. 왕명도 이제 불교식이 아닌 태종무열왕처럼 중국식 시호를 쓰게 되었다. 이는 당시 더욱 정교한 정치적 운영능력과 통치체제의 확립이 필요했기 때문이다. 하지만 이 시기에 실질적인 유교정치가 실현되었다고 보기는 어렵다. 통일과업을 완수한 문무왕은 죽어서 동해의 용이 되어 나라를 지키겠다고 서원했고 실제로 사후에 동해 바다 해중릉에 묻혔는데, 이 또한 유교정치와는 무관한 일이었다. 한편 불교 교단은 원래 자율적 운영을 원칙으로 했지만 점차 국가권력에 예속되는 정도가 심해졌다. 황룡사, 사천왕사四天王寺 등의 주요 사찰에는 국가에서 관리하는 성전成典이 설치되었고 8세기 후반에 이르면 사찰 건립과 교단 운영을 나라에서 주관하는 정법전政法典이 두어지고 승관僧官이 임명되었다.

불교는 처음 시작부터 세속의 권력과 무관한 출세간出世間의 가르침이자 종교였다. 하지만 동아시아에서는 세간과 동떨어진 초월적이고 독립적인 출세간의 영역이 인정되지 않았고 불교는 왕권의 비호를 받으며 국가권력에 종속되었다. 고대의 한국, 특히 신라에서는 왕권을 강화하기 위해 불교를 끌어들였고 세속권력과 불교는 밀접한 관계를 맺으며 상호 보완과 공존의 길을 걸었다. 불교와 왕권이 만나면서 불교 외호와 왕권강화라는 시너지 효과가 발생한 것이다. 하지만 불교(종교)에 대한 왕권(국가)의 우위는 시간이 갈수록 더욱 확연해졌고, '왕법 아래 불법'이라는 구도가 한국 불교사의 중요한 특징으로 자리 잡게 되었다.

4장

불교, 토착신앙을 딛고
뿌리를 내리다

불교가 들어오면서 현세의 복을 빌고 내세의 안녕을 기원하는 불교신앙이 삼국에 널리 퍼져나갔다. 문헌기록이 별로 남아 있지 않은 고구려의 경우도 현존하는 고분벽화에서 예불과 설법의 모습, 전륜성왕 등 불교신앙과 관련한 다양한 도상이 확인된다. 현존하는 고구려 불상이나 명문에서도 미륵신앙과 아미타신앙이 성행한 사실을 볼 수 있다. 백제 또한 구체적 실상을 알 수 있는 사료는 많이 전하지 않지만 조각이나 탑 등의 유물·유적과 중국이나 일본의 옛 기록 등을 통해 다채롭고 화려한 불교문화와 신앙이 있었음을 볼 수 있다. 하지만 현재 불교신앙의 구체적 모습을 알 수 있는 자료가 그나마 많이 남아 있는 곳은 신라다. 따라서 신라를 중심으로 삼국시대 불교신앙의 성격과 특징을 살펴보자.

신라에서는 기존의 무교巫教 전통과 치열한 경쟁을 거치면서 불교의 토착화가 서서히 이루어졌다. 이 과정에서 불교는 원래부터 있던 토착 신격을 수용해서 이를 신앙의 대상으로 포섭하는 한편 주술呪術이나 제천祭天의식과 같이 무교가 담당하던 기능을 일부 대체해나갔다. 특히 무교에서 중시되던 전래의 신성한 공간을 점유하게 되면서 마찰이 빚어지기도 했다. 하지만 그 방식은 무교를 완전히 퇴출시키거나 일방적으로 밀어내기보다는 불교 안에 토착신앙을 받아들이고 포용하는 형태로 전개되었다. 그러면서 불교는 무교가 가지고 있던 종교적 지분을 상당 부분 잠식해 들어갔다. 이러한 무교의 불교화는 반대로 오랜 시간에 걸쳐 불교의 무교화를 동시에 수반했다. 신라 사회에서 승려는 무격巫覡의 역할까지 담당해야 했고 종교 영역 안에서 불교와 무교가 서로 혼재되는 상황이 생겨났다. 이렇듯 불교는 전통적인 토착신앙에 대해 배타적이기보다는 융합과 변용의 길을 모색했다고 할 수 있다.

불교가 도입되기 전의 신라에서는 명산신앙과 토템 등 토착신앙이 굳건한 기반을 가지고 있었다. 불교가 들어온 초기에 승려를 지칭하는 용어는 '삼마彡摩'였는데, 이는 무교의 샤먼에서 유래한 것으로 보인다. 또한 신라에는 일본의 신사를 연상케 하는 신당神堂이나 신궁神宮, 성스러운 신앙 공간인 제장祭場이 도처에 있었다. 이처럼 불교는 신라 사회에 깊이 뿌리 내린 토착신앙의 토양 위에 나무를 심고 둥지를 틀어야 했다. 전통적인 종교적 성소는 무교와 불교의 각축장이 되었고 불교가 승리를 거둔 곳에는 사찰이 세워졌다. 이차돈의 순교로 완성된 흥륜사는 경주 남천의 북쪽 언덕에 있는 천경림天鏡林, 문무왕대에 명랑明朗법사가 당군을 물리치려는 염원을 담아 밀교의식인 문두루비법文豆婁秘法을 행한 사천왕사는 낭산 남쪽의 신유림神遊林에 각각 세워졌다. 또 박혁거세의 어머니이자 신라의 수호신으로 알려진 선도성모仙桃聖母를 모신 신사에서 금을 캐내 불전을 수리했다는 설화가 『삼국유사』

경주 사천왕사지

에 전한다. 이처럼 불교는 토착신앙과의 갈등과 경쟁을 거치면서 토착
화의 긴 여정을 시작했다.

　신라에서는 지배층을 중심으로 조상 숭배신앙이 널리 퍼져 있었다.
선조에 대한 추숭과 신격화는 고대 사회의 일반적 현상이기는 하지만,
신라의 지배층은 조상에 대한 제의를 통해 정치적 권위와 정당성을 부
여받으려 했다. 이들에게 시조묘 제사는 자신들이 하늘에서 내려온 천
손임을 자각하고 되새기는 기회이기도 했다. 그렇기에 정치적 정통성
을 확보하는 차원에서 조상신에 대한 숭배와 제의는 필수적이었다. 박
혁거세, 석탈해, 김알지 같은 창업의 군주나 군왕의 시조는 천신이나
자연신 관념과 결합해 초월적 능력을 지닌 신격으로 받들어졌다. 이들
조상신은 후손들에게 복과 벌을 내릴 수 있는 권능을 지닌다고 믿어졌
기에 제사와 숭배는 당연한 것이었다. 조상의 혈통 계승의식은 이들 집

단 내에서 현세가 사후세계로 그대로 이어진다는 연속적 내세관을 전제로 했기에 가능했다.

그런데 불교 전래 후에는 조상에 대한 관념이나 숭배의식에서도 새로운 차원의 변화가 나타났다. 불교는 과거세에서 현세, 그리고 내세로의 길을 업과 윤회의 관념으로 설명하는데, 업보에 따라 각기 다른 결과로 이어진다. 그런데 동아시아에서는 거듭되는 환생의 과정에서 맺어지는 부모와의 인연이 특히 강조되었다. 신라에서는 현생뿐 아니라 전생의 부모와 윤회하는 내가 맺고 있는 인연까지 중시되었다. 전생과 현생의 여러 부모에 대한 보답의 관념은 조상신 숭배 같은 신격에 대한 제의의 형태가 아닌 명복을 빌고 선행을 하는 추선의 방식으로 나타났다. 윤회의 노정에서 만난 부모와 자식의 관계는 인과법에 따라 맺어진 상호 공덕의 수혜자였던 셈이다.

전통적 무교신앙에서는 하늘을 가장 높이 우러렀고 하늘은 신라에서 중요한 종교적·정치적 역할을 담당했다. 하늘 관념은 개인에게는 윤리적 삶을 이끄는 장치였고, 공동체에는 정체성을 공유하게 하는 매개체였으며, 집권자에게는 권력행사의 정당성을 보장해주었다. 그런데 불교는 전통적 하늘 관념을 뛰어넘는 고차원의 종교로 수용되었고 국왕과 왕실의 신성함을 높이는 기제로 활용되었다. 한편으로 불교는 자연을 주재하는 절대자나 신의 존재를 인정하지 않기에 예전부터 전해 내려온 관념이나 토착신앙과 갈등과 충돌을 빚기도 했다. 그럼에도 불교는 대승적 차원에서 이마저도 포섭하게 되는데, 행위에 대한 책임과 그에 따른 운명의 갈림길을 뜻하는 업설業說을 통해 전통적 하늘 관념을 불교적 맥락 안으로 끌어들였다.

초기의 신라 불교신앙은 국왕과 왕실의 전폭적 지지로 뒷받침되었고, 자연스럽게 호국불교의 특성이 강하게 나타났다. 그 대표적 사례는 백고좌회로서 진흥왕 때인 551년에 고구려에서 망명한 승려 혜량惠亮의 주도로 처음 열렸다. 백고좌회는 『인왕반야경』 같은 경전을 독송하며 나라의 안위를 기원하는 법회로서 불상과 보살상을 100개씩 안치하고 국왕과 100명의 고승이 참가했다. 진평왕 때도 황룡사에서 원광의 설법으로 법회가 개최되었다는 기록이 있다. 또 신라와 불교와의 오랜 인연을 강조한 불국토 관념도 생겨나 경주에 과거 7불이 머물던 일곱 개의 가람 터가 있다는 인식이 널리 퍼졌다. 호국불교를 상징하는 또 다른 법회로 팔관회八關會를 들 수 있다. 이 또한 진흥왕 때 개설되었는데 재가신자가 계율을 지키며 수행하는 원래의 팔관재와는 달리 전쟁에서 죽은 호국장병들의 영혼을 위로하는 위령제의 성격을 지녔다.

망자에 대한 위령은 고대부터 행해진 중요한 국가의례이자 통치행위였다. 이는 억울하게 죽은 영혼이 원령이 되어 자연재해나 역병을 일으킨다는 동아시아의 원령 관념과도 관계가 있다. 위령은 국왕 통치의 정당성을 판단하는 중요한 기준이 되었고, 따라서 일찍부터 국가 주도의 위령제가 거행되었다. 그러던 것이 불교 도입 후에는 재난과 전쟁 등의 위기 상황을 극복하기 위한 불교식 위령의례가 기존의 위령제의를 대체해나갔다. 전몰영혼을 달래는 국가제의 성격의 팔관회는 이처럼 원령을 위로하고 피안의 세계로 인도하는 창구 역할을 했던 것이다. 불교식 위령은 망혼을 천도하고 교화하는 방식으로 후대까지 이어졌다.

토착신앙과의 융합을 통한 불교의 확산은 국가 중심의 의례뿐 아니라 개인과 대중의 신앙에도 영향을 미쳤다. 특히 현세신앙을 대표하는 관음觀音신앙이 신라 사회에 널리 퍼져나갔다. 관세음觀世音보살은 중생을 구제하기 위한 자비의 서원을 세워서 시공간에 구애받지 않고 언제 어디에나 나타나는 존재다. 신라인들은 관음보살에게 현실적 바람과 고통 구제를 기원했는데, 『삼국유사』에는 다양한 관음신앙 관련 사례가 나온다. 고승 자장은 부모가 관음상 1,000구를 조성하고 기도한 끝에 태어났다고 한다. 조신調信설화도 잘 알려져 있는데, 조신이 낙산사洛山寺의 관음보살에게 명주 태수의 딸과 혼인하게 해달라고 빌어 소원을 이루었지만 자식을 낳고 40년 이상 살다 지독한 가난과 굶주림 때문에 결국 헤어졌다는 내용이다. 조신은 인생의 덧없음과 현실의 고통을 절감하고 꿈에서 깨어났지만 몸은 이미 늙어버렸고 인생의 무상함을 한탄해야 했다. 이는 현세의 삶이 일장춘몽일 뿐임을 관음보살의 영험에 기대어 엮어낸 이야기로, 모든 것은 변한다는 불교의 무상無常 개념을 대중이 알기 쉽게 각색한 것이다. 부여 군수리 사지에서 나온 6세기 후반의 금동관음보살입상 등 현존하는 관음보살상의 존재에서 관음신앙이 신라뿐 아니라 백제에서도 유행했음을 볼 수 있다.

미륵彌勒신앙도 삼국 모두에서 각광받았다. 미륵신앙은 미륵보살이 머무는 도솔천兜率天으로 왕생往生하기를 바라는 미륵상생上生신앙, 그리고 미래의 부처인 미륵불이 세상에 내려와 교화를 펴고 유토피아인 용화龍華세계를 건설하기를 염원하는 미륵하생下生신앙으로 구분된다. 상생신앙은 특히 고구려에서 중시되었는데, 그 이유는 당시 중국의 북위에서 도솔천 왕생신앙이 유행한 것, 그리고 고구려 지배층이 천손天孫임을 자부하며 죽어서 하늘로 올라간다는 관념을 가진 것과 관련이 있을 것이다. 하생신앙은 중국 남조의 영향이 컸던 백제와 신라에

익산 미륵사지 석탑

서 많이 보인다. 몇몇 국왕이 표방한 전륜성왕은 정법에 따라 세상을 평화적으로 다스려서 미륵불이 내려올 만한 기반을 닦는 존재였다. 신라 진흥왕은 정복한 영토에 순수비를 세워 자신이 아쇼카왕 같은 전륜성왕임을 선언했고 용화세계를 미리 준비하는 미륵의 화신으로 화랑花郎 조직을 만들었다. 국보 제78호와 제83호 금동미륵보살반가사유상은 당시의 이상형을 반영해 미륵보살을 형상화한 것으로 추정된다. 또 경주 단석산의 8미터 높이의 미륵삼존마애불이나 백제 무왕이 미륵불이 내려올 때 세 번 설법하도록 조성한 익산 미륵사彌勒寺의 3금당金堂 3탑塔의 가람배치는 신라와 백제에서 미륵하생신앙이 널리 유포되었음을 잘 보여준다.

신라에서는 관음신앙, 미륵신앙 외에 점찰법회占察法會 또한 넓은 대중적 기반을 가졌다. 7세기 초에 원광이 도입했다고 전해지는 점찰법회는 나무로 된 간자簡子를 굴려 전생의 업보를 점치고 189개로 나뉘는 결과에 따라 죄를 참회하고 선행을 닦는 방식이었다. 이는 비슷한 형태의 토착신앙에 익숙해 있던 신라 사람들에게 쉽게 다가설 수 있는 불교신앙이었을 것으로 생각된다. 점찰법회는 지장地藏보살이 설하는 『점찰선악업보경占察善惡業報經』에 경전적 근거를 두고 있다. 『삼국유사』
에서는 선도산 성모聖母의 당부로 비구니 지혜智惠가 점찰법회를 베풀
었고 사복蛇福을 위해 세운 도량사道場寺에서도 점찰회 설행이 이루어
졌다고 한다. 불국사佛國寺와 석굴암石窟庵 창건을 주관한 김대성金大
城 또한 흥륜사의 육륜회六輪會를 후원했는데 이 또한 점찰법회의 일
종이었다. 8세기 중반에 활동한 진표眞表의 점찰법회가 가장 유명한데
진표는 지장보살에게 계를 받고 미륵으로부터 『점찰경占察經』과 목간
자를 받았다고 할 만큼 말법시대의 구원자 지장과 미래세계의 미륵이
결합된 신라 점찰법회의 특성을 잘 보여주는 인물이었다. 이 밖에도 정
토신앙을 대표하는 아미타신앙이 있었는데 신라에서는 삼국통일기인
7세기 중반에 가서야 본격적으로 성행하기 시작했다.

　신라에서 불교는 전래 이후 토착신앙과 갈등을 겪으면서 경쟁을 통
해 융합과 확산의 길로 나아갔다. 한편으로는 전통적 무교의 영역을 잠
식하며 역할을 대체했고, 다른 한편으로는 포섭과 절충을 하면서 역으
로 불교의 주술화·무교화가 나타나기도 했다. 그 과정에서 불교의 가
치나 지향점과 맞지 않는 일들도 생겨났을 것이다. 하지만 오랜 세월 동
안 아시아의 광대한 지역에서 입증된 불교의 수용력과 변용, 융화의 힘
은 신라를 비롯한 삼국에서 다시 한번 재현되었다. 삼국시대 사람들이
불교에 쉽사리 열광하고 깊이 신앙하게 된 이유는 바로 불교가 가진 포
용력과 대중성에서 찾을 수 있다. 이처럼 불교는 토착화의 길을 순조롭
게 걸으며 한국인의 관념과 삶 속에서 중요한 사유 전통이자 문화코드
로 자리 잡게 되었다.

5장

교학 이해의 전주곡:
학파불교의 싹을 키우다

불교의 도입은 영험하고 화려한 불상과 의장儀裝이 사찰을 장엄하게 만들고 그곳에 많은 사람이 모여 기도하는 것만을 의미하지는 않는다. 사전적 의미에서 불교 수용이란 불(부처)·법(가르침)·승(승려)의 삼보가 온전히 갖추어진 상태를 가리킨다. 다시 말해 경전과 율장, 논서의 삼장이 들어오고 승려와 교단이 성립되어야 한다. 교학과 계율은 부처의 가르침과 승가의 규율이며 이를 배우고 지키는 승려 집단의 존재가 필수적이다. 삼국의 경우에도 불상과 불경이 전래되고 사찰이 세워졌으며 승려가 생겨났다. 이후에 교학 이해가 심화되고 수계의식이 정비되면서 제대로 된 교단의 모습을 띠게 되었다. 여기서는 고구려, 백제, 신라의 순서로 불교 교학의 전개 양상에 대해 살펴보자.

삼국에서 가장 먼저 불교를 받아들인 고구려는 교학에 대한 이해 수준 또한 상당히 높았을 것이다. 하지만 아쉽게도 단편적 기록 외에 그 실상을 보여주는 자료가 거의 전하지 않는다. 고구려 출신 승려 가운데 그나마 불교사에서 사상가로 이름을 떨친 이는 승랑僧朗이다. 승랑은 5세기 후반에서 6세기 초에 중국에서 활동한 중관中觀사상의 대가였다. 그의 교학체계는 후대 삼론종三論宗 성립에 이론적 기초를 제공했다고 평가된다. 그는 30세 때 중국으로 건너가 구마라지바의 제자이자 천재 학승으로 알려진 승조僧肇 계통의 중관학을 수학했다. 그는 평생 삼론을 연구해 중국 삼론종의 개조인 길장吉藏의 사상에 큰 영향을 미쳤다. 승랑의 저작은 전해지지 않지만 길장의 저술이나 삼론학 관련 주석서에서 그의 학설과 주장을 상당수 인용하고 있어서 대체적인 윤곽을 그릴 수 있다. 또 다른 고구려 출신 삼론학자인 혜관慧灌은 중국 수나라에서 길장에게 직접 배운 뒤 625년 일본으로 가서 일본 삼론종을 개창했다. 일본 불교의 제2대 승정僧正이 된 혜관은 큰 가뭄이 들자 기우제를 지내 비를 내리게 하는 등 영험함을 보이기도 했다. 이들의 활약과 국제적 위상을 놓고 볼 때 고구려의 교학, 특히 삼론학 수준은 매우 높았을 것으로 추정된다.

삼론은 나가르주나(용수龍樹)로 대표되는 인도 중관학파의 『중론中論』, 『백론百論』, 『십이문론十二門論』의 세 논서를 통칭하는 말이다. 중관사상은 무아無我에서 연유한 공空의 관념에 기초한 것으로 중국에서도 공관空觀의 이해는 매우 중차대한 문제였다. 삼론학은 길장에 의해 삼론종으로 발전했는데 길장은 공관과 불성佛性을 함께 아우르는 중도中道의 체득을 강조했다. 공관은 자아는 물론 영속적인 실체를 부정하고 현상을 설명할 때 원인과 결과의 인과법인 연기緣起만을 인정한다. 이에 비해 불성은 부처의 본성을 중생이 본래부터 갖추고 있다는 것으로 공관과는 논리적으로 양립하기 어렵다. 하지만 길장은 핵심 원리인 공과 현상세계는 서로 떨어질 수 없는 관계이며 이를 중도의 관점에서 통찰해야 한다고 보았다. 길장의 주장 가운데는 초목성불설草木成佛說이라는 것도 있는데, 식물도 성불할 수 있다는 것이어서 눈길을 끈다.

고구려가 배출한 학승으로는 삼론학의 승랑 외에도 열반학涅槃學의 보덕普德, 천태학天台學의 파약波若의 이름이 알려져 있다. 보덕은 모든 중생이 다 불성을 가지고 있음을 설파한 『열반경』 40권을 강의하는 등 열반학에 정통했다. 또 선관禪觀 수행을 하다가 신인神人의 영험함에 감응해 영탑사靈塔寺를 세웠다고 한다. 그는 고구려 보장왕이 외교관계상 당나라 황실에서 존숭한 도교를 받아들이고 높이자 앞으로 나라가 위태롭게 될 것이라고 간언했다. 하지만 그의 호소에도 별다른 반응이 없자 650년에 백제의 완산주로 가서 경복사景福寺를 세우고 그곳에 머물렀다. 원효元曉와 의상義湘이 『열반경』 강의를 직접 들었다는 이야기가 전해질 만큼 보덕은 열반학으로 명성을 떨쳤다. 파약은 중국으로 건너가 천태종天台宗의 개조인 천태天台 지의智顗에게 배우고 천태의 교학과 관행을 전수했다고 하며 신이한 능력까지 갖추어 중국의 고승전에도 이름을 올렸다.

오늘날 가장 널리 알려진 고구려 승려는 일본 나라현 호류지의 금당벽화를 그린 담징曇徵일 것이다. 『일본서기』에 따르면 그는 610년 백제를 거쳐 일본으로 건너가 채색기법과 종이, 먹 등의 제작기술을 전했고 호류지에 머물면서 금당벽화를 그렸다고 한다. 일찍이 동양의 3대 미술품으로 손꼽힌 금당벽화는 석가불, 아미타불, 미륵불, 약사불로 구성된 정토 그림으로 1949년에 수리를 하다가 화재가 나서 안타깝게 불타 버리고 말았다. 그런데 1989년 호류지 5층탑의 벽화 덧그림 아래에서 담징이 그렸다고 전하는 관음보살상이 발견되어 세상의 빛을 보았다. 이렇게 담징은 화가와 기술자로 이름을 남겼지만 오경五經과 불법을 강론한 학승이기도 했고 한반도의 선진문화와 첨단학문을 일본에 전수한 인물이었다. 그 밖의 몇몇 기록에서 신라와 일본의 승려들이 고구려에 불교를 배우러 유학한 사례가 나오는 등 고구려가 중국에 이어 당시 동아시아 불교학을 선도하는 위치에 있었음을 볼 수 있다.

백제도 고구려와 마찬가지로 교학 이해와 불교문화의 수준이 매우 높았던 것으로 보인다. 하지만 6세기 이후의 단편적 자료만 일부 전해지고 있어 그 실상을 복원하기는 쉽지 않다. 백제는 성왕 때인 541년에 중국 남조의 양나라에서 『열반경』 등의 불경과 주석서를 들여왔고 많은 유학승을 중국에 보내 당시 유행하던 열반학, 성실학成實學 등을 배위오게 했다. 성실학은 인도의 하리발마訶梨跋摩가 쓴 『성실론成實論』에 의거한 교학으로 부파불교의 교리를 매개로 대승사상을 이해하는 데 요긴한 학문이었다. 열반학은 부처 최후의 설법을 담은 『열반경』을 소의경전所依經典(근본경전)으로 한다. 『열반경』은 부처의 몸(불신佛身)의 영원성을 설파하고 모든 중생의 성불 가능성을 열어 동아시아 불교에 큰 영향을 미쳤다. 인간 존재의 철저한 긍정과 깨달음에 대한 절대적 신뢰는 중국 남북조시대에 불성 논의가 사상계의 핵심 의제로 떠오르게 된 이유이기도 했다.

백제에는 천태 계통의 법화삼매행법法華三昧行法도 들어왔는데, 이것은 『법화경』을 독송하며 죄업을 참회하고 어디에도 치우치지 않는 중도의 이치를 깨우치는 수행법이었다. 또한 중국 북조에서 성립한 지론학地論學도 수용되었다. 지론학은 인도 유식唯識사상을 체계화한 바스반두(세친世親)의 『십지경론十地經論』에 의거한 학문이다. 지론학파는 유식에서 말하는 마음의 근본 심층의식인 제8식 알라야식을 어떻게 볼 것인지를 둘러싸고 남도파와 북도파로 나뉘었다. 남도파는 알라야식을 진식眞識과 망식妄識으로 구분하고 그중 진식이 부처의 본성을 갖는 여래장如來藏이라고 주장했다. 북도파는 알라야식은 오로지 망식이며, 있는 그대로의 참모습이자 변하지 않는 진리인 진여眞如는 이와는 별개라고 보았다. 다시 말하면 알라야식에 여래장 불성이 내재해 있다는 것을 사실상 부정하는 입장이었다.

이 논쟁에서 남도파가 승리를 거두면서 동아시아에서는 알라야식과 여래장의 결합으로 누구나 성불할 수 있다는 믿음이 널리 확산되었다. 불교의 중국적 전개를 상징하는 대표 논서인 『대승기신론大乘起信論』에서도 변하지 않는 진여와 현상이나 인연에 따라 생겼다 없어지는 생멸生滅의 두 측면으로 일심一心의 구조를 파악했다. 『대승기신론』이 지론학파 계통에서 만들어졌다는 주장이 나오는 것도 바로 알라야식과 마음을 여래장과 무명無明의 이중구조로 파악했기 때문이다.

7세기 전반 무왕대에 오면 중국에서 성행하던 섭론학攝論學이 백제에 전해졌고 삼론학도 교학의 주류로 자리 잡고 있었다. 백제에서 삼론학이 중시된 사실은 일본으로 건너간 백제 출신 고승들의 활동을 통해서 알 수 있다. 일본 불교의 초석을 다진 쇼토쿠 태자가 스승으로 모신 혜총惠聰과 일본의 초대 승정이 된 관륵觀勒이 바로 삼론학승이었다. 그 밖에 백제에서는 계율학戒律學도 매우 중시되었다. 이능화의 『조선불교통사』(1918)에는 6세기 전반 겸익謙益이 인도로 법을 구하러 가서 율장을 가지고 왔고 이를 한역했다는 기록이 인용되어 있다. 그로부터

계율학 관련 주석서가 나왔고 『사분율四分律』 등 율장에 의거한 구족
계具足戒 의식이 갖추어졌다고 한다. 584년에는 일본의 비구니 승려들
이 정식으로 계를 받기 위해 백제에 왔을 정도로 백제의 수계의식과 계
율학은 일찍부터 궤도에 올라 있었다.

삼국 중에서 불교 공인이 가장 늦었던 신라는 불·법·승 삼보의 전래
에서도 뒤처졌다. 신라에 삼보가 들어온 것은 기록상 6세기 중반부터
7세기 초까지의 시기로서 고구려나 백제보다 훨씬 후대의 일이었다. 먼
저 불은 각덕覺德이 중국 양나라에 유학한 후 549년에 부처의 진신사
리를 모시고 귀국했다고 한다. 법은 명관明觀이 진나라에서 공부한 뒤
565년에 불교 경전 1,700여 권을 가지고 돌아왔다. 승의 경우는 수나
라에 유학한 지명智明이 602년에 돌아온 후 율장과 관계된 『사분율갈
마기四分律羯磨記』를 저술했다고 한다. 계를 받고 계율을 지키는 일은
승려의 자격을 얻고 승단을 유지하기 위한 필수 요건이었다.

이처럼 삼보가 갖추어진 후 신라에서 불교 교학이 본격적으로 이해
되고 연구되기 시작한 것은 7세기 전반의 원광과 자장 때에 와서였다.
원광은 중국 유학 후 진평왕의 명으로 수나라에 원군을 청하는 「걸사
표乞師表」를 짓는 등 국왕의 정치외교 자문을 맡았고 화랑인 귀산貴山
과 추항箒項에게 세속오계를 권한 일로도 유명하다. 그는 교학에도 정
통해서 수나라에 유학했을 때 당시 유행하던 성실학과 섭론학 등을 익
히고 돌아왔다. 섭론학은 인도 유식학파의 조사 아상가(무착無着)의
『섭대승론攝大乘論』에 의거한 것으로 지론학 남도파와 유사한 입장을
가졌다. 섭론학에서는 알라야식을 진식과 망식의 화합식和合識으로 보
았고 그 본체를 순수 진식인 아말라식(=여래장)으로 상정했다. 이처럼

『속고승전』 원광 전기

알라야식 또는 일심을 진식과 망식, 진여와 생멸의 이중구조와 양자의 결합으로 보는 시각은 남북조시대 이후 동아시아 불교사상의 주된 경향이었다.

원광에 이어서 중국의 선진 불교학을 습득해 돌아온 자장은 당에 유학을 가서 계율학과 섭론학을 배웠다. 그는 643년에 장경 한 부를 가지고 귀국했는데, 이후 승단을 통솔하는 대국통이 되었고 중국 불교를 모델로 해서 신라의 교단체제 완비를 꾀했다. 이때 황룡사를 나라의 중심 사찰로 삼고 불교 교단을 5부로 조직했으며 감찰기구를 두어지방 사찰에 대한 감독권을 행사했다. 또한 자장은 황룡사 9층 목탑에 중국에서 가져온 부처의 진신사리를 봉안했고 계율과 수계의식을 체계적으로 정비했다. 출가자와 재가자를 구분해서 출가자를 대상으로 한 『사분율』 수계를 엄격히 했으며 재가자에게는 『보살계본菩薩戒本』

통도사 금강계단

을 강의하고 보살계 수계를 행했다. 동아시아에서는 남방 상좌부 불교의 전통과는 달리 소승율小乘律과 대승보살계大乘菩薩戒가 함께 전해져 중시되었고, 출가자와 재가자를 망라하는 『범망경梵網經』이라는 중국 찬술 경전도 등장했다. 중국에서 계율학은 남산율종南山律宗의 개조로 알려진 도선道宣이 그 토대를 마련했는데, 계율과 수계는 불교 교단의 성립과 유지에 없어서는 안 될 중요한 요소였다.

중국에서는 남북조시대를 거치며 불교 경론의 한역이 거의 이루어졌고, 이에 따라 불교 교학에 대한 이해 또한 깊어졌다. 그 결과 지론학·섭론학 등의 학파불교가 성립되었고, 중국 사상계는 백가쟁명百家爭鳴의 시대를 맞이했다. 이는 삼국에도 영향을 미쳐서 다양한 불교 교리와 사조가 유입되었고 학파불교의 물결이 한반도까지 넘실거렸다. 7세기 무렵에는 한 단계 더 나아가 특정 경전이나 교학에 의거한 교종 종파가 등장하게 되었다. 중국의 수·당대는 이러한 종파불교의 융성기로서 삼론종·천태종·화엄종華嚴宗·법상종法相宗이 대표적 종파들이었다. 신라에서도 7세기 중반 삼국통일 이후 유식, 화엄 등 불교의 핵심 사상에 대한 연구가 활발해졌고 많은 주석서가 나왔다. 일본의 경우는 조금 늦은 8세기 무렵 나라奈良시대에 교학에 대한 본격적 연구가 이루어져 남도南都 6종으로 대표되는 학파불교가 자리를 잡게 된다. 남도 6종은 성실종成實宗·구사종俱舍宗·삼론종·법상종·화엄종·율종으로 중국과 한반도를 거쳐 간 불교사상이 일본에서 다시 한번 꽃을 피우게 되었다.

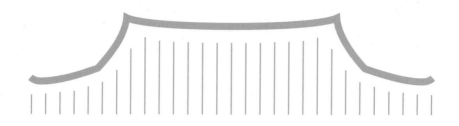

2부

신라 불교,
사상과 신앙의 나래를 펴다

1장

정토:
내세의 유토피아를 꿈꾸다

오랜 전란을 겪은 후 7세기 중반 신라가 삼국을 통일하자 불교는 이전과 다른 차원의 크나큰 사회적 역할과 종교적 구원의 책임을 떠맡아야 했다. 불교가 져야 했던 새로운 시대의 과제는 바로 사회 대통합과 신앙의 대중적 확산이었다. 앞서 신라 불교는 지역적으로는 수도 경주와 그 인근을 중심으로 하면서 왕실과 귀족층을 주요 고객으로 할 뿐이었다. 하지만 이제는 백제와 고구려 영토 일부까지 신라의 영역이 되면서 훨씬 넓은 공간으로 눈길을 돌리고 사회 전체 구성원으로 수요층을 넓혀야 했다. 『삼국유사』에서는 저잣거리와 시골마을에서 일반민을 대상으로 한 파격적인 교화의 모습을 엿볼 수 있는데, 당시 선구적 승려들은 시대의 요구를 충실히 따랐다.

한반도 동남부에 자리 잡은 신라는 6세기 중반 진흥왕 때 한강 유역을 차지하고 가야를 병합하면서 고구려, 백제와 어깨를 나란히 할 수 있었다. 나아가 힘을 한데 모으고 국력을 키워서 끝내 삼국통일의 위업을 달성하게 되었다. 하지만 나라를 뒤흔든 몇 번의 위기와 기나긴 전쟁으로 수많은 사람이 목숨을 잃었고 백성의 삶은 지치고 곤궁해졌다. 이러한 상황에서 죽은 이들의 혼령을 위로하고 살아 있는 사람들의 마음을 달래는 일은 불교가 감당해야 할 몫이었다. 백제와 고구려의 유민을 포함한 통일된 신라의 전체 구성원들은 불교신앙을 통해 현세의 행복과 내세의 위안을 얻으려 했고, 불교만이 그럴 준비를 갖추고 있었다. 이럴 때 불교가 가진 최대의 무기는 바로 아미타 정토신앙이었는데, 새로운 수요를 창출하면서 점차 폭발적 인기를 끌게 되었다.

삼국통일을 앞뒤로 한 시기에 신라에서 대중교화로 이름을 널리 알린 승려로는 혜숙惠宿, 혜공惠空, 대안大安, 원효 등이 있었다. 혜숙은 7세기 전반에 경주에서 멀리 떨어진 지방에서 불교의 가르침을 편 대중화의 선각자였다. 그는 화랑의 낭도 출신으로 이전에 모셨던 국선 구참공이 사냥을 즐겨하자 자신의 허벅지 살을 베어주면서 더는 살생하지 말 것을 권유했다는 일화로도 유명하다. 혜숙의 명성을 들은 국왕이 그를 왕궁으로 초청했지만 가지 않았고 오로지 백성을 위한 포교에만 전념했다. 7세기 중반에는 혜공이 나와 불교 대중화의 과제를 이어갔다. 그는 원래 하층계급 출신으로 승려가 된 뒤에는 삼태기를 쓰고 춤추고 노래 부르며 교화를 펼쳐서 당시 큰 반향을 불러일으켰다. 이런 기이한 행적 외에도 혜공은 법명에 '공空'자가 들어간 것에서도 알 수 있듯이 반야공관般若空觀을 중시하는 등 교학에도 밝았고 원효에게 공의 가르침을 전해주었다고 한다.

대안은 원효의 『금강삼매경론金剛三昧經論』 집필과 관련된 설화에 등장한다. 그는 용궁에서 얻었다고 전해지는 『금강삼매경』을 직접 편집한 후 그 해설가로 원효를 지목했다. 대안은 당시 널리 이름이 알려진 원효의 『금강삼매경론』

교화승이었는데 미친 척하고 거리를 돌아다니며 파격적인 포교행을 벌인 일로 유명하다. 신라를 대표하는 불교사상가인 원효 또한 온몸을 내던져 불교 대중화의 길에 앞장섰다. 원효는 태종무열왕의 딸이자 과부였던 요석공주와의 사이에서 설총을 낳은 뒤 환속했고 광대 춤을 추고 노래를 부르며 어디에도 얽매이지 않는 무애행無碍行의 교화를 펼쳤다. 특히 현실의 고통 속에서 괴로워하던 신라인들에게 아미타 정토신앙을 널리 보급했고, 그 덕에 누구나 부처의 이름을 알고 극락정토로의 왕생을 꿈꾸게 되었다고 한다. 세간과 출세간에 걸림이 없는 위대한 자유인으로서 그의 삶과 행적은 당시뿐 아니라 지금까지도 정해진 틀을 뛰어넘는 것이었다.

　아미타 정토신앙은 모든 중생을 전부 구제한 뒤에야 성불하겠다는 48서원誓願을 세운 법장法藏 비구가 중생 제도의 끝이 보이지 않자 아미타불이 되어 서방西方 극락정토를 만들면서 시작되었다. 이제 누구라도 그의 원력願力에 힘입어 극락정토에 왕생할 수 있게 되었다. 서방 극락정토는 우리가 살고 있는 현세와 내세를 아우르는 사바세계를 벗어나 서방에 별도로 만들어진 일종의 유토피아다. 현세를 마치고 죽더라도 지옥, 아귀, 축생, 아수라, 인간, 천상의 6도 윤회를 반복하기 때문에 그러한 윤회의 사슬을 끊기 위해서는 열반(해탈) 외에는 방법이 없다는 것이 불교의 기본 가르침이다. 하지만 아미타불의 원력에 힘입어 서방 극락정토로 왕생하면 더는 윤회를 하지 않고 부처의 세계에서 영원한 안식을 얻을 수 있다. 이는 답답한 현실과 윤회의 부담감에서 벗어나 어떤 사람도 사후의 행복을 꿈꿀 수 있다는 점에서 전에 없던 호소력과 흡인력을 가지고 있었다.

　아미타 정토신앙은 동아시아에서 큰 인기를 끌며 불교의 확산과 대중화를 이끌었다. 아미타 정토를 설한 『무량수경無量壽經』에서는 정토 왕생을 서원하고 염불을 하면 큰 죄를 짓거나 불법을 비방한 자가 아니라면 왕생할 수 있다고 했다. 그런데 중국에 와서는 아미타불의 이름을 외는 칭명稱名만으로 왕생이 가능하며 무엇보다 악인惡人도 왕생할 수 있다고 수위를 대폭 낮추어 정토로 가는 문이 더욱 활짝 열리게 되었다. 중국의 아미타 정토신앙 수용과 불교식 사후 관념의 정착에 크게 기여한 이는 여산 혜원이었다. 그가 활동하던 남북조시대에는 불교의 윤회를 둘러싸고 윤회의 주체인 영혼이 과연 있는지에 관한 유불 간의 논쟁이 일어났다. 혜원은 영혼의 존재를 인정하지 않는 중국의 전통적 신멸론神滅論에 대해 법신法身으로서 붓다의 영원성을 전제로 영혼의 존재를 가정한 신불멸론을 주장했다. 이는 영원한 자아의 실체를 부정하는 불교의 핵심 가르침 무아無我와는 배치되지만 중국인들이 불교의 윤회와 업 관념을 이해하고 수용하는 데 장애가 되었던 벽을 제거했다. 혜원은 윤회를 벗어나 서방정토로 왕생할 수 있는 아미타불 관상觀想 수행을 권장했고, 그를 위해 백련사를 조직해서 정토신앙의 선구적 모델을 만들었다.

중국의 정토신앙은 6세기 전반 담란曇鸞에 의해 이론적 체계가 잡혔고 도작道綽과 선도善導가 활동하던 7세기에는 칭명염불을 통해 쉽게 왕생할 수 있는 타력신앙으로 큰 호응을 얻으면서 대중적 기반을 넓혀나갔다. 도작은 말법시대에는 중생 구제를 위해 정토가 더욱 절실하다고 하며 칭명염불을 강조했고 스스로도 하루에 7만 번이나 염불을 했다고 한다. 또 염주를 만들어 염불을 권하고 콩과 팥으로 염불한 수를 세는 소두小豆염불 방식을 제안했다. 그의 제자인 선도는 염불을 큰 소리로 하는 구칭口稱염불을 권장했고 많은 정토 관련 주석서를 남겼다. 이들의 노력 덕에 정토신앙은 반석 위에 놓였고 이후 교종과 선종에서 모두 정토신앙을 수용했다. 특히 선종에서는 마음이 곧 정토요, 자성이 곧 아미타불이라는 '유심정토 자성미타唯心淨土自性彌陀'를 내세워 수행의 한 방편으로 염불을 활용했다. 계율의 준수를 강조하는 염불결사結社도 성행하게 되면서 정토는 교·선과 함께 불교의 주된 흐름이 되었다.

신라에 들어온 아미타 정토신앙은 삼국통일기인 7세기 중반부터 크게 유행하면서 왕족과 귀족층부터 일반민과 천민까지 모든 계층에서 받아들여졌다. 문무왕의 동생 김인문을 위해 설치된 아미타도량이 왕족의 신앙 사례라면, 염불에 전념해 살아서 바로 서방극락으로 날아간 노비 욱면의 설화는 하층민에 해당한다. 욱면은 여종이었는데 극락정토에 뜻을 둔 진주 지방의 거사 수십 명이 미타사彌陀寺를 세우고 만일계회萬日契會를 만들자 주인을 따라 절에 갔다가 법당 밖에서 염불에 힘썼다. 염불을 못 하게 주인이 일부러 많은 일을 시켰지만 그녀는 정성스레 염불에 전념했다. 어느 날 "법당 안에서 염불하라"는 소리가 하늘에서 들리자 그녀는 법당으로 들어가 염불을 계속했다. 어느 순간 서쪽에서 음악소리가 나면서 그녀의 몸은 들보를 뚫고 한순간에 서쪽으로 날아갔고 조금 있다 부처의 몸으로 변신해 연화대에 앉은 채 빛을 발하며 극락으로 향해 갔다. 이 일화는 노비라는 낮은 신분도 그렇지만 살아 있는 현세에서 바로 극락정토로 왕생했다는 점에서 매운 흥미로운 서사구조를 띠고 있다. 또 정토왕생을 바라는 염불결사를 조직해 거의 28년 동안 만일염불에 매진하는 모습이 꽤 앞선 시기부터 있었음을 보여주는 설화이기도 하다.

통일기의 신라 사회에서 아미타 정토신앙이 매우 성행했음을 보여주는 대표적 사례로는 문무왕대의 광덕과 엄장 설화를 들 수 있다. 광덕과 엄장은 정토로 왕생할 때 서로 알리자고 약속했는데, 어느 날 엄장이 "나는 이제 서쪽으로 갈 테니 당신은 잘 지내다 뒤에 나를 따라오시오"라는 광덕의 소리를 듣게 되었다. 엄장은 남편이 떠난 광덕의 처와 함께 살게 되었는데 밤에 남녀의 정을 통하려 하자 그녀는 "당신이 서방정토를 구하는 것은 나무에 올라 물고기를 구하는 것과 같다"라고 질책했다. 엄장은 광덕도 서방정토로 갔는데 자신은 왜 안 되는 것인지 의아하게 여겼다. 광덕의 처는 "그는 10여 년이나 동거했지만 한 번도 잠자리를 같이하지 않았고 밤마다 아미타불 염불을 외고 16관觀을 이루었기에 서방정토에 갈 수 있었다. 천리를 가는 이는 첫걸음을 보면 알 수 있는데 당신은 동쪽으로는 갈지언정 서방정토에는 갈 수 없을 것 같다"고 했

불국사 아미타여래좌상

다. 엄장은 부끄러워하며 원

효에게 찾아가 가르침을 받았고 결국 죄를 뉘우친 뒤 오직 한마음으로 관법을 닦아서 극락으로 가게 되었다.

광덕이 지은 〈원왕생가願往生歌〉는 "달이시여, 이제 서방정토에 가거든 무량수 부처님 앞에 알리어 아뢰어주소서. 다짐 깊으신 부처님 우러러보며 두 손 모아서 원왕생 원왕생 그리는 사람이 있다고 아뢰소서. 아아, 이 몸 버려두시고 48가지 큰 소원 이루실 수 있겠습니까?"라는 내용이다. 앞의 설화와 이 향가에서 정토왕생을 향한 광덕의 간절한 염원과 치열한 구도행의 자세를 엿볼 수 있다.

신라에서는 아미타 정토신앙과 함께 이전부터 중시된 미륵신앙도 계

속 유행했다. 특이한 것은 도솔천으로 왕생하는 미륵상생신앙과 극락
정토로 왕생하는 아미타신앙이 함께 결합해 성행했다는 점이다. 719년
성덕왕대에 김지성이 감산사甘山寺를 세우고 죽은 부모를 위해 미륵보
살상과 아미타불상을 동시에 조성한 사실이 이를 잘 보여준다. 현재 국
립중앙박물관에 있는 이 두 상은 광배 뒤에 조성한 이와 그 동기를 적
은 명문이 있는데 예술적으로도 매우 뛰어난 작품이다. 또한 『삼국유
사』에 전하는 노힐부득과 달달박박의 다음 이야기에도 미륵과 아미타
불이 함께 등장한다.

　노힐부득과 달달박박은 출세간에 뜻을 두고 승려가 되었는데 백월
산 인근에 각자 거주하면서 부득은 미륵을 구했고 박박은 아미타를
염불했다. 3년이 지나지 않은 어느 날 저녁 젊은 여자가 박박의 암자로
와서 하룻밤 묵기를 청했지만 박박은 거절했다. 여자는 이어 부득에게
찾아갔는데 부득은 날이 어둡고 또 중생을 따르는 것이 보살행임을 생
각하며 유숙하게 했다. 밤에 부득은 염불에 전념했는데 여자가 갑자기
출산한다고 도와달라고 했다. 해산한 후 여자는 부득에게 목욕하게 해
달라고 부탁했는데 얼마 지나지 않아 향기가 나면서 물이 황금색으로
변했다. 여자가 이 물을 부득에게 붓자 부득의 몸이 황금색으로 변하
며 연꽃 좌대가 나타났다. 여자는 자신은 관음보살이며 부득이 깨달음
을 얻게 도왔다고 하고는 사라져버렸다. 다음 날 박박이 부득에게 가보
자 부득은 미륵존상이 되어 있었다. 박박은 지난밤 자신의 마음에 가
리는 것이 있어서 성인을 만나고도 몰랐다고 탄식하고는 부득에게 서
로의 약속을 잊지 말자고 했다. 통 안의 남은 물로 목욕을 하게 하자 박
박은 바로 아미타존상이 되었고 이들은 촌민들에게 법을 설한 후 구름

을 타고 사라졌다.

　이처럼 삼국을 통일한 후 개인의 평온과 내세의 안락을 희구하는 불교신앙이 신라 사회의 전 계층, 전 지역에 걸쳐 빠른 속도로 퍼져나갔다. 특히 전부터 유행하던 미륵신앙과 함께 아미타신앙이 새로운 정토신앙으로 각광을 받게 되었다. 7세기 중반 신라에서 인기를 끌기 시작한 아미타 정토신앙은 이후 불교신앙의 대표주자로 떠올랐고 고려와 조선을 거쳐 오늘날까지 극락정토의 유토피아로 향하는 불교인들의 내세에 대한 꿈과 염원은 계속되어왔다.

2장

원효:
세간과 출세간의 경계를 뛰어넘다

한국인이라면 누구나 한번쯤 원효(617-686)라는 이름을 들어보았을 것이다. 그는 해골 물을 마시고 깨달음을 얻었다는 전설과 요석공주와의 로맨스로도 잘 알려져 있다. 그런데 원효가 살던 7세기 신라로 돌아가보면 그는 당시 불교계를 대표하는 교학자이자 방대한 저작을 남긴 저술가였고 파격적인 모습으로 대중교화를 펼친 인물로도 유명했다. 원효는 한국이 낳은 가장 독창적인 사상가로서 그의 철학적 사유는 중국과 일본, 멀리는 중앙아시아로 가는 길목인 둔황과 투르판까지 퍼져나가 큰 파장을 불러일으켰다. 또한 세간과 출세간의 경계를 뛰어넘는 파격을 선보이며 시대와 호흡을 같이하고 중생과 동고동락한 위대한 종교인이었다.

원효는 1,400년 전 현재의 경상북도 경산 지역인 압량군 불지촌의 밤골에서 태어났다. 귀족층인 6두품 출신으로 어릴 적에는 어머니가 커다란 밤나무 아래에서 아버지의 새털 옷으로 휘장을 두른 채 그를 낳았다고 해서 새털, 한자로는 서당誓幢으로 불렸다. 새벽을 뜻하는 '원효'는 자신이 직접 지은 이름으로 해처럼 빛나는 부처의 가르침, 즉 불일佛日을 상징한다고 한다. 원효의 출가 전 행적이나 출가 동기는 알려져 있지 않아서 그의 일생을 결정할 당시의 모습을 재구성하는 일은 쉽지 않다. 그는 출가했다가 뒤에 환속해서 주류 불교계와 거리를 둔 채 아웃사이더로 살았고 이름난 제자를 두지도 않았다. 그래서인지 몇몇 단편적 기록을 제외하고 그의 역동적 삶을 생생하게 보여주는 자료는 생각보다 적다.

그나마 우리가 원효의 일부 행적을 알 수 있는 것은 9세기 초 신라에서 새겨진 「서당화상비誓幢和上碑」, 10세기 말 중국에서 나온 『송고승전宋高僧傳』의 「원효전」과 「의상전」, 13세기 후반에 편찬된 『삼국유사』의 「원효불기元曉不羈」 등이 있어서다. 먼저 「원효불기」는 원효와 같은 경산 출신인 고려 후기 승려 일연이 원효의 행장과 이 지역에 전하던 향전鄕傳 등을 활용해 원효 일생의 몇 부분을 복원해놓은 글이다. 여기에 요석공주와의 인연과 어디에도 얽매이지 않는 자유자재한 교화행의 모습이 담겨져 있다. 작성 연대가 가장 앞서는 「서당화상비」는 8세기 후반 원효의 후손 설중업이 일본에 사신으로 갔다가 원효를 흠모하는 일본인 고관에게 환대를 받은 일이 계기가 되어 건립이 추진되었다. 원효가 주석했던 분황사에 비碑가 세워질 때 속세의 거사 모습을 한 원

분황사 원효 진영

효상이 함께 조성되었다고 한다. 여기서 출가 승려가 아닌 거사의 형태로 표현된 것은 원효에 대한 당시 신라인의 인식을 반영하고 있다. 그런데 이 비문의 내용은 『삼국유사』 등 후대 자료에는 인용되지 않아 그 실체를 알지 못하다가 1915년 경주 고선사高仙寺 터에서 몇 개로 조각난 비석의 일부가 발견되어 절반 정도의 내용만 세상에 알려지게 되었다.

원효는 중관, 유식 같은 대승불교의 핵심 사상을 두루 접했고 650년 무렵에는 의상과 함께 당나라로 유학을 가려다가 고구려 영역에서 잡혀 돌아왔다. 『송고승전』의 「의상전」을 보면 원효는 661년에 다시 한번 의상과 유학길에 올랐다. 두 사람은 이번에는 서해의 바닷길을 택했는데 항구에 도착하기 전에 장대 같은 비가 퍼붓자 폭우를 피해 어느 동굴로 들어갔다. 그런데 하룻밤 머문 동굴이 다름 아닌 해골이 널려 있는 무덤임을 다음 날 알게 되자 원효는 마음이 뒤숭숭하고 편치 않았다. 바로 이 순간 마음이 일어나면 번뇌가 생겨나고 마음이 사라지면 동굴과 무덤이 전혀 다르지 않음을 깨달았다. 그는 세상의 온갖 현상은 오직 마음먹기 나름이고 마음 밖에 따로 실상이 있지 않음을 알게 되었다. 따라서 굳이 밖에 나가서 구하지 않아도 된다고 하고는 그 길로 혼자 돌아왔다. 이 일화는 마음의 작용에 따라 현상세계가 생겨나고 마음과 존재의 법이 둘이 아니라는 『대승기신론』 사상의 요체를 담고 있다. 원효의 깨달음을 전하는 이 이야기는 후대에 그가 해골 물을 마시는 장면으로 극적으로 윤색되기도 했다.

처음에 원효가 당에 유학가려 했던 이유는 인도에서 10여 년간 불교 원전을 학습하고 경론을 가지고 645년 장안으로 돌아온 현장玄奘이 신유식新唯識의 사상을 퍼트려 중국 사상계에 평지풍파를 일으켰기 때문이다. 현장은 손오공, 저팔계, 사오정이 등장하는 소설 『서유기西遊記』의 주요 인물인 삼장법사의 모델이었을 정도로 그의 인도행은 유명한 일이었다. 현장이 인도로 오가는 여정과 현지 상황을 상세히 기록한 『대당서역기大唐西域記』는 당시는 물론 지금까지도 매우 귀중한 자료로 평가받는다. 원효는 인도에서 돌아온 현장이 전한 본고장의 유식사상을 직접 배우기 위해 과감히 유학을 결심했던 것으로 보인다. 그런데 이 무렵 당과 신라는 인적·물적 교류가 매우 활발해 중국에서 유통되던 불서와 불교사상이 곧바로 신라에 들어왔다. 따라서 원효는 중국에 가지 않고도 필요한 정보와 최신 학설을 구해 자신만의 연구를 수행할 수 있었다.

원효는 방대한 저술을 남겼지만 그가 학문에만 전념한 것은 아니었다. 세간과 출세간의 경계를 넘나들며 시대의 과제에 정면으로 맞닥뜨렸고 중생을 교화하는 데 온힘을 다했다. 원효가 태종무열왕 김춘추의 딸이자 과부였던 요석공주와 인연을 맺어 아들 설총을 낳은 일은 당시 매우 충격적인 사건이었고 오늘날까지 원효 하면 가장 먼저 떠오르는 이미지가 되었다. 설총은 최치원과 함께 신라를 대표하는 학자로서 고유어의 어순과 조사를 살리면서 한문을 자국식으로 표기하는 이두를 만들었다고 한다. 요석공주와의 로맨스 후 원효는 환속해 스스로 소성小性거사로 칭하며 틀에 얽매이지 않는 자유분방한 교화행을 펼쳤다. 그는 대중 속으로 들어가 춤추고 노래하며 어디에도 걸림이 없고 막힘이 없는 무애행을 실천했다. 일반민까지 염불정토를 믿게 된 것은 원효의 무애행에서 비롯되었다는 기록이 전하는 것도 그 때문이다. 원효가 출가자뿐 아니라 재가자도 포함한 대승계율을 설한 『범망경』을 중시한 것도 승속의 구분을 뛰어넘는 실천행과 관련이 있다.

원효가 살았던 시대는 신분과 지역적 차별, 전쟁의 참상과 민생고가 사람들의 삶을 옥죄던 시기였다. 그럴수록 마음의 위안과 행복 추구가 절실했고 종교적 구원의 길은 더 가깝게 다가와야 했다. 원효는 그러한 시대적 과제와 중생의 염원을 잘 알고 있었고 사람들의 마음을 다독거리는 데 힘썼다. 그러는 한편 통일의 과업을 이루고 민생 안정을 꾀하려는 신라 왕실의 요구를 받아들여 당면한 현실 문제의 해결에도 발 벗고 나섰다. 평양에서 신라와 당의 연합군이 고구려와 전쟁을 벌이던 662년에 원효는 당나라 장수 소정방이 보낸 암호문 '서독화란書犢畵鸞'을 해독해 신라군을 위기에서 구했다. 이 문구는 문자 그대로는 "송아지를 쓰고 난새를 그리다"지만 원효는 '서독화란'의 앞뒤 글자의 자음과 모음, 받침을 묶어서 빨리 돌아가라는 뜻의 '속환速還'으로 읽었다. 이는 고구려군이 기습할 예정이니 군대를 속히 후퇴시키라는 뜻의 암호였다. 이 일 때문인지 「서당화상비」에는 그가 나라를 바로잡는 문무의 덕을 지녔다고 평가하고 있다.

환속해서 신라 불교 교단의 주류에서 밀려난 원효는 왕실의 지원으로 중앙무대에 다시 진출할 수 있는 기회를 얻었다. 앞서서 전국의 고승 100명이 참가하는 국가법회인 백고좌회가 열렸을 때 교단 상층부의 반대로 들지 못했던 원효는 『금강삼매경론』을 찬술하고 강의하는 기회를 얻어 의기양양하게 복귀할 수 있었다. 『송고승전』에 따르면 왕비의 병을 치료할 비법과 약을 구하기 위해 당으로 가던 신라 사신이 바다의 용왕에게 『금강삼매경』을 받아 돌아왔다. 그런데 이 경전을 대안이 편집하고 원효에게 해석을 맡기라는 용왕의 당부가 있었다. 이에 원효는 소가 끄는 수레 위에서 논소 다섯 권을 지었고 국왕의 부탁으로 마침 백고좌회가 열리는 황룡사에서 이를 강의하려 했다. 그런데 강연하기 직전에 누군가 원효의 해설서를 훔쳐가는 일이 벌어졌고 그 뒤 3일 만에 원효는 『금강삼매경론』 3권을 다시 써서 강의했다. 이때 원효는 "지난날 100개의 서까래를 고를 때는 비록 끼지 못했지만 지금 대들보 하나를 놓는 일은 나 혼자만 할 수 있구나"라며 자부심을 드러냈다.

원효는 중관, 유식, 법화, 화엄부터 열반, 정토, 계율, 『대승기신론』에 이르기까지 당시 유행하던 불교 교학에 모두 정통했고 다수의 저작을 통해 독자적 사상체계를 구축했다. 그의 사상은 신라뿐 아니라 중국, 일본에도 영향을 미쳤는데, 중국 화엄학의 이론을 체계화한 법장은 원효의 『기신론』(『대승기신론』의 약칭) 이해를 참조해 주석서를 썼다. 또 일심一心의 체득을 중시한 징관澄觀이나 종밀宗密도 원효의 주장을 눈여겨보며 자신들의 교학 정립에 활용했다. 일본에서도 나라시대 남도 6종의 학승들이 원효의 학설과 사상에 의거해 불교 교학에 대한 이해를 심화시켰다.

원효는 평생 100여 종에 이르는 방대한 저술을 남겼는데 그중 14부 17권만이 현재 온전히 전하며 일부분만 남아 있는 것도 10부 정도 된다. 그 밖에 후대에 나온 주석서에 인용된 내용이나 사본의 단편 등을 통해 그의 사상의 전모를 꿰맞춰볼 수 있다. 원효 사상의 전개는 크게 4단계로 나눌 수 있다. 제1단계는 반야공관과 일승一乘사상의 수용이다. 원효는 교화승인 혜공과 대안의 영향을 받아 공관을 수학했고 백제로 온 고구려 승려 보덕에게 『열반경』을 배워 모든 중생이 성불할 수 있다는 일승의 가르침을 체득했다. 제2단계는 유식사상으로서 원효는 총 14종 90여 권에 이르는 유식 관련 저술을 남겼다. 이는 애초부터 깨달을 수 없는 존재를 상정한 현장 신유식의 학설이 누구나 성불할 수 있다는 일승사상과 배치되기 때문에 이를 논리적으로 타파하기 위한 것이었다.

제3단계인『대승기신론』은 변함없는 본체로서의 진여문眞如門과 인연에 따라 일어나는 현상적 생멸문生滅門의 두 측면으로 일심一心을 구조화하고, 모든 현상존재는 바로 일심의 발현임을 강조한 논서다. 원효는 일심은 만물의 본원으로 모든 법을 포섭하고 중생의 마음 그 자체라고 보았다. 그는 진여문을 원리로서의 공空과 누구나 성불할 수 있는 일승, 생멸문을 현상의 유有와 중생의 근기根機(사람의 능력)를 나눈 삼승三乘의 측면에서 이해하고 양자의 논리적 통합을 지향했다. 그의『대승기신론별기大乘起信論別記』에서는『기신론』이야말로 "모든 논서 중의 으뜸이며 여러 논쟁을 극복할 수 있는 주인"이라고 극찬하며 대승의 핵심 사상인 일승을 설한 논서이자 불교 이론을 종합한 사상이라고 보았다. 한편『금강삼매경론』에서는 차별 없는 절대 진리인 일심을 체득하는 '일미관행一味觀行'의 수행법을 강조하며 일심에 대한 실천적 이해를 추구했다. 원효는 일심을 통해 일승과 삼승, 공관과 유식, 차별과 무차별을 포괄하면서 대립되는 이분법적 사고를 넘어서는 논리를 펴나갔다.

제4단계는 화쟁和諍사상으로 원효는『십문화쟁론十門和諍論』에서 공空과 유有, 일체개성一切皆成과 오성각별五性各別, 아我와 무아無我, 불변不變과 수연隨緣 같은 여러 대립적 개념들이 실제로는 동일한 진

분황사 화쟁국사비부

리를 각기 다른 차원에서 설명한 것이며, 진리의 참모습을 알려면 어느 한쪽의 언어적 개념에 치우치거나 얽매여서는 안 된다고 보았다. 화쟁 사상은 원효의 독특한 사유체계로서 「서당화상비」에서는 그의 사상에서 가장 중요하다고 평가했고, 고려시대에도 의천義天이 원효를 화쟁국사로 추숭했다. 『십문화쟁론』은 불교의 발원지인 인도에까지 번역되어 전해졌다고 한다. 다만 아쉽게도 이 책은 내용 일부만 전해지고 있다.

한편 원효는 마지막으로 『화엄경소華嚴經疏』를 지어 차별적인 현상 존재가 실제로는 걸림이 없이 통한다는 원융무애圓融無碍의 화엄 일승의 세계를 강조했다. 『화엄경소』에는 원효 나름의 교학체계를 제시한 통합적인 4교판설이 기술되어 있는데, 모든 중생의 성불 가능성을 인정하는 일승의 가르침이야말로 능력에 따라 층차를 나누는 삼승에 비해 훨씬 높은 차원이라고 보았다. 4교판은 삼승을 대상으로 하는 초기 불교와 부파불교 단계를 삼승별교三乘別敎, 법공法空을 설하는 반야 계통의 중관사상과 유식의 『해심밀경解深密經』 등을 삼승통교三乘通敎, 대승보살계를 설한 『범망경』 등 실천적 성격의 경전과 『기신론』을 일승분교一乘分敎, 원융무애를 설한 『화엄경』 같은 차별 없는 일승의 원만한 가르침을 일승만교一乘滿敎로 구분했다.

원효의 삶과 사유를 들여다보면 세간과 출세간의 경계가 나뉘어 있지 않았고 승려와 세속인 모두 깨달음 앞에서 차별이 없고 평등하다는 굳은 확신을 볼 수 있다. 그는 모든 사람이 불성을 가지고 있으며 그것이 일심으로 드러난다는 점을 통찰했고, 앎의 경지를 실천의 장으로 끌어들여 현실 속에서 펼쳐나갔다. 자신만의 깨달음보다는 중생의 구제라는 대승적 가치를 위해 자신과 타인의 구분이 없는 말 그대로의 이타행을 구현한 것이다. 당시의 대중은 그가 제시한 불교의 구원의 길에 열광했고 원효는 출세간과 세간을 나누지 않고 중생 속으로 깊이 뛰어들었다. 그가 학자나 구도자의 길만 걷지 않고 세속의 소용돌이 속에 온몸을 내던진 것은 경계와 틀을 뛰어넘는 참된 자유인이었기 때문이다. 여기에 원효의 진정한 위대함이 깃들어 있다.

3장

교학불교의 만개:
의상 화엄과 해동 유식

삼국을 통일한 신라는 고구려와 백제 불교의 유산을 이어받고 중국 당과의 교류를 통해 교학에 대한 이해 수준을 한층 더 높일 수 있었다. 이 무렵 신라에서는 원효를 비롯해 뛰어난 불교 사상가가 잇달아 등장했다. 교학 중에서는 특히 화엄과 유식이 신라 사상계의 쌍두마차로 부상했다. 화엄학은 의상과 그의 제자들의 노력으로 체계적 연구와 학문의 전수가 이루어졌다. 의상은 중국 화엄종의 2조인 지엄智儼에게 직접 수학했고, 지엄의 또 다른 제자이자 중국 화엄학의 이론체계를 정립한 법장과는 동문으로 귀국 후에도 학술교류를 지속했다. 신라의 화엄학은 의상 문도의 활발한 연구와 저술에 힘입어 불교계를 선도하는 주류사상이 되었고 후대에 종파로까지 발전했다. 신라의 유식학은 원래 역경승 진제眞諦가 한역한 구유식 경론에 기초를 두었지만 7세기 중반 당의 현장이 인도에서 새로 전해 온 신유식설의 영향을 받으면서 양자를 융통하려는 사상적 모색이 있었고 많은 학문적 성과를 일구어 냈다.

의상의 화엄사상을 이해하기 위해 먼저 중국 화엄학의 계보와 사상에 대해 살펴본다. 화엄학은 부처의 깨달음의 세계를 묘사한 『화엄경』을 소의경전으로 하며 현상존재의 상호 연관성과 부처와 중생의 원리적 동일성을 밝히는 교학이다. 중국 화엄학은 남북조시대의 지론학파 일부에서 만법의 근본이 되는 진리의 세계인 『화엄경』의 법계法界를 중시하면서 발전하기 시작했다. 이후 두순杜順이 중국 화엄학의 1조로 추앙되었고 의상의 스승인 지엄이 2조, 화엄교학을 이론적으로 체계화한 법장이 3조의 자리에 올랐다. 또한 4조 징관에 의해 화엄을 중심으로 한 중국적 교학이 집성되었고, 5조 종밀 단계에서는 선과 교를 융합하는 길이 제시되었다. 의상은 당에 유학을 가서 중국 화엄학의 정통을 이은 지엄의 문하에서 수학했고 돌아와서는 해동 화엄을 개창했다. 그는 동문인 법장과 함께 동아시아 화엄의 중심인물로 떠올랐고 의상의 명성은 중국과 일본에까지 널리 퍼졌다.

중국 화엄학의 초조初祖가 된 두순은 법계를 있는 그대로 관념하는 법계 관문觀門을 연 것으로 알려져 있다. 다음 지엄은 만법이 서로 연결되어 나타나는 법계 연기緣起와 서로 끝없이 포섭하는 무진원융無盡圓融을 주창했다. 법장은 이들을 계승해 화엄교학의 체계를 세웠는데, 그가 화엄을 어떻게 위치시켰는지는 『오교장五教章』에서 제시한 5교판에 잘 드러나 있다. 5교판은 소승교小乘教, 대승시교大乘始教, 대승종교大乘終教, 돈교頓教, 원교圓教로서 화엄은 가장 뛰어난 일승사상으로 원교의 정점에 두어졌다. 법장은 당시 유행하던 성불할 수 없는 존재를 상정한 신유식과 누구나 성불이 가능하다는 여래장 불성 사이에 큰 간극이 있음을 주목했다. 그는 유식을 대승의 처음 단계인 시교에 넣고, 여래장 계통의 경론은 그보다 높은 대승종교에 위치시켜 우열을 판별했다. 이는 누구라도 성불할 수 있다는 일승의 입장에 선 것으로 원교로서 화엄이 가장 뛰어난 가르침이라는 전제가 깔려 있다. 징관은 『화엄경』 이해의 지침서 『화엄경소』와 그에 대한 상세한 해설서 『연의초演義鈔』를 남겼고 교학과 관행觀行을 함께 닦을 것을 주장했다. 종밀은 더 나아가 화엄과 『원각경圓覺經』 등의 교와 선이 부처의 말씀과 마음으로 근본적으로 같다고 주장하며 양자의 통섭을 추구했다.

해동 화엄의 문을 활짝 연 의상(625-702)은 진골 귀족 출신으로 661년부터 671년까지 약 10년간 당에 유학해 지엄에게 수학했다. 그는 화엄의 요체를 제시한 「화엄일승법계도華嚴一乘法界圖」를 지어 일종의 졸업 논문으로 제출해 스승의 인정을 받았다. 의상의 사제인 법장이 중국 화엄학의 이론을 체계화하고 화엄의 우월성을 널리 알렸다면 의상은 화엄의 실천수행 방안을 제시하고 실천했다고 평가된다. 의상은 귀국 후 신라의 수도 경주가 아닌 지방에서 활동하며 부석사浮石寺를 창건한 뒤 그곳에 머물렀다. 그는 국왕의 토지 기부 제의를 거절하고 원래 초기 불교의 가르침대로 승단의 무소유를 실천했으며 하층민인 천민도 제자로 받는 등 무차별의 평등을 구현하고자 했다.

의상의 대표작인 「법계도」는 법의 세계를 압축적으로 형상화한 것으로 7언 30구, 210자의 시를 상하좌우로 회전하는 도인圖印에 결합시킨 반시 형태다. 모든 현상존재가 본질적으로 원융하며 부분과 전체, 중생과 부처가 다르지 않다는 '일즉다一即多 다즉일多即一'을 강조한다. 이는 차별적 현상세계가 실제로는 서로 의지하며 드러난 것이어서 전혀 차별이 없는 중도中道로 존재함을 간파한 것이다. 의상은 화엄교학에서

의상

현상존재의 연기와 원융을 밝힌 십현문十玄門, 모든 현상의 본질과 작용은 서로 융합해 걸림이 없다는 상즉상입相卽相入 등의 개념을 활용했고 법성法性을 드러낸 「법계도」를 통해 화엄의 세계를 펼치려 한 것이다. 그동안 중국 법장의 찬술로 알려진 『화엄경문답華嚴經問答』이 의상의 제자들이 그의 강의록을 바탕으로 펴냈다는 주장이 제기되어 통설로 인정되고 있다.

삼국통일기의 격동의 시대를 살았던 의상 또한 원효와 마찬가지로 실천과 대중교화를 중시했다. 그는 화엄학 외에도 아미타와 관음신앙을 중시하고 권장했다. 의상이 창건한 부석사에는 화엄의 진리를 상징하는 법신 비로자나불이 아니라 중생 구제의 일승불인 아미타불이 주존불로 모셔졌다. 또 의상은 동해의 낙산에서 관음보살의 진신을 친견했다고 한다. 관음보살은 『화엄경』「입법계품入法界品」에서 보타락가산에 상주하며 선재동자善財童子 같은 구도자를 이끄는 존재로 나온다. 의상이 썼다고 전해지는 「백화도량발원문白花道場發願文」은 아미타신앙과 관음신앙을 결부시킨 내용으로 후대까지 영향을 미쳤다. 이처럼 그는 현실의 어려움에 직면한 대중을 치유하기 위해 불교신앙과 실천행을 앞세운 것이다.

의상의 화엄학을 간단히 살펴보자. 우선 의상의 제자인 지통智通과 도신道身이 그의 강의내용을 모아 쓴 『추혈문답錐穴問答』과 『도신장道身章』은 일부가 『법계도기총수록法界圖記叢髓錄』 등에 인용되어 대체적인 경향성을 알 수 있다. 의상의 독자적 화엄사상으로는 자신과 타자 모두의 이로움을 추구하고 실천하는 당과불설當果佛說과 오척신五尺身 관념을 들 수 있다. 이는 타인의 과보果報가 아닌 스스로의 과보를 얻는 자리自利 수행을 통해 5척의 한 몸이 바로 부처임을 깨닫고 몸 자체에서 부처의 세계를 드러내는 것이다. 또한 여기에 머물지 않고 누구나 평등하며 모든 중생이 곧 부처임을 깨달아 부처에게 하듯 누구에게나 경배하는 이타적 실천행으로 나아가야 함을 강조한다. 의상은 앞서 언급한 아미타신앙과 관음신앙에도 이 관점을 적용해 화엄학을 현실의 장에서 구현하고자 했다. 그의 이러한 사상과 실천행을 이어받은 문도들은 이후 단일한 색채의 학파를 형성했고 위로는 지엄부터 의상과 법장으로 이어지는 실천정신과 화엄교학을 계승해 신라 불교 교단의 주류로 성장했다.

한편 화엄과 함께 신라 불교사상의 근간을 이룬 유식학은 인도 대승불교의 유식사상에 기초한 교학으로 『해심밀경』을 소의경전으로 한다. 유식사상은 중관사상과 함께 일찍이 중국 남북조시대에 들어왔으며 현장이 활동하던 7세기 후반에 법상法相학파를 형성했다. 현장은 오가는 여정을 포함해 17년간의 인도 구법행으로 유명한데, 당시 인도 불교 연구의 중심지였던 날란다 사원에서 유식학을 비롯한 최신 학설을 섭렵하고 많은 경론을 가지고 돌아왔다. 현장의 인도 여행기인 『대당서역기』는 불교뿐 아니라 당시 인도와 중앙아시아의 사회와 문화, 지리에 대한 생생한 정보를 제공해주는 흥미로운 기록이다. 현장은 645년 장안으로 돌아온 후 당 황실의 전폭적 지원을 받아서 75부 1,347권의 경론을 제자들과 함께 번역하고 새로운 학설을 가르쳤다.

그 가운데 유식사상의 선구자인 세친世親(바스반두)이 쓴『유식삼십송唯識三十頌』에 대한 인도 유식학승 호법護法과 계현戒賢의 해석을 담은『성유식론成唯識論』이 현장 신유식의 토대가 되었을 뿐 아니라 중국 불교사상계에 큰 파장을 불러일으켰다. 알라야식은 단지 망식일 뿐이며 여래장과는 구별되어야 한다는 인도 유식학의 주류 이론이 중국에 소개되어 엄청난 반향을 일으킨 것이다. 신유식의 이러한 주장은 앞서 진제의 한역 경론에 근거한 섭론학 등 기존의 구유식에서 진식(여래장 불성)과 망식의 결합으로 알라야식을 이해해온 것과는 전혀 다른 논리였다. 더 나아가 신유식에서는 깨달음의 가능성이 아예 없는 무종성無種性의 중생을 상정한 오성각별설五性各別說을 소개했다. 이는 동아시아 불교의 핵심 사유로 자리 잡은 불성론과 모든 중생의 성불 가능성을 원천적으로 부정하는 파격적 문제제기였다.

현장의 제자로서 규기窺基와 함께 당대 동아시아 유식학을 대표한 원측圓測(613-696)은 신라의 왕족 출신이었다. 10대의 어린 시절에 당으로 건너가 범어(산스크리트)를 비롯한 서역 언어를 배웠고 현장의 문도로서 신유식 문헌의 역경사업에 종사했다. 그는 스승이 도입한 신유식 이론을 적극 수용해 알라야식의 이해, 오성각별설 등의 문제에서 기존 구유식을 비판적으로 검토하고 유식학의 새로운 지평을 열었다. 원측의 유식교학은 현장이 전래한 신유식의 정수를 이었을 뿐 아니라 사상적인 포용성을 갖추고 있었다. 저술 또한『성유식론소成唯識論疏』

시안 흥교사의 원측탑과 소조상

를 비롯해 100여 권에 달했다. 원측이 동아시아 불교계에 미친 사상적 영향력은 적지 않았는데, 제자인 도증道證이 692년에 귀국해 신라에 도 그의 교학이 전해졌다. 또한 『해심밀경소解深密經疏』가 8세기에 둔황 지역에 전래되었고 이후 티베트어로 번역되어 티베트대장경에 수록될 정도였다.

원측은 658년 당 황실의 지원으로 세워진 서명사西明寺에 주석했다. 이를 계기로 그의 학풍을 이은 서명학파가 생겨났다. 원측의 서명학파는 현장의 수제자로 인정된 규기의 자은慈恩학파와 경쟁관계였는데, 현장 법상학파의 주류 세력으로 부상한 자은학파 측의 배척을 받아 원측과 그 문도들의 사상과 활동 내용은 실제보다 폄하되어 전해졌다. 『송고승전』의 도청설이 대표적인데, 규기 등이 『성유식론』을 한역할 때 현장이 강의를 하자 원측이 이를 몰래 숨어서 듣고 규기보다 먼저 활용했다는 내용이다. 이에 현장은 규기에게 따로 『인명론因明論』을 설해 규기가 그 해석으로 이름을 떨치게 되었다고 한다. 이는 서명학파 측의 악의적 비판이 기록에 남은 것으로 학계에서는 왜곡된 전승으로 보고 있다. 원측은 현장의 인정을 받았고 측천무후로부터 생불로 받들어졌을 정도로 당시 위상이 높았다.

신라에서 활동했던 대표적 유식학자로는 도륜道倫(둔륜遁倫)과 태현太賢(대현大賢), 그리고 백제 출신으로 알려진 의영義英과 경흥憬興을 들 수 있다. 먼저 의영은 성불이 불가능한 존재를 인정한 신유식의 오성각별설을 비판하고 구유식의 입장에서 모든 중생이 성불할 수 있다는 일체개성설의 입장에 섰다. 신라의 국로國老로 존숭된 경흥도 유식 관계 저술을 다수 남겼지만 현재는 『무량수경』과 『미륵경彌勒經』에 대한 정토 관련 주석서만 전한다. 이에 비해 도륜의 『유가론기瑜伽論記』 24권은 현존하는데, 여기에는 당과 신라의 많은 유식학승이 남긴 다양한 견해가 소개되어 있다. 끝으로 태현은 원효, 경흥과 함께 신라의 3대 불교 저술가로 알려져 있으며 고려시대에는 해동 법상종의 조사로 추앙되었다. 그의 『성유식론학기成唯識論學記』에는 원측과 규기의 견해가 대등하게 인용되어 있다. 이들 신라 유식학자의 사상은 현존하는 저서는 물론 일본 등에 전해지는 사본이나 다른 주석서의 인용문에서 그 편린을 엿볼 수 있다.

화엄학은 한국의 불교사상을 대표하는 교학으로서 통일신라시대에 유식학과 함께 교학불교의 전성기를 열었다. 의상은 중국 화엄에는 없는, 보편적 원리들이 서로 상통하는 이리상즉理理相卽의 이론을 제시했고, 자기가 쌓은 공덕을 널리 함께하는 회향廻向, 그리고 깨달음과 중생 구제의 서원을 동시에 행하는 원력을 강조해 교학과 실천의 조화를 추구했다. 의상에서 비롯된 실천적 면모는 해동 화엄의 특징이 되었고 그의 존재 덕분에 한국은 '화엄의 나라'가 될 수 있었다. 한편 당과 신라의 유식학자들이 주도하면서 화엄학과 쌍벽을 이룬 유식학은 불교학의 르네상스를 열었다. 신라 유식학자 중에는 원측처럼 중국에서 활동한 이도 있었고 신유식을 적극 수용하거나 비판적 시각을 가진 이도 있었다. 또한 한층 융합적인 관점에서 일승사상을 추구하는 등 신라 유식학은 그 나름의 다양성과 포용성을 보였다. 신라 유식학을 대표하는 태현이나 도륜 등은 성상性相의 융회를 강조했는데, 이는 법상法相이라는 유식학의 기본 입장 위에 이질적인 법성法性 계통의 이론까지 수용한 것이다. 통일신라시대에 화엄학과 유식학 등 교학불교가 융성하고 새로운 담론을 형성, 전파한 사실에서 한국이 동아시아 세계의 중심에서 주변으로의 단순한 전달자나 수용자만은 아니었음이 더욱 분명해진다.

4장

통일과 융합:
불교문화의 찬란한 꽃이 피다

한국 불교문화를 대표하는 세계적 문화유산으로는 어떤 것이 있을까?
고려대장경과 고려불화를 말하는 사람도 있겠지만 완벽한 조형의 석
굴암, 그리고 10원짜리 동전에 새겨진 다보탑과 석가탑을 떠올리는 사
람이 많을 것이다. 석굴암과 불국사의 다보탑과 석가탑은 유네스코가
정한 세계문화유산이며 신라의 화려한 불교문화의 정수를 보여준다.
『삼국유사』에는 천년고도 경주에 대해 "절들이 하늘의 별처럼 펼쳐져
있고 탑들이 기러기 떼처럼 늘어서 있었다"라고 기술하고 있다. 휘영청
밝은 달밤에 웅장한 사찰과 하늘 높이 솟은 탑들이 연이어 늘어선 서
라벌의 거리를 연상해보면 왠지 모를 아련한 감회를 느끼지 않을 수 없
다. 당시를 살았던 신라인들은 현실의 행복과 내세의 안녕을 가까운 절
과 탑을 찾아가 간절히 염원했을 것이다.

　통일신라의 불교문화를 대표하는 조형물인 불국사의 탑들과 석굴암
은 당시의 불교신앙과 신라인들의 꿈과 기원을 집약해놓은 공간이었
다. 불국사와 석굴암은 8세기 중반 재상을 지낸 김대성(700-774)이 전

불국사 다보탑(왼쪽)과 석가탑(오른쪽)

생과 현생의 부모의 명복을 빌기 위해 공사를 시작했다. 진골 출신인 김대성 가문은 2대에 걸쳐 재상을 역임했고 성덕왕과 경덕왕 때에 정국 운영을 주도했다. 불국사는 김대성과 그의 일족이 사재를 내어 세운 절로 23년이나 공역을 지속했지만 완공되기 전에 김대성이 죽어서 다시 왕실의 후원으로 완성되었다. 김대성이 첫 삽을 떴지만 왕실이 중심이 된 국가 차원의 불사로 이어져 창건의 결실을 맺은 것이다.

김대성의 불국사, 석굴암 조영에 대해 『삼국유사』에는 다음과 같은 설화가 전한다. 김대성은 경주 모량리의 가난한 여인 경조의 아들로 태어났는데 모친은 부잣집에서 품팔이를 하며 밭 몇 마지기를 지어 생활했다. 하루는 홍륜사의 점개라는 승려가 "하나를 시주하면 1만 배를 얻어 안락하게 장수할 것이다"라고 권했다. 김대성의 모친이 이 말을 듣고 후세의 복을 얻기 위해 생활 터전인 밭을 내놓았다. 그런데 얼마 지나지 않아 대성이 죽고 재상 김문량의 아들로 다시 태어났는데 대성大城이라는 이름을 새긴 금으로 된 간자를 왼손에 꼭 쥐고 있었다. 간자는 점찰법회에서 전생과 현세의 죄를 참회할 때 쓰는 의식도구였다. 이 기이한 연고로 김대성은 전생의 어머니도 함께 모시고 살았다. 어른이 된 김대성은 사냥을 좋아해 토함산에서 곰 한 마리를 잡고 잠을 자는데 꿈에 곰이 귀신이 되어 나타나 "네가 나를 죽였으니 나도 너를 잡아먹겠다"라고 위협했다. 용서를 빌자 귀신은 자신을 위해 절을 지어달라고 부탁하고 사라졌다. 그 뒤로 그는 사냥을 그만두었고 곰을 잡았던 곳에 장수사長壽寺라는 절을 세웠다. 그리고 현생의 부모를 위해 불국사, 전생의 부모를 위해 석불사石佛寺(석굴암)를 조성했다고 한다.

불국사에는 진리의 상징인 비로자나불, 현세불인 석가모니불, 서방 극락정토를 주관하는 아미타불, 그리고 중생의 고통을 구제하는 관음보살이 함께 모셔졌고 각 공간들이 모여 복합적 불국토를 구성하고 있다. 다만 석가탑과 다보탑, 청운교와 백운교 등 석조 건축물을 제외한 목조 건물들은 임진왜란 후 조선 후기에 중창되고 1970년대 전반에 새로 복원된 것이어서 옛 원형을 그대로 살렸다고 보기는 어렵다. 그럼에도 1,200년 이상의 세월을 꿋꿋이 버텨온 석가탑과 다보탑이 절묘하게 어우러져 신라 불국토의 부처의 세계를 장엄하게 표상하고 있다.

석가탑의 조성과 관련해서는 그림자가 비치지 않는 무영탑無影塔이라 불리게 된 슬픈 전설이 전한다. 석가탑을 만들 때 김대성은 당시 가장 뛰어난 석공으로 이름난 백제 유민 출신 아사달을 불렀다. 아사달

석굴암 본존불

은 혼신의 힘을 다해서 탑을 만들기 시작했는데 그로부터 한두 해가 흐르자 남편을 기다리다 지친 아사녀가 불국사로 찾아왔다. 하지만 탑이 완성되기 전에는 여자와 만날 수 없다는 금기 때문에 두 사람의 해후는 이루어지지 않았다. 대신 조금 떨어진 연못에 탑의 그림자가 비칠 때면 탑이 완공된 것이라서 그때 남편을 만날 수 있다는 말을 듣고 아사녀는 하릴없이 남편을 기다렸다. 결국 기다리다 지쳐 기력을 잃은 아사녀는 아사달의 이름을 부르다가 못에 빠져 죽고 말았다. 탑이 완성되자 아사달은 그제야 아내가 기다린다는 말을 듣고 한달음에 달려갔지만 아사녀는 이미 죽은 뒤였다. 이후 사람들은 이 못을 그림자 연못이라는 뜻의 영지影池라고 했고 석가탑을 무영탑이라 불렀다고 한다.

석굴암은 과학적 설계와 극도의 예술적 조형미로 유명하다. 인도에서 실크로드를 거쳐 중국으로 이어진 석굴사원의 전통을 계승하면서도 완전한 인공석굴이라는 점에서 독특한 면모를 가진다. 석굴암의 본존불은 돔형의 석굴 중앙에 동쪽을 향해 좌정한 석가모니불로서 깨달음을 얻은 부처의 모습을 형상화했다. 10대 제자상과 11면 관음보살상에 둘러싸인 석굴암 본존불의 숭엄한 아름다움은 보는 이로 하여금 저절로 경외심을 갖게 한다. 그동안 석굴암의 배치와 구조, 조성 원리와 목적 등을 둘러싸고 많은 학설이 제기되고 논란이 분분했다. 최근에는 석굴암이 천상의 초월적 존재인 천인들을 위해 만든 천궁이며 본존불은 석가가 모친을 위해 설법하는 모습을 재현한 것이라는 주장이 제기되었다. 또한 독실한 불교 신자인 김대성이 스승으로 모신 화엄학승 표훈表訓의 일승세계一乘世界, 즉 해인삼매海印三昧로 표현되는 부처의 깨달음이 보현普賢보살을 통해 중생에게 전달되는 과정을 구체적으로 형상화했다는 주장도 나왔다.

통일신라시대에는 불교신앙이 상류부터 기층민까지 확산되면서 사찰뿐 아니라 죽은 이의 명복을 빌고 산 자의 평안을 기원하기 위해 탑과 불상, 종 등이 곳곳에 만들어졌다. 황복사皇福寺 탑(692년), 석남사石南寺 비로자나불상(766년), 성덕대왕신종(771년) 등 간절한 염원을 담은 대규모 불사가 이어졌고 화려한 불교문화가 꽃을 피웠다. 성덕대왕 신종은 에밀레종으로도 불리는데, 에밀레종의 전설은 구전으로 전해지다가 근대기에 채록되어 널리 알려졌다. 부왕인 성덕왕의 극락왕생을 기원하기 위해 효성왕이 경주 북천 가에 봉덕사奉德寺를 창건했고 성덕왕의 또 다른 아들인 경덕왕은 종을 주조하려 했다. 이때 한 승려가 민가를 다니며 보시를 받았는데 어린아이를 업고 있는 아낙네가 가난해서 시주할 것이 없으니 애라도 가져가라고 농담을 던지자 듣는 둥 마는 둥 그대로 돌아갔다. 하지만 대종의 주조 작업이 계속 실패로 돌아가면서 어린애를 바쳐야 종이 완성된다는 일종의 계시가 있었다. 이 승려는 할 수 없이 아낙네의 집을 다시 찾아가 아이를 데리고 와서 쇳물에 넣었고 마침내 종이 완성되었다. 이후 종을 칠 때마다 아이의 원혼이 울면서 에밀레라는 종소리가 났다고 전한다.

통일신라의 수준 높은 불교문화가 낳은 또 다른 자랑거리는 세계 최고最古의 목판인쇄물인 『무구정광대다라니경』이다. 이는 한 축의 두루마리로 말린 너비 8센티미터, 길이 620센티미터의 경전으로서 목판으로 인쇄되었다. 1966년 불국사 석가탑을 해체·복원할 때 2층의 사리함 속에서 발견되었는데, 간인 연대는 석가탑 건립연대의 하한선인 751년 이전으로 추정된다. 이는 그 이전에 세계에서 가장 오래된 목판인쇄물로 알려져 있던 일본의 『백만탑다라니경』의 770년보다 20년 이상 앞서는 셈이다. 그런데 이 시기에 이러한 다라니류 경전이 인쇄된 이유는 그 수요가 매우 많았기 때문이다. 신라에서는 『무구정광대다라니경』에 의거해 탑을 세우는 것이 유행했고 그 안에 사리와 함께 소형 탑과 다라니를 넣어 극락정토로의 왕생을 기원했다. 창림사昌林寺, 동화사桐華寺, 보림사寶林寺, 해인사海印寺 등에 세워진 왕생 기원 탑이 대표적 사례들이다.

큰 규모의 불사를 일으키기 위해서는 그에 상응하는 재정적 뒷받침이 필요했다. 당시에는 왕실과 귀족의 후원 외에 불심으로 뭉친 신앙공동체 결사結社가 조직되어 십시일반 재원을 마련하는 경우도 많았다.

아미타 정토신앙을 행하는 염불결사는 8세기 중반부터 성행했는데 경덕왕대의 만일계萬日契가 대표적 사례다. 또한 865년 철원 도피안사到彼岸寺의 철조 비로자나불상을 조성할 때 쓰인 글 가운데 "비천한 이들이 긴 어둠에서 깨쳐날 것이고 게으르고 추한 뜻을 바꾸어 진리의 근원에 부합하기를 바랍니다. 이때 거사 1,500명이 인연을 맺어서 쇠와 돌 같은 굳은 마음으로 부지런히 불사에 힘썼는데 힘든 줄 몰랐습니다"라는 말을 보면 당시 결사에 수많은 대중이 참여했음을 알 수 있다. 한편 종교적 성격을 지닌 지역공동체 조직인 향도香徒가 각지에서 결성되어 불사를 경제적으로 지원했는데, 향나무를 바닷가에 묻어 훗날의 보응을 기원하는 매향埋香 향도 조직도 다수 생겨났다.

사찰과 탑, 불상이나 종을 만들려면 해당 분야의 전문기술자가 있어야 했다. 그 때문에 삼국시대부터 고급기술을 보유한 사원 장인匠人이 존재했다. 불교 전래 이후 사원의 건축, 불보살상의 조성, 회화와 주조, 그리고 경전 제작을 위한 종이와 먹의 제작기법 등이 도입되고 발전했다. 불교는 이처럼 최첨단 하이테크 기술을 포함한 선진문물을 한가득 싣고 한반도에 들어온 것이다. 선진기술을 습득한 전문장인들은 장匠이나 박사博士로 칭해졌고 삼국에서 일본으로 불교문화가 전파되었을 때도 이들 기능장의 역할과 비중이 컸다. 통일신라시대에는 사원의 창건과 보수를 담당하는 관청인 사원 성전成典이 있었고 승려 장인과 함께 속인 기술자가 공동 작업을 했다. 큰 사원의 경우에는 자체 승장僧匠을 두었고 독자적 승직체계를 운영하며 분업과 조직화를 이루었다. 그 결과 전문기술과 기능이 후대까지 온전히 계승될 수 있었다.

신라를 대표하는 승장 한 사람을 소개하면 시대를 넘어서는 뛰어난 조각가이자 서화가인 양지良志를 들 수 있다. 그는 7세기에 활동했고 석장사錫杖寺, 영묘사靈妙寺, 법림사法林寺 등의 불상과 신장상神將像을 조성했는데 흙을 벽돌처럼 빚어 만든 것으로 유명하다. 사천왕사 탑의 기단부에 있던 녹색 유약을 바른 벽돌로 된 녹유소조상도 그의 작품이다. 영묘사 장육삼존상을 조성할 때는 성안의 남녀들이 다투어 진흙을 나르고 쌓으면서, "오라 오라 오라 오라 서럽구나 서럽구나 우리들이여. 공덕 닦으러 오라"는 풍요를 지어서 불렀을 정도로 그의 명성과 인기는 대단했다. 하지만 양지의 출신과 생몰년 등 자세한 행적은 알려져 있지 않다. 다만 『삼국유사』에 그가 지팡이에 포대를 걸어두면 지팡이가 저절로 시주받을 집으로 날아가 흔들리며 소리를 냈고 포대가 보시물로 꽉 찬 후 지팡이가 되돌아왔다는 전설이 전하고 있다. 이처럼 양지는 신비의 베일에 싸여 있는 데다 이질적인 뛰어난 조각기법 때문에 서역 출신이 아닐까 하는 의구심이 생겨났고 최근에는 그가 동남아에서 왔다는 주장까지 나왔다.

신라 사회에 불교문화가 널리 퍼진 양상은 향가鄕歌의 성행과 그것을 기록한 향찰鄕札 표기에서도 볼 수 있다. 향찰은 한자의 음과 훈을 빌려 고유어를 표기하는 방식으로 신라와 고려시대에 향가를 글로 쓸 때 활용되었다. 통일신라시대에는 현실을 벗어나 서방 극락정토로의 왕생을 구하는 광덕의 〈원왕생가〉, 미륵보살에 대한 곧은 마음과 믿음을 통해 이변과 재해의 극복을 바라는 월명사月明師의 〈도솔가兜率歌〉와 같이 불교적 서정을 노래한 작품들이 유행했다. 월명사가 죽은 누이를 천도하면서 부른 〈제망매가祭亡妹歌〉는 "생사의 길이 여기 있음에 너와 나를 갈라서게 만들고 나는 간다는 말도 못 다 이르고 가는가?

어느 가을 이른 바람에 여기저기 떨어지는 나뭇잎처럼 한 가지에 나서도 가는 곳을 모르는가? 아, 미타찰彌陀刹에서 만날 나는 도를 닦으며 기다리겠다"라고 읊어 극락정토에서 다시 만나기를 염원하는 애절한 심정을 담고 있다. 이처럼 통일신라시대에는 불교문화가 찬란한 꽃을 피웠고 왕실부터 민중까지 신라 사회의 모든 구성원은 그것을 향유하면서 삶의 자양분으로 삼았다.

5장

시대의 아이콘:
선과 풍수지리

삼국통일의 위업을 이룬 신라 중대 왕실은 8세기 후반 혜공왕대에 막을 내렸고 이후 150년간 지속된 하대에는 왕위를 둘러싼 분쟁이 거듭되며 사회적 혼란이 극심해졌다. 그 와중에 독자적인 정치세력이 전국 각지에서 들고일어나 10세기 초가 되면 궁예의 후고구려(태봉), 견훤의 후백제가 세워져 후삼국시대의 치열한 각축전이 펼쳐졌다. 918년에는 왕건이 궁예를 내쫓고 고려를 건국했으며, 935년에는 신라의 마지막 왕인 56대 경순왕이 투항하고 다음 해 후백제가 망하면서 고려에 의한 재통일이 이루어졌다.

앞서 신라에는 기존의 불교와는 다소 성격을 달리하는 밀교密敎도 수용되었다. 후기 대승사상으로 인도에서 성립한 밀교는 비밀불교의 약칭으로, 겉으로 드러난 가르침인 현교顯敎에 대비되는 비밀스러운 가르침을 가리킨다. 밀교는 개체와 전체의 합일, 실재와 현상을 융합하는 즉신성불卽身成佛을 목표로 하며 신비한 주문인 진언眞言, 다라니陀羅尼를 중시한다. 밀교는 『대일경大日經』과 『금강정경金剛頂經』을 각각의 소의경전으로 하는 태장계胎藏界 밀교와 금강계金剛界 밀교로 나뉜다. 신라에는 7세기에 초기 형태의 밀교가 전래되었다. 선덕여왕의 병을 치료해 영험함을 보인 밀본密本, 당이 신라를 공격한다는 소식에 밀교의 식인 문두루비법으로 당군의 퇴치를 기원한 명랑明朗, 당의 무외삼장無畏三藏에게 비법을 배우고 돌아와 병의 치유를 행한 혜통惠通 등의 신이한 행적이 밀교 관련 기록으로 전한다.

8세기에는 불가사의不可思議라는 신라 승려가 당에서 밀교를 체계적으로 배워 돌아왔으며 현초玄超, 의림義林, 혜일惠日 등도 중국에 온 인도 밀교 승려 선무외善無畏, 금강지金剛智 등에게 유학했다. 순제順濟도 선무외가 한역한 『대일경』의 제7권 『공양차제법供養次第法』을 가져와 점찰법회로 잘 알려진 진표에게 밀교의 수행법을 전했다고 한다. 인도 구법 여행기인 『왕오천축국전往五天竺國傳』을 남긴 신라 출신 혜초慧超도 밀교계 승려로 알려져 있다. 혜초는 천축(인도)의 5개국을 순례하고 727년에 이 책을 써서 서역 각지의 종교와 문화, 생활상을 생생히 기록했다. 『왕오천축국전』은 프랑스의 동양학자 폴 펠리오Paul Pelliot가 1908년 둔황 천불동 석불에서 발견했으며 현재 파리국립도서관에 소장되어 있다. 밀교가 신라에서 얼마나 세력을 떨쳤는지는 알 수 없지만 당에서 황실의 지원을 받던 밀교가 9세기 중반 이후 급격히 쇠퇴했음을 감안하면 신라 또한 유사한 경로를 밟았을 것으로 보인다. 다만 고려시대의 지념업持念業, 조선 초의 신인종神印宗과 총지종摠持宗의 존재, 조선 후기 진언 다라니집의 간행 사실 등에서 밀교전통이 후대까지 면면히 이어졌음을 알 수 있다.

신라 하대에는 여러 지역에서 토호세력이 성장하며 경주 외의 지방

혜초의 『왕오천축국전』

에서 영향력을 넓혀갔다. 이러한 정치적·사회적 변동은 불교계에도 큰 여파를 미쳤다. 이 시기에는 중국에서 전래된 선종이 각지에서 싹을 키웠고 교학 중심의 중앙 불교계와 노선을 달리하는 새로운 흐름이 나타났다. 통일신라 불교는 화엄, 유식 등 교학에서 높은 수준의 철학적 성과를 냈고 뛰어난 사상가들이 다수 배출되었다. 하지만 신라 하대에는 교학이 전보다 침체되면서 활기를 잃은 반면, 많은 승려가 중국 불교의 최신 흐름인 선종을 전해 오면서 지역 유력자의 후원을 얻어 그 세력을 넓혀갔다.

　여기서 중국 선종의 역사와 특성에 대해 간단히 살펴보자. 남북조시대 이후 불교에 대한 이해가 깊어지고 여러 학파가 생겨나면서 수·당대에는 교종이 꽃을 피우고 교학이 이론적으로 체계화되었다. 그 뒤를 이어 당나라 말부터 선종이 중국 불교의 주류로 부상했다. 선종은 마음에 불성이 내재되어 있기 때문에 누구나 부처와 같은 깨달음을 얻을 수 있다는, 인간 존재에 대한 철저한 긍정과 낙관적 확신에 기반을 둔다. 선종은 남북조 말기에 태동해 8세기 이후 크게 발전했는데, 9세기 중반 당 무종이 단행한 폐불조치로 교종 중심의 기존 불교계가 큰 타격을 입으면서 선종이 불교계를 이끌게 되었다.

중국 선종의 초조인 보리菩提 달마達磨는 520년경 남인도에서 중국으로 왔다고 하며 소림사少林寺에서 9년간 면벽 수도한 뒤 2조 혜가慧可에게 심법을 전수했다. 달마는 대표적 숭불 군주인 양나라 무제를 만나 "세속의 공덕功德은 아무런 공덕이 없고 오히려 생사生死를 윤회하는 원인이 됩니다. 지혜를 얻는 것이야말로 참된 공덕입니다"라고 했다는 일화가 전한다. 둔황에서 나온 자료에 따르면 달마는 부처와 중생이 평등하다는 불성의 이치와 마음이 본래 청정하다는 사실을 믿고 행하는 이입理入과 행입行入, 그 실천수행법인 4행을 제시했다. 그는 또 『능가경楞伽經』을 중시해 말과 생각을 잊는 마음의 경지를 드러냈다고 한다. 달마의 선법은 혜가에 이어 「신심명信心銘」을 쓴 승찬僧璨, 도신道信, 홍인弘忍을 거쳐 6조 혜능惠能에게 전해졌다.

중국 선종의 5조 홍인은 많은 제자를 두었는데 그의 수제자는 신수神秀였다. 신수는 본래의 청정한 마음을 깨닫고 유지하는 수행법을 중시했다. 이에 비해 홍인의 문하에서 거의 존재감이 없던 혜능은 마음에 집중하는 태도를 버리고 집착하지 않는 마음의 상태를 강조해 마침내 홍인의 인가를 받게 되었다. 그럼에도 황실의 후원을 받은 신수가 당시 선종 교단을 주도했지만, 혜능의 제자 하택荷澤 신회神會가 신수의 북종北宗을 점오漸悟의 수행법이라고 비판하고 혜능의 돈오頓悟적 선풍을 선양하면서 혜능 계통의 남종南宗이 선종의 주류로 떠올랐다. 그러나 신회의 하택종 또한 알음알이의 지해知解에 얽매인다는 이유로 비난에 직면하면서 이후 선종의 정통 계보에서 밀려났다. 혜능 계통의 남종에서는 불세출의 많은 선승이 배출되면서 선종의 역사를 새로 썼다. 『육조단경六祖壇經』이라는 책 이름에서 알 수 있듯이 혜능은 선종 6조의 위상을 부여받았고 그의 어록은 경전으로 받들어졌다. 이후 남종의 법맥은 마조馬祖 도일道一의 홍주종洪州宗과 석두石頭 희천希遷의 석두종으로 크게 나뉘었고, 선종의 융성을 보여주는 임제종臨濟宗, 위앙종潙仰宗, 운문종雲門宗, 조동종曹洞宗, 법안종法眼宗의 선종 5가가 모두 남종에서 분기되었다.

마조 도일의 제자인 백장百丈 회해懷海는 선원의 규율집인 『백장청규百丈淸規』를 지어서 선종의 가풍과 선승의 일상생활에 큰 영향을 미쳤다. 그는 하루라도 일하지 않으면 먹지 말라는 '일일부작 일일불식一日不作一日不食'을 내세워 선종의 경제적 자립과 교단 발전의 초석을 놓았다. 한편 부처와 가섭 이후 인도와 중국의 선종 조사 계보가 송대인 1004년에 도원道源이 펴낸 『경덕전등록景德傳燈錄』에서 확정되면서 이심전심以心傳心의 선종 법맥이 대내외적으로 공식화되었다. 이와 함께 교외별전敎外別傳, 불립문자不立文字를 특징으로 하는 선종의 직관적·돈오적 기풍이 확립되고 당·송대에 많은 선승이 『어록語錄』을 남기면서 선종은 중국 불교를 대표하는 맹주의 자리에 올라섰다.

신라에는 8세기 이전에 선종이 처음 들어왔고 8세기 중반 무렵 신행神行이 중국에서 북종선을 배우고 돌아와 제자를 키웠다. 하지만 신라에서 선종을 공식적으로 수용한 것은 9세기 초 도의道義 선사 때였다. 도의는 6조 혜능부터 이어진 남종선의 정맥을 마조 도일의 제자 서당 西堂 지장智藏으로부터 전수했고 인가를 받은 후 821년에 귀국했다. 도 의는 『백장청규』를 쓴 백장 회해의 가르침도 받았는데, 회해는 도의에 대해 "강서江西(마조)의 선맥이 동국의 승려에게 가겠구나"라고 높이 평 했다고 한다. 중국에서는 강서의 마조 도일과 호남湖南의 석두 희천 문 하에서 선의 종맥을 계승하는 많은 조사가 배출된 데서 '강호제현江湖 諸賢'이라는 말이 나왔다고 한다. 도의 역시 강호제현이라 할 수 있지만 신라에 돌아와서는 힘을 가진 중앙 불교계로부터 배척을 받았고 그가 전한 선의 기풍은 '마어魔語'로까지 비판받았다. 할 수 없이 도의는 강 원도 양양에 있는 진전사陳田寺로 들어가 은거하며 후학을 양성했다.

이후 9세기 중엽이 되면 마조 계통에서 선을 전해 온 선승들이 대거 귀국하면서 신라에서도 남종선이 크게 유행했다. 중국에서 성행하던 최신 조류의 선의 기풍을 배워온 선사들은 점차 영향력과 비중을 키워 갔고 지역의 정치세력은 물론 왕실과 중앙에서도 이들을 후원하기 시 작했다. 그 결과 많은 선종 사찰과 산문이 개창되었는데, 고려 초에 확 립된 9산 선문은 가지산문迦智山門(도의, 체징體澄), 실상산문實相山門(홍 척洪陟), 동리산문桐裏山門(혜철惠哲), 희양산문曦陽山門(도헌道憲, 긍양兢 讓), 봉림산문鳳林山門(현욱玄昱, 심희審希), 성주산문聖住山門(무염無染), 사굴산문闍崛山門(범일梵日), 사자산문獅子山門(도윤道允, 절중折中), 수미 산문須彌山門(이엄利嚴)이었다. 이들 9산 선문으로 대표되는 선종 사찰 들은 전라도, 충청도, 강원도 등 경주에서 떨어진 지역에 주로 자리 잡 았다.

신라 하대 선종 도입기의 특징 가운데 하나는 주류 교학이었던 화엄 사상을 근간으로 선을 수용한 점이었다. 중국에 유학해 선을 전해 온 승려들 중에는 신라에서 화엄학을 수학한 이들이 많았고 귀국 후에도 절을 새로 지으면서 화엄의 주불인 비로자나불을 봉안하는 사례가 나온다. 가지산문을 열었던 체징이 보림사를 창건할 때 철조 비로자나불 좌상을 모신 것이나 철원 도피안사에 있는 비로자나불상이 그것이다. 하지만 중국에서 최신 조류인 선을 배워온 이들은 사상적으로 선을 우위에 두었고 화엄에 대한 비판의식은 점차 강화되었다. 이렇듯 신라에서 선종이 세력을 확대해나감에 따라 9세기 말이 되면 화엄 측에서도 역대 학승들을 드높이며 결속력을 키웠고 조직과 교학에 대한 재정비 노력이 이어졌다.

신라 하대에는 선종과 함께 풍수지리설風水地理說이 중국에 유학한 승려들에 의해 도입되어 큰 파장을 불러일으켰다. 선승들은 중국과 신라에서 각지를 유력하며 산수 지리에 대한 경험적 지식과 직관을 동시에 쌓을 수 있었다. 한국 풍수지리의 개조로 떠받들어지는 도선道詵(827-898)은 중국에는 가지 않았지만 선승으로서 국내의 여러 지역을 돌아다녔다. 그는 전라도 광양 옥룡사玉龍寺에서 후학을 지도했는데 사찰과 탑이 국토의 풍수지리적 안정을 보장한다는 비보사탑설裨補寺塔說을 주장한 것으로 유명하다. 이는 지역의 균형적 발전을 매개로 국가의 안녕을 추구한 것으로 지방 권력자들은 선승과 풍수지리설을 정치적으로

도선

활용하기도 했다.

도선은 당나라 풍수지리의 대가인 밀교 승려 일행一行에게 배웠다고 하지만 이는 역사적 사실이 아니다. 최치원이 쓴 「숭복사비崇福寺碑」에는 왕릉의 장지葬地와 사찰을 지맥에 의해 살핀다는 내용이 있어 9세기 후반 이후 신라에 풍수지리설이 퍼졌음을 알 수 있다. 고려시대인 12세기에 최유청이 쓴 「도선국사비」에는 도선이 지리산 화엄사華嚴寺 아래서 음양오행陰陽五行과 풍수지리를 연구했다고 전하며, 15세기에 서거정이 지은 『필원잡기筆苑雜記』에도 도선이 신선에게 천문과 지리, 음양의 비법을 전수받았다는 이야기가 소개되어 있다. 이처럼 도선과 그가 썼다고 하는 『도선비기道詵祕記』는 고려에서 조선까지 풍수지리를 언급할 때 전가의 보도처럼 늘 등장할 만큼 전설을 넘어 역사화되었다. 도선이 고려 태조의 부친 왕릉에게 산수와 천문을 보니 곧 귀한 아들이 태어날 것이라고 예견하고 왕건王建이라는 이름을 지어주었다는 일화가 일찍부터 널리 퍼졌다. 그 영향인지 고려 태조가 남긴 「훈요訓要 10조」에도 도선이 산천의 형세를 점쳐 정한 자리에 지은 절 외에는 창건을 금지하고 있다. 이처럼 사찰이 위치한 곳의 지덕地德과 국운을 연결시킨 비보사탑설은 풍수지리의 대표적인 이론으로 고려시대 이후 널리 각광받았다.

선과 풍수지리가 성행하기 시작한 신라 하대에는 사원경제에도 많은 변화가 나타났다. 8세기 중반 이후 사원 가운데 해인사처럼 대규모 토지인 전장田莊을 보유한 곳이 늘었고, 국가에서 장생표長生標를 설치해 사원 토지에 대한 조세 면제 등의 특권을 주기도 했다. 또한 대부분의 사원은 여러 지역에 토지를 보유하고 있었는데, 9세기에는 선종의 유입과 함께 지방 사원의 수가 증가하고 봉암사鳳巖寺처럼 상당한 양의 땅을 가진 곳도 적지 않았다. 9세기 후반이 되면 유력자의 후원이 아닌 사원이 직접 토지를 매입하는 경우도 생겨나 왕실이나 귀족과 견줄 만한 전장의 운영 주체로서 사원의 비중이 커졌다. 선종 사원은 왕실의 후원도 받았지만 주로 새롭게 부상한 지방 토호세력의 지지를 받으며 지역 차원의 결합을 강화했다. 당시 선종의 주요 산문이 경주가 아닌 지방에 뿌리를 내렸고 선사들의 출신도 지방 토호세력과 일정한 관련이 있다는 점에서 선종의 도입과 확산은 이 시기 지역 유력자의 등장이나 지역사회의 발전과 밀접한 관련이 있다. 선승을 통해 유행한 풍수지리설은 국토에 대한 인식을 중앙에서 철원, 송악 등 지방 중심으로 바꾸게 했고, 이는 궁예와 왕건을 비롯한 지역 중심세력의 성장에 크게 기여했다.

신라 하대에 퍼져나간 선종과 풍수지리설은 앞서 6두품을 중심으로 한 지식인 그룹의 성장과 함께 새로운 시대를 여는 상징이 되었다. 후삼국의 난맥상을 넘어 다시 통일을 이룬 고려는 정치와 사상, 종교와 일상의 영역에서 유교와 불교, 풍수지리설 등의 다양한 문화코드가 복합된 사회였고 그 기반은 신라 하대에 형성되었다. 불교계 또한 새로 등장한 선종에 자극을 받아 변화를 모색하기 시작했다. 화엄을 중심으로 선과 교의 쌍두마차가 달리면서 갈등과 조화, 경쟁과 상생을 반복하며 공존을 추구해나갔다. 불교가 한반도에 들어온 지 500년이 지나면서 불교는 이제 고려라는 전성시대를 맞이하게 되었다.

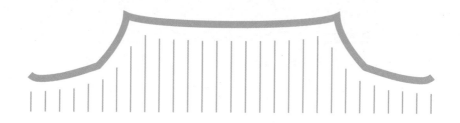

3부

고려 불교,
전성기를 노래하다

1장

고려는 과연
불교국가인가?

불교는 삼국·통일신라 이후 고려시대까지 융성을 거듭하며 사상과 문화의 꽃을 피웠고, 유교를 숭상한 조선시대에 급격히 내리막길을 걸었다는 것이 통설이다. 이러한 상식적 통념이 크게 틀린 것은 아니지만, 불교는 조선시대에도 그 나름의 종교적·사회적 역할을 담당했다. 또한 신라나 고려시대에도 토착신앙이 깊이 뿌리내리고 있었고 상류 지식층에 유교 윤리와 관념이 퍼져 있던 것도 사실이다. 과거 역사를 정해진 도식이나 틀로 바라보면, 살아 있는 생물 같은 생동감 있는 역사의 모습을 평면적으로 이해하기 쉽다. 토착신앙-불교-유교는 신앙과 사상 면에서 고대-중세-근세를 표상하는 개념어가 될 수는 있지만, 그것만으로 각 시대의 역동성과 다양성을 오롯이 담아낼 수는 없다.

흔히 고려를 불교국가라고 한다. 의천과 지눌을 몰라도 세계기록유산인 해인사 팔만대장경이나 극도로 화려한 고려불화를 알면 고려=불교의 이미지를 누구나 쉽게 떠올릴 것이다. 또 조선 개창에 앞장선 성리학자들이 고려의 종교와 사상의 주류였던 불교를 악의 축으로 몰면서 비판했음을 기억한다면 더욱 그럴 것이다. 실제로 고려시대에 불교가 크게 성행했던 것은 사실이다. 하지만 과연 불교만을 가지고 고려를 온전히 이해할 수 있을까? 고려는 불교를 국교로 선포하지 않았고 무엇보다 정치는 유교이념을 통해 운영되었다. 그리고 고려인들은 불교뿐 아니라 무속의 영험도 믿었고 풍수지리와 도교도 사회에 널리 퍼져 있었다. 이 점에서 고려는 불교를 높이고 중시했지만 불교국가라는 하나의 틀로 덧씌우기에는 무리가 있다.

먼저 고려시대 불교의 실상과 성격을 통해 고려를 '불교국가'로 보아왔던 이유에 대해 생각해보자. 고려(918-1392)는 통일신라에 이어 국가 차원에서 불교를 중시한 것이 사실이다. 하지만 정치는 유교이념을 바탕으로 했고 원칙상으로 정치와 종교는 분리되었다. 그러면서도 불교 교단은 관료체제와 마찬가지로 국가에 의해 편제되고 관리되는 이중 구조였다. 고려시대는 유교와 불교가 새의 두 날개처럼 상호 의존적 공생관계를 이루었다. 교단 차원이나 승려 개인이 정치에 참여하지는 않았지만 불교의 정치적·사회적 비중은 작지 않았다. 특히 종교 영역에서 불교의 지분과 영향력은 매우 컸고 국왕과 왕실, 귀족부터 일반민, 천인에 이르기까지 모든 계층에서 불교가 신앙되었다. 왕족과 문벌귀족 출신의 고승들이 불교계를 장악했고 대장경 조성 같은 국가 차원의 대규모 불사가 이어지는 등 고려는 불교를 통해 문화국가의 입지를 다졌다. 한편 교단 내에서는 통일신라 말에 들어온 선종이 주요 종파로 부상했고 고려 중기에 천태종이 개창되면서 교종의 화엄종과 법상종, 선종의 조계종曹溪宗과 함께 4대 종파가 되었다.

고려의 역대 국왕들은 즉위기념의례로 보살계를 받았을 만큼 기본

개태사지 석불입상

적으로 숭불 군주였다. 하지만 불교를 돈독히 믿으면서도 교단의 비대
화와 정치적 세력화는 경계했다. 이는 숭불과 통제의 양면이 고려시대
를 관통하는 국가와 불교 관계의 기본 구도였음을 의미한다. 이러한 경
향은 창업자 태조 왕건에게서도 보인다. 918년 고려를 건국하고 후삼
국을 통일한 태조는 자신이 복속시킨 후백제 지역에 개태사開泰寺를
창건하면서 다음과 같은 발원문을 지었다. "하늘에 고하여 도탄에 빠
진 생민을 건져낼 것을 맹세하였습니다. 위로는 부처님의 힘에 의지하
고 하늘과 신령의 위엄에 기대어, 20여 년간 바다와 성을 공격하는 전
투에서 화살과 돌을 무릅쓰고 남쪽을 치고 동쪽을 치며 방패와 창으

로 베개를 삼은 끝에 마침내 백제의 군사를 물리쳤습니다. 죄를 뉘우치고 새사람이 되겠다고 귀순해 온 이들은 털끝만큼도 침해하지 않았습니다. 부처님이 보호해주심에 보답하고, 산신령의 도와주심을 갚으려 특별히 불당을 창건하여 산의 이름을 천호天護, 절의 이름을 개태開泰라고 하나이다. 원컨대 부처님의 위엄으로 감싸주고 보호해주시며, 하느님의 힘으로 붙들어주옵소서." 이처럼 통일전쟁의 승리가 부처님과 하늘과 신령의 은덕 때문이며 불법의 도움으로 국가의 안정과 발전을 이루게 되었음을 강조하고 불교뿐 아니라 하늘과 신령을 함께 언급한 것에서 당시의 복합적 신앙 양상을 엿볼 수 있다.

또한 태조 왕건은 후대 국왕들의 국정운영에 지침이 된 「훈요 10조」를 남겼는데 이 가운데 불교 관련 내용은 다음과 같다. 제1조에서는 "우리나라의 왕업은 여러 부처님들이 보호해주시는 가피를 입었다. 그러므로 선종과 교종의 절을 짓고 주지를 뽑아 보내 그 업을 닦게 하라"고 했고, 제2조는 "도선이 터를 잡아 정한 곳 외에 절을 함부로 짓는다면 지덕을 손상시켜 왕업이 오래가지 못할 것이다. 신라 말에 다투어 절을 지어 지덕을 손상시켜서 망하게 되었으니 이를 경계하지 않을 수 있겠는가?"라는 내용이다. 제5조에서는 "연등燃燈은 부처님을 섬기는 것이며 팔관八關은 천령, 오악, 명산, 대천, 용신을 섬기는 것이다"라고 했다. 요약하자면 불법을 숭상하고, 땅의 기운을 보완하는 비보裨補 사찰을 보호하되 새로 짓지 말며, 연등회燃燈會와 팔관회八關會를 준수하라는 내용이다. 이처럼 왕업을 위해 불교를 높이면서도 너무 많은 사찰을 세우거나 국가의 관할을 넘어선 교단의 권력화는 경계했음을 알 수 있다.

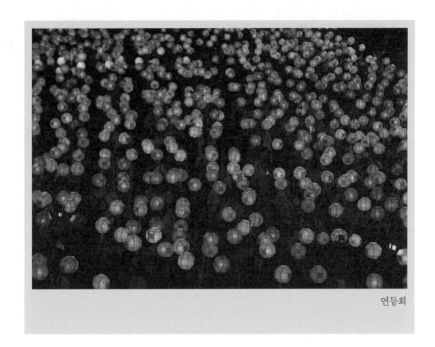

연등회

「훈요 10조」에 나오는 연등회와 팔관회는 태조의 유훈대로 국왕이
주관하는 국가의례로서 매년 성대하게 치러졌다. 연등회와 팔관회는
'불교국가' 고려의 성격을 가장 잘 보여주는 국가 차원의 의식이었다.
연등을 밝히고 음악과 춤, 연극을 행하는 연등회는 음력 1월 15일이나
2월 15일에 개경과 지방 중심지에서 동시에 열렸다. 이틀간 치러진 연
등회는 불교행사이면서 동시에 고려를 건국한 태조를 기리는 국가의례
였고, 고려 국왕과 왕실의 권위와 정통성을 확인하고 과시하는 자리였
다. 다만 원간섭기 이후에는 고려적 색채가 짙은 1, 2월의 상원 연등회
대신 석가탄신일을 기리는 사월초파일 연등회로 대체되었다.
  연등회의 설행設行방식을 보면, 첫날인 14일에는 국왕이 왕족, 귀족

들과 함께 궁궐에서 열리는 음악과 가무 행사에 참석한 후 개경 남쪽 태조의 진전眞殿사원인 봉은사奉恩寺에 행차했는데, 이때 장엄한 행렬을 과시하며 축제 분위기를 더했다. 국왕은 봉은사에서 태조 영정에 절을 하고 제사를 올리며 후삼국을 통일하고 고려를 개창한 위업을 기렸다. 저녁에는 궁중에서 등석연이 펼쳐졌는데 휘황찬란한 연등 밑에서 악기가 연주되고 신하들은 시를 지어 바쳤다. 백성들 또한 관등놀이를 즐겼으며 이날 밤은 도성 안 통행이 허가되어 밤새도록 축제가 이어졌다. 다음 날에는 왕과 신료들이 함께 공연을 보고 차와 술을 권하면서 국왕의 만수무강을 기원하는 본격적 연회가 펼쳐졌다.

팔관회는 서경, 즉 고구려의 수도였던 평양에서 10월 15일, 개경에서는 11월 15일에 열렸다. 팔관회는 전통적인 명산대천과 용신 등에 대한 제사, 제천의식과 불교의례가 접목된 행사였다. 이는 승려를 공양하는 불교의 반승飯僧의식과 함께 고대의 추수감사절이라 할 수 있는 수확제, 토착신앙이 모두 결합된 종합축제의 성격을 띠었다. 또한 팔관회는 고려와 국왕의 위상을 대내외에 알리고 군신간의 위계를 확인하는 자리였다. 따라서 전쟁 같은 위기 상황을 빼고는 설행 일자를 반드시 지켰을 정도로 고려의 주요 국가의례로서 성대히 치러졌다.

팔관회 첫날에는 수천의 군인들이 깃발과 무기를 들고 도열한 가운데 국왕이 의봉루儀鳳樓에 행차해 태조의 영령에 작헌례酌獻禮를 올리며 행사의 시작을 알렸다. 이후 궁궐에서 신하들이 국왕의 장수를 기원했고 국왕은 음식과 술을 하사하며 흥겨운 연회를 베풀었다. 다음 날에도 국왕이 의봉루에서 신료들과 함께 작헌례를 행하고 외국에서 온 축하사절단을 맞이해 진상을 받았다. 황제의 격식을 갖추어 치러진 팔관회는 지방관, 외국 상인과 사절단이 고려 국왕에게 축하의 글과 예물을 바치고 그에 하사품을 내리는 대연회가 행사의 대미를 장식했다.

이처럼 고려시대에는 역대 국왕들이 불교를 숭신하고 국가 차원의 불교의례가 치러졌는데, 국가와 불교의 관계를 분명히 보여주는 것은 교단의 관리와 운영체제였다. 고려는 관료체제와 동일한 방식으로 승정체계를 운영해 정치와 종교의 이원적 구조를 갖추었다. 불교 교단을 담당하는 관서인 승록사僧錄司를 두어 승적을 관리했고 왕명에 따라 고승 탑비의 건립, 사찰과 승려 관련 행정업무 처리 등 제반 승정僧政을 다루었다. 또한 관료 선발시험인 과거제와 마찬가지로 학식을 갖춘 승려를 선발하는 승과僧科를 운영했는데, 이는 중국에도 없는 제도였다. 승과는 교종敎宗과 선종禪宗으로 나누어 시행했고 승과 합격자에게는 승계僧階가 수여되었으며 그에 따른 승직이 주어졌다. 주요 사찰의 주지로 임명되려면 원칙적으로 승과를 거쳐 승계를 받아야 했다. 승계는 승과 합격 후 대덕-대사-중대사-삼중대사의 순으로 올라갔고, 이어서 교종은 수좌-승통, 선종은 선사-대선사의 최고위 승계가 부여되었다.

이와 같이 승적 관리, 승과 시행, 승계와 승직 수여 같은 인사체계와 행정, 공과에 대한 대우와 처벌 등 제반 규정이 관료체제와 동일하게 적용되었다. 한편 승과와 함께 고려 불교의 고유한 특징으로 왕사王師·국사國師 제도를 들 수 있다. 왕사와 국사는 국왕의 스승으로 예우되었고 국가의 정신적·종교적 지주로 받들어졌다. 이는 국왕이 관부와 교단을 함께 관할하는 이원적 체제에서 명목상 최고의 고승을 국왕의 상위에 두어 불교 교단의 자립과 독립성을 상징하는 것이었다. 하지만 실상은 왕사와 국사의 최종 임명권을 국왕이 쥐고 있어 불교 교단이 세속 권력 아래에 놓인 것이 현실이었다.

　시야를 국가제도에서 고려 사회 전체로 넓혀보아도 불교는 국왕에서 일반민까지 전 계층에서 신앙되고 큰 지지를 받았다. 국왕과 왕실은 1만 명에 달하는 승려들을 불러 공양하는 대규모 반승행사를 자주 열었다. 또 많은 원찰을 두었으며 국왕과 왕비의 영정을 모시고 제사 지내는 진전이 주요 사원에 설립되었다. 한편 의천 같은 왕족 출신의 고위 승려도 배출되었고 귀족 자제들 가운데서도 많은 출가자가 나왔다. 이는 사회적으로 승려의 위상이 매우 높았음을 뜻한다. 귀족과 관료층의 경우 은퇴 후에 사원에서 여생을 보내거나 화장, 납골 등의 불교식 장례를 치르는 경우가 적지 않았다. 일반민들도 민간신앙과 함께 불교를 숭신했고 각 지역의 거점사찰을 중심으로 신앙결사공동체인 향도가 조직되어 활발히 활동했다.

　이러한 다채로운 모습을 통해 고려는 그동안 불교국가로 이해되었고, 실제 불교국가라고 해도 지나친 말은 아니다. 그럼에도 분명히 짚고 넘어갈 것은 고려의 정치이념은 어디까지나 유교였다는 점이다. 도교도 도관道觀이 설치되고 관단화가 이루어지는 등 국가의 지원과 관리를 받았으며, 풍수와 무속도 탄탄한 사회적 저변을 가지고 있었다. 고려인들은 불보살뿐 아니라 곳곳의 영험하고 힘센 신들을 찾아가 복을 빌었고, 이러한 종교와 문화의 복합성이야말로 고려를 이해하는 중요한 단서가 된다. 만약 고려를 불교국가라는 한 가지 관점에서만 본다면 그 속의 다원성과 중층성을 제대로 읽어내지 못할 수 있다. 불교는 한국과 동아시아에서 국가, 사회와 긴밀한 관계를 맺으며 마치 용광로처럼 많은 '전통'과 융화되며 새로운 문화를 일구어냈다. 또 그것은 배타적이거나 대립적이기보다는 조화와 공존을 추구하는 상생의 방식이었고, 이것은 고려시대에도 마찬가지였다.

2장

선과 교의 공존:
광종의 기획과 의천의 승부수

고려시대 475년 동안 전기에는 교종이 우세했고 후기에는 선종이 주도
권을 잡았다. 하지만 기본적으로는 교종과 선종이 서로 공존하면서 경
쟁하고 대립하는 구도였다. 교종은 화엄종과 법상종이 양대 종단을 이
루었고 왕실과 문벌귀족세력의 지속적 후원을 받으면서 성장하고 발전
했다. 선종은 통일신라 하대에 들어왔고 고려 초에 9산 선문이 성립되
면서 기반이 다져졌다. 이후 11세기 말 선종의 하나로 천태종이 개창되
면서 조계종과 함께 세력을 키워 교종과 어깨를 나란히 했다. 후기에는
교종이 쇠퇴한 반면 선종을 대표하는 조계종이 융성했고, 고려 말에는
중국 임제종의 법맥 전수가 대세가 되면서 화두話頭를 들어 깨달음을
얻는 수행법인 간화선풍看話禪風이 일세를 풍미했다.

 교종 가운데 화엄종은 7세기 이후 의상 계통을 중심으로 이어져왔고
교학에서 많은 성과를 내며 교단의 주류 세력으로 확고한 위상을 가지
고 있었다. 그러나 9세기 전반부터 선종이 유입되고 그 영향력이 커지
면서 화엄 쪽에서도 판도 변화를 의식하지 않을 수 없었다. 더욱이 화

엄종 세력은 후삼국이 대치하던 10세기 초에 고려의 왕건을 지지하는 북악파와 후백제의 견훤 편에 선 남악파로 나뉘어 대립했다. 화엄종에서는 탄문坦文(900-975)이 광종대에 왕사와 국사에 올랐고, 균여均如(923-973)가 등장해 남북의 분열을 극복하고 국왕의 지원을 받아 화엄종의 세력을 굳건히 다졌다.

균여는 의상계의 화엄사상을 계승하면서 화엄학을 체계적으로 연구하고 집성하는 데 노력을 기울였다. 그는 의상의 스승인 중국 화엄의 제2조 지엄, 그리고 제3조 법장의 화엄교학에 주로 의거해 화엄 일승의 절대적 우월성을 강조했다. 또한 자신의 화엄학 이해를 강의하고 주석서로 남겨서 고려 화엄사상의 심화와 발전에 크게 기여했다. 균여는 당시 부상하던 선종을 의식해 공空을 뜻하는 성性과 색色을 뜻하는 상相을 원만하게 융합시키는 이론인 성상性相의 융회를 강조하고 화엄의 우위를 내세운 이론체계를 세웠는데, 광종 때 처음 실시된 승과에서 그의 학설이 시험문제로 나올 정도였다. 나아가 그는 의상이 제시한 5척尺 관법觀法을 행하는 등 실천수행도 중시했고, 화엄 신중神衆신앙과 보현신앙을 대중에게 널리 보급하려 했다.

화엄종에서는 이후 대각국사大覺國師 의천義天(1055-1101)이 나왔는데, 그는 고려 불교계를 주도했을 뿐 아니라 동아시아 차원의 불서 간행과 유통에 큰 공을 세웠다. 의천은 문종의 넷째 아들로서 11세에 화엄종 승려로 출가했고 13세에는 교종의 최고 승계인 승통僧統을 받았다. 그는 고려와 한동안 국교가 단절되었던 송나라에 건너가 황제의 환대를 받고 14개월간 머물렀다. 이때 송의 화엄종을 다시 일으킨 진수晉水 정원淨源을 찾아가 배웠고 각자 구할 수 없던 불교 전적을 주고받았

대각국사 의천

다. 당나라 말의 폐불과 5대 10국의 전란을 겪으며 중국에서는 많은 불
서가 사라졌는데, 고려에 전해지던 책들이 중국으로 역수입되는 경우
가 적지 않았다. 광종대에 보내진 천태학 서적과 의천이 가져간 화엄 전

적이 대표적인 사례다. 의천은 정원이 중국 화엄종 제4조 징관이 지은 『화엄경소』에 간단한 주해를 달고 『화엄경』과 함께 합본한 『화엄경소』 등을 얻어서 돌아왔는데, 이 책은 고려의 화엄학 이해에 큰 도움을 주었다.

의천은 이론으로서 교학과 실천적 관행을 함께 닦는 교관겸수敎觀兼修를 강조했다. 이는 불교의 교리를 아는 데 그치지 않고 심성의 본래 모습을 깨치는 관행까지 겸비하는 것으로, 중국 화엄조사 중에서는 일심一心의 체득을 강조한 징관의 사상과 맥이 닿아 있었다. 송대의 불교는 선종을 중심으로 화엄, 천태, 정토, 그리고 『능엄경』과 『대승기신론』 등이 망라된 융합적·포괄적인 성격을 지녔고 선교일치를 주창한 종밀 사상의 영향력이 매우 컸다. 의천도 특별한 일승의 가르침이라는 별교일승別敎一乘을 내세워 화엄의 절대적 우위를 강조한 법장이나 균여에 대해 비판적 태도를 비쳤다. 대신 징관의 교관겸수 같은 포용적 입장을 두둔했다. 또한 화엄조사 의상은 원융圓融국사, 원효는 화쟁和諍국사라고 부르며 선양했고, 원효의 회통사상을 높이 평가했다.

하지만 의천은 선종에 대해서는 비판적이었다. 그 이유는 선종이 실천에만 집중한 나머지 교학 공부를 소홀히 했기 때문이다. 그렇기에 징관의 교관겸수를 넘어서는 종밀의 선교일치까지는 받아들이지 않았다. 예를 들어 중국 화엄에서 공론화된 조통설은 진수 정원이 주장한, 마명馬鳴-용수-두순-지엄-법장-징관-종밀의 7조설이었다. 이에 비해 의천이 내세운 화엄 9조설은 7조설에 천친(세친), 불타佛陀, 광통光統 혜광慧光을 추가하고 마지막의 종밀을 뺀 것이었다. 의천이 화엄조사의 종통 계보에서 종밀을 제외한 것은 선종에 대한 그의 인식을 반영한 매우 흥미로운 대목이다. 또한 화엄교학의 성립과 발전에 기여한 지론학 계통 조사들을 앞부분에 집어넣은 것에서 의천, 나아가 고려 화엄학계의 독특한 불교사 인식을 볼 수 있다.

법상종은 유식학에 의거한 교종 종파로서 고려 말과 조선 초에는 자은종慈恩宗이라고 불렀다. 유식은 인도 유가행파의 조사 마이트레야(미륵彌勒)에서 시작된 대승사상으로 미래불인 미륵과 이름이 같은 동명이인이었기에 미륵의 화신으로 추앙되었다. 그렇기에 고려 법상종에서도 미륵신앙을 중시했고, 그와 함께 통일신라 때 금산사金山寺를 중심으로 활동한 진표로부터 이어진 점찰신앙도 계승되었다. 이 계통의 석충釋忠이라는 승려가 미륵보살로부터 진표가 직접 받았다는 점찰 간자를 태조 왕건에게 바쳤고, 이 일을 계기로 법상종은 왕실의 후원을 받으며 세력 확산의 토대를 만들었다고 한다.

법상종이 중앙의 주요 종단으로 위상을 확고히 하게 된 것은 목종이 원찰로 숭교사崇教寺를 창건하고, 다음 왕인 현종(재위 1009-1031)이 현화사玄化寺를 세우고 법상종 승려를 주지로 임명하면서부터였다. 현종은 어려서 부모가 불미스러운 일로 시해당한 뒤 외삼촌인 성종의 배려로 궁에서 살게 되었는데, 아들 목종을 왕으로 세우려 했던 천추태후의 견제를 받고 위협에 시달리다 북한산 신혈사神穴寺에 숨어 살았다. 이후 승려 진관津寬의 도움으로 천추태후가 보낸 자객의 암살 시도를 가까스로 피한 현종은 목종에 이어 다음 국왕이 되었고 부모의 명복을 빌기 위해 원찰 현화사를 창건했다. 현화사에는 최초로 목판 인쇄된 송의 대장경이 두어졌고 진신사리가 봉안되는 등 법상종의 종찰로 거듭났다. 이처럼 법상종은 왕실의 후원을 받으면서 교종의 주요 종단으로 부상할 수 있었다.

이후 고려의 최고 문벌귀족 가문인 인주 이씨 출신으로 문종 비의 동생이었던 소현韶顯(1038-1096)이 승과에 합격하고 최고위 승직을 맡으면서 법상종은 눈부신 발전을 거듭했다. 소현은 금산사에 광교원廣敎院을 설치해 유식학 문헌 32종 353권을 간행했고, 중국 법상종의 조사인 현장과 규기의 상을 안치했다. 또 현화사에는 해동 법상종 조사 6인의 상이 모셔졌는데 그중에는 신라 유식학을 대표하는 태현과 함께 원효가 포함되었다. 당시 문종은 다섯째 왕자 왕규를 소현에게 출가시켜서 화엄종에 이어 법상종 교단을 왕실에서 주도하려 했다. 하지만 왕규가 역모에 연루되어 쫓겨나는 바람에 왕실과 법상종의 관계는 끊기고 말았다. 대신 문종은 자신의 진전사원인 흥왕사興王寺를 짓고 이를 화엄종 종찰로 삼으면서 왕실과 화엄종의 관계는 더욱 굳건해졌다. 법상종은 인주 이씨 출신의 고승이 종단을 계속 이끌고 영향력을 행사했는데, 12세기 중반 이후에는 극심한 정치적 부침을 겪는 와중에 세력이 크게 줄어들었다.

선종은 9세기 전반에 도입된 후 지방의 산문을 중심으로 발전했고 고려 초에 이르면 9산 선문을 중심으로 모이면서 각지의 산문들이 대폭 정리되었다. 개경 지방의 유력한 토호로 확고한 지역기반을 가지고 있던 고려 왕실도 원래부터 선종에 대한 후원에 적극적이었다. 더욱이 고려를 창업하고 국정을 운영하는 과정에서 중앙권력과 지방 토호세력 사이에 끈을 잇고 사회적 대통합을 달성하기 위해서도 선종을 활용할 필요가 있었다. 9산 선문은 고려 광종대(재위 949-975)를 전후로 확립된 것으로 보이는데, 개산조의 활동시기로 유추해보면 도의의 가지산문이 제일 처음 생겨났고 이어서 희양산문, 실상산문, 동리산문, 봉림산문, 성주산문, 사굴산문, 사자산문, 수미산문의 순으로 성립된 것으로 보인다.

고려시대 선종은 북종선과 남종선, 임제종이나 조동종처럼 선의 기풍에서 차이가 나는 중국의 선종 유파와는 달리 스승과 제자 사이의 사승관계를 기준으로 한 인적 계보 위주의 산문 전통을 이어갔다. 예를 들어 통일신라 말인 9세기에 희양산문의 개조 도헌이 북종선의 전수를 표방했지만 그 손제자인 긍양은 남종선을 높였다. 이와 같이 산문의 적전嫡傳 계보 안에서도 선풍이 달라지는 사례가 간혹 보이는데, 이는 한국의 고유한 특성이라 할 수 있다. 한편 고려 중기에는 9산 선문을 선적종禪寂宗이라 통칭한 기록이 전하며, 의천이 선종의 하나로 천태종을 개창한 후에는 이를 구분하기 위해 기존의 선종을 조계종이라고 부르게 되었다.

고려시대에는 중국 선종을 대표하는 임제종, 조동종, 위앙종, 운문종, 법안종의 5가 선풍이 모두 들어왔다. 이 가운데 법안종이 가장 먼저 도입되었는데 광종대에 나라에서 선승들을 선발해 중국 법안종 계통으로 유학 보낸 것이 그 출발이었다. 당시는 정치적 통합과 함께 분열된 불교 교단의 화합이 중요한 시대적 과제였다. 이에 광종은 남악과 북악으로 대립하던 화엄종 내부의 갈등을 균여를 통해 해소하려 했고, 여러 산문이 난립하던 선종은 법안종을 중심으로 규합하려 했다. 법안종은 『종경록宗鏡錄』100권의 저자 영명永明 연수延壽의 선교일치, 선과 정토의 겸수사상에서 볼 수 있듯이 선종이면서도 교학 등을 함께 아우르는 포괄적 성격을 띠었다. 따라서 사상과 교단의 조화와 공존이라는 당대의 난제를 해결할 수 있는 매력적인 대안이기도 했다. 하지만 광종 사후에 법안종은 중앙의 유력 종단으로 성장하지 못했고 이후 계보가 이어지다가 의천의 천태종 개창 때 인적 자원을 제공하게 된다.

고려 중기가 되면 중국에서 성행하던 공안선公案禪이 들어오게 된다. 뒤에 국사가 된 담진曇眞이 공안을 이론적으로 탐구하는 문자선을 수학했고 그의 제자 탄연坦然(1070-1159)은 임제종의 계승을 자임했다. 공안선은 임제종 간화선 수용의 전단계로서 심성 문제를 다룬『능엄경』,『기신론』등이 중시되고 거사불교가 활성화된 송대 불교의 시대조류에서 비롯된 것이었다. 이에 발맞추어 고려에서도 문벌귀족 사이에 거사불교와 공안선이 크게 유행했다. 한편 조동종의 가풍도 고려에 전래되어 선사상과 수행기풍에 영향을 미쳤는데, 고려 말과 조선 초까지 그에 대한 주석서가 나왔다.

고려 전기에는 교종의 화엄종과 법상종, 선종이 불교 교단을 대표하는 3대 종단이었다. 그런데 의천이 천태종을 건립한 12세기부터는 4대 종단 체제가 굳어졌다. 법화와 천태사상은 통일신라시대부터 중시되었고, 광종대에는 고려에 있는 천태학 전적을 중국의 오월吳越에 보내 송대의 천태종이 재기하는 데 밑거름이 되었다. 또 고려 출신 승려인 의통義通(927-988)은 중국 천태종의 16대 조사가 되었고 제관諦觀(?-970)은 천태의 교판을 정리한 교리입문서『천태사교의天台四教儀』를 지어 중국과 일본에 큰 영향을 미쳤다. 그런데 고려에서 천태종 종단이 세워진 것은 의천의 모후인 인예태후와 형인 숙종의 후원에 힘입어 1097년 국청사國淸寺가 창건되면서부터였다. 승과에서도 천태종 승과가 추가되면서 제도권 내의 주요 종단으로 입지를 확보하게 된다.

제관의 『천태사교의』

대각국사 의천은 송에 유학했을 때 자신의 전공인 화엄뿐 아니라 천태까지 섭렵했고 중국 천태종의 개조인 천태 지의의 탑을 참배한 후에 천태종을 널리 펴리라 서원했다. 이는 천태가 주창한 교관겸수의 가르침에 공감했기 때문인데, 의천은 이론의 탐구나 참선 가운데 어느 한쪽에 치우치는 것을 경계했다. 그렇기에 균여 계통의 화엄 우월주의와 수행에만 치중하는 선종에 대해서는 비판적 입장을 가졌다. 특히 선종에 대해서는 부정적이어서 그가 천태종을 창설하게 된 데는 선종을 개혁하려는 의도가 밑바탕에 깔려 있었다. 의천은 천태종을 세우면서 법안종 계통을 포함한 기존의 선종 승려들을 회유해 끌어들였는데, 당시 대표적 선승이었던 가지산문의 학일學一은 그의 제의를 거절하고 선과 교가 뒤섞이는 것을 반대했다. 의천과 숙종 사후 기존 선종이 다시 세력을 회복하면서 천태종에서 의천 계통이 약화되기도 했지만, 천태종은 조선 초까지 교학과 관행의 겸수를 실천하며 이어져갔다.

3장

결사의 시대와 개척자들: 지눌과 요세

고려는 문벌귀족이 주도하는 사회였고 무관은 문관에 비해 매우 낮은 대우를 받았다. 이에 불만을 품은 무신들이 1170년 군사정변을 일으켜서 무인정권이 세워졌다. 이후 약 100여 년 동안 이어진 무인 집권기에는 왕권이 크게 흔들리고 문벌귀족 출신 문인 관료층의 세력이 위축되는 등 심한 정치적·사회적 혼란이 이어졌다. 또 무인세력 내부의 정치적 갈등 속에서 무인 최고 집권자가 계속 교체되기도 했다. 이 시기에는 무인들이 군사권을 장악하고 인사와 재정을 농단하면서 국가 공권력이 특정 무인세력의 사적 전횡 아래에 놓이게 되었다. 이런 상황에서 앞서 많은 특권을 누렸던 문벌귀족은 물론이고 농민, 천민 등 전 계층에 걸친 전국적 범위의 소요와 항쟁이 잇달아 일어났다.

당시 왕실이나 문벌귀족세력과 밀착되어 있던 중앙 불교계도 무인정권의 전횡에 반발하며 실력행사에 나서기도 했다. 1174년 개경의 승려 2,000여 명이 들고일어난 것이 대표적인 사례다. 그 뒤 40여 년이 지난 1217년에는 고려에 침입한 거란 군대를 물리치기 위해 동원된 개경

보조 지눌

의 승려들이 무인 최고 집권자 최충헌을 살해하려 했지만 실패로 돌아가면서 수백 명이 희생되기도 했다. 이러한 과정을 거치며 왕실과 문벌 출신이 주도권을 쥐었던 화엄종과 법상종 같은 개경 중심의 교종 종단은 빠르게 쇠퇴의 길을 걸었고, 선종과 천태종도 중앙에서 활동하던 세력은 밀려나게 되었다. 대신 지방에서 자발적으로 일어난 결사가 자율적 조직과 운영, 실천수행의 방향을 내세워 불교 혁신의 새 구심점으로 떠올랐다. 결국 중앙에서 지방으로, 교종에서 선종으로 교단의 주도권이 넘어가게 된 것이다.

이러한 전환기의 변화상을 잘 보여주는 상징적 인물이 바로 보조普照 지눌知訥(1158-1210)이다. 지눌은 9산 선문의 사굴산문에 출가해 1182년 승과에 합격했다. 하지만 중앙 불교계의 모습에 크게 실망해서 지방으로 내려갔는데, 1190년 대구 팔공산 거조암居祖庵에서 선정禪定 수행과 지혜를 함께 닦는 정혜쌍수定慧雙修를 내세우며 선승뿐 아니라 교학승, 재가신도까지 포괄한 결사체를 조직했다. 지눌이 쓴 「권수정혜결사문勸修定慧結社文」에는 당시에 승려의 기풍이 해이해지고 본분을 잃었다고 지적하며 수행인의 바른 자세를 위해 결사를 세운다고 밝히고 있다. 그는 선 수행 외에도 독경과 염불, 선행善行 등을 승려가 마땅히 해야 할 것으로 보았지만 어느 경우라도 근본을 잃지 말 것을 강조했다. 1200년에는 전라도 승주의 송광산松廣山 길상사吉祥寺로 옮겨서 실천운동을 지속했는데, 점차 유명세를 타면서 1205년 왕명으로 산사의 이름을 조계산曹溪山 수선사修禪社(현재의 송광사)로 바꾸었다.

지눌은 앞서 창평 청원사淸源寺에 있을 때 6조 혜능의 『육조단경』을 읽고 참된 본성을 깨치는 경험을 했는데, 정혜결사의 명칭도 선정과 지혜를 함께 닦으라는 『육조단경』의 가르침에서 비롯되었다. 이어 경상도 예천의 하가산 보문사普門寺에 머물면서 당나라 이통현李通玄이 쓴 『신화엄경론新華嚴經論』을 읽고 깨우친 내용을 다시 확인했으며, 1197년 지리산 상무주암上無住庵에서 간화선의 주창자 대혜大慧 종고宗杲의 『어록』을 보고 마지막 깨달음을 얻었다고 한다. 그는 "선은 고요한 곳에 있지 않으며 시끄러운 곳에도 있지 않다. 일상의 인연을 좇는 곳에 있지 않고, 또 생각하고 분별하는 데 있지도 않다. 먼저 고요한 곳, 소란한 곳, 일상의 인연을 좇는 곳, 생각하고 분별하는 곳을 버리고 참선해서는 안 된다. 홀연히 안목이 열리면 모든 것이 집 안의 일임을 알게 되리라"는 『대혜어록大慧語錄』의 구절에서 눈이 번뜩 뜨인 것이다.

이처럼 보조 지눌은 선과 화엄의 정수를 담은 『육조단경』, 『대혜어록』, 『신화엄경론』에서 깨달음을 얻었다. 또한 제자들에게는 선종의 소의경전이라 할 수 있는 『금강경』을 항상 읽으라고 권했다. 이러한 깨우침의 이력과 그가 중시한 경론의 핵심은 지눌의 저술인 『수심결修心訣』, 『계초심학인문誡初心學人文』, 『원돈성불론圓頓成佛論』, 『화엄론절요華嚴論節要』, 『법집별행록절요병입사기法集別行錄節要幷入私記』, 『간화결의론看話決疑論』 등에 그대로 녹아들어가 있다. 저작 시기나 책의 성격에 따라 강조하는 내용은 각각 다르지만 그가 중시한 선교겸수의 방향과 돈오점수頓悟漸修, 그리고 최고의 수행법인 간화선 등이 제시되어 있다. 지눌의 사상과 수행체계는 성적등지문惺寂等持門, 원돈신해문圓頓信解門, 간화경절문看話經截門의 3문으로 이루어졌다.

3문 가운데 성적등지문은 선정과 지혜를 함께 닦는 정혜쌍수와 같은 말로서 6조 혜능에서 비롯된 것이다. 다음 원돈신해문은 이통현의 화엄사상에 의거해 중생은 본래부터 성불한 존재이므로 스스로 부처임을 깨닫고 실천해야 한다는 내용이다. 마지막 간화경절문은 대혜 종고가 주창한 간화선 화두 참구법을 수행의 최종 단계이자 가장 뛰어난 수행법으로 인정한 것이다. 지눌의 3문은 자신이 직접 깨우침을 얻은 혜능의 남종선, 이통현의 실천적 화엄, 대혜의 간화선을 기반으로 해서 체계적 수행방안을 제시한 것이다. 이를 다시 요약하면 선 수행과 지혜의 체득을 동시에 추구하는 선교 융합의 방향, 자신이 부처임을 깨닫고 실천하는 돈오점수의 방안, 곧바로 깨달음의 경지에 이르는 간화선 수행의 선양이다.

지눌의 수제자이자 수선사 2세 사주를 맡은 혜심慧諶(1178-1234)은 가장 근기가 뛰어난 이들에게 적합한 간화선 수행법을 이론적으로 더욱 체계화시켰다. 혜심은 고려의 국립대학이라 할 수 있는 국자감에서 유학을 공부하다가 모친 사후인 1202년에 출가했다. 혜심은 각종 어록에서 공안과 화두를 간추려 집성한 『선문염송집禪門拈頌集』을 편찬하고 간화선 수행에서 유의할 점을 간추린 「구자무불성화간병론狗子無佛性話看病論」을 지었다. 혜심 이후에 수선사는 지방 향리층의 후원을 받던 지눌 때와는 달리 왕실과 최씨 무인정권의 지원을 받으며 그 위상이 한층 높아졌다. 최씨 무인정권의 2대 집권자였던 최우는 수선사의 최대 후원자가 되었고 두 아들을 혜심에게 출가시키기도 했다. 이 과정에서 혜심은 승과 급제자 출신이 아니었음에도 선종에서 가장 높은 대선사大禪師 승계를 받았다.

최우는 몽골의 침략으로 수도를 개경에서 강화도로 천도한 후 자신의 원찰인 선원사禪源寺를 세우고 수선사 출신으로 사주를 임명했다. 이후 원간섭기에 들어서 수선사는 원 황실의 지원까지 받았고 수선사 출신이 교단을 실질적으로 주도하게 되었다. 후대에 송광사가 16국사를 배출한 승보僧寶사찰로 불리게 된 것은 이러한 역사적 배경에서 기인한 일이다. 승보는 불·법·승 삼보의 하나로서 부처의 진신사리를 모신 통도사가 불보사찰, 고려대장경이 봉안된 해인사가 법보사찰에 해당한다. 지눌과 수선사의 높은 위상에서 볼 수 있듯이 13세기 이후에는 선종인 조계종이 불교 교단을 대표하게 되었고 화엄종을 비롯한 교종세력은 전에 비해 약세가 되었다.

이 시기에 선종뿐 아니라 화엄종의 반룡사盤龍社, 법상종의 수정사水精社 등 교종 측의 결사도 이루어졌다. 그러나 조계종에 속하는 지눌의 수선사와 천태종의 요세了世(1163-1245)가 조직한 백련白蓮결사가 대표적 결사였음은 분명하다. 요세는 경상도 합천의 향리 가문 출신으로 12세에 출가해 23세에 천태종 승과에 합격했다. 이후 1198년 개경의 사찰에서 열린 법회 분위기에 실망해 스스로 신앙결사를 조직할 뜻을 품었다. 그는 처음에는 거조사에서 행해지던 지눌의 정혜결사에 참여했지만, 참선 수행 위주로 진행되는 방식에는 동의할 수 없었다. 이에 요세는 1208년 월출산에서 "천태의 오묘한 이치에 의지하지 않으면

120가지 수행의 병을 어쩔 수 없다"는 『종경록』의 저자 영명 연수의 언급을 떠올리며 천태의 교학과 관행, 법화신앙에 의거한 수행방식을 따르기로 결심했다. 그가 중국 천태종의 개조 천태 지의가 쓴 『법화현의法華玄義』, 『법화문구法華文句』, 『마하지관摩訶止觀』의 핵심을 요약·정리한 『삼대부절요三大部節要』를 펴낸 사실에서 교관겸수의 천태 전통을 계승하려는 의식이 강했음을 볼 수 있다.

요세는 1216년 전라도 강진의 만덕산으로 가서 인근 토호들의 후원을 받아 백련결사를 결성했다. 백련결사는 중국 남북조시대에 정토신앙을 중심으로 최초의 결사를 시작한 여산 혜원의 백련사에서 따온 명칭이었다. 이후 1232년에는 백련사에 보현도량을 설치했는데 1,000여 명의 대중이 운집하며 성황을 이루었다고 한다. 여기에는 왕족과 귀족 관료부터 일반민까지 다양한 계층이 참여했는데, 소를 치는 아이와 말을 모는 더벅머리도 고개를 우러러 바라보며 귀의하는 등 대중적 친화력을 가졌던 것으로 보인다. 이러한 포용성은 당시 결사운동의 지향점과 성격을 잘 보여주며 모든 중생이 평등하다는 천태의 법화일승의 취지에도 부합했다.

요세의 백련결사와 보현도량의 수행방식은 기본적으로 천태 지의의 『법화삼매참의法華三昧懺儀』에 의거한 것이지만 천태의 수행법과 염불 정토신앙을 결합한 송대 천태종의 영향도 있었다. 이는 고려 천태종을 개창한 의천이 참회행법이나 정토신앙을 배제한 것과 차이를 보이며, 타력에 기댄 아미타 염불신앙을 정식 수행방안으로 받아들이지 않은 지눌과도 다른 방식이었다. 요세는 매일 천태의 선관을 닦으며 『법화경』을 독송했고 준제다라니准提陀羅尼(모든 부처의 어머니인 준제보살이 설

한 경) 1,000번, 아미타불 1만
번을 염송하고 53부처를 열
두 번씩 돌며 전생의 업보를
참회하는 수행을 몸소 실천
했다. 요세의 백련결사와 보현
도량도 수선사와 마찬가지로
최씨 무인정권의 비호와 후원
을 받았다. 최충헌의 부인은
백련사에 아미타불을 봉안했
고 최우는 보현도량에서 『법
화경』을 간행하게 했으며 발
문을 직접 지었다.

백련사 사적비

백련결사의 전통은 유학자
출신 승려인 천인天因과 천
책天頙 등이 계승·발전시켰

고, 이들의 영향으로 중앙의 관료와 유학을 공부한 지식인들이 관심
을 가지고 참여했다. 백련사 2세 사주인 천인(1205-1248)은 성균관에
서 학습하다가 출가해 요세의 제자가 되었다. 그는 수선사의 혜심에게
도 참선을 배웠지만 다시 백련사로 돌아와 천태교관, 법화참법에 따른
정토신앙을 이어갔다. 백련사의 4세 사주인 천책(1206-?)은 과거 합격
후 『법화경』을 필사하다가 갑자기 마음을 일으켜 백련사로 출가했다.
그는 보현도량이 세워졌을 때 스승 요세의 명으로 「발원소」를 지었고
1236년에는 「백련결사문」을 찬술해서 결사운동의 지향과 의의를 널

리 알렸다.

보조 지눌이 활동하던 12세기 후반부터 약 100여 년간 고려는 무인 정권 아래서 내란과 대몽항쟁 같은 극심한 혼란을 겪었다. 이는 불교계에도 여파를 미쳐서 기존의 판도를 뒤흔드는 지각변동이 일어났다. 중앙의 교종 종단이 크게 쇠퇴하고 그 빈자리를 선종이 대신했으며 지방에서 결사운동이 성행하는 등 이 시기는 고려 불교의 성격과 흐름을 뒤바꾸는 전환기였다. 지눌은 자립적 수행공동체인 결사운동을 시작한 인물이었고, 간화선을 수행의 중심에 세운 선승이면서 한편으로 선과 교를 함께 닦는 정혜쌍수를 중시했다. 후대에 간화선을 우위에 둔 선교겸수의 풍토는 지눌의 수행체계에서 그 싹을 틔웠다고 할 수 있다. 요세 또한 백련결사를 일으켜 고려 사회 전반에 결사운동이 확산되는 데 기여했다. 특히 천태의 입장에서 교학과 관행을 함께 닦는 방식을 추구했고 정토신앙을 포섭해 불교 대중화에 이바지했다.

이처럼 선종이 부상하면서도 선과 교의 두 전통이 상생할 수 있는 밑그림이 이 시기에 마련되었고, 공동체 결사를 통한 수행과 신앙의 실천이 신불교운동으로 자리 잡았다. 그리고 이 시기의 유산은 조선시대를 거쳐 오늘날까지 불교 전통의 중요한 축으로 내재화되어 이어졌다. 그렇기에 지눌과 요세는 전통을 재창출하고 시대를 개척한 선구자였다고 할 수 있다.

4장

문화국가의 자긍심, 대장경을 만들다

고려는 불교의 성경이라 할 수 있는 대장경을 두 차례나 만들어 문화국 가로서의 자긍심을 한껏 높일 수 있었다. 비취빛 청자와 화려하고 그윽 한 불화가 고려 문화의 뛰어난 수준을 잘 보여준다면, 대장경은 고려의 학술적 역량과 최첨단 인쇄기술을 집약한 세계적 문화유산이다. 당시 동아시아 세계에서 목판으로 된 대장경을 만드는 일은 자랑할 만한 국 가적 성과였고, 중국의 송나라를 시작으로 요나라와 고려가 뒤를 이으 며 한층 더 방대하고 우수한 대장경을 내놓기 위해 치열한 경쟁을 펼쳤 다. 고려대장경은 한역되어 유통되던 거의 대부분의 불교 전적을 집성 하고 그것을 다시 퍼트리는 데 큰 역할을 했다. 또한 세계적으로도 현 재까지 전하는 목판대장경 가운데 가장 오래되고 정확한 내용으로 잘 알려져 있다.

대장경이란 불교 경전, 율장, 논서의 삼장을 한데 모아놓은 것이다. 고 려에서는 대장경이 두 번에 걸쳐 판각되어 각각 초조대장경, 재조대장 경이라고 부른다. 처음 만들어진 초조대장경은 1011년 거란의 침입으

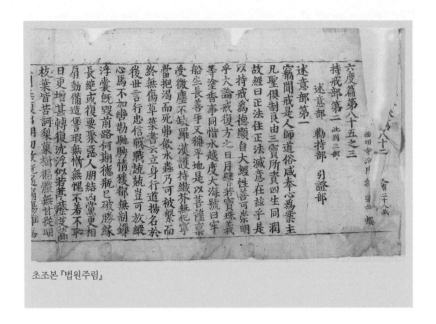

초조본 『법원주림』

로 개경이 함락되고 국왕인 현종이 지방으로 피난 간 상황에서 거란군
을 물리치려는 염원을 담아 조성되기 시작했다. 대장경 판각은 1029년
에 1차적으로 이루어졌고 이를 축하하기 위해 국왕의 주관 아래 대규
모 강경도량이 열렸다. 이 초조대장경은 971년에 나온 동아시아 최초
의 대장경인 송의 개보장開寶藏을 본보기로 삼았다. 개보장은 730년에
조사된 불전 목록인 『개원석교록開元釋教錄』에 의거하면서 10세기 후
반에 수집할 수 있었던 1,078종, 5,048권의 경서를 목판으로 펴낸 것이
다. 이 소식이 알려지자 고려는 송나라에 여러 차례 사신을 보내 대장
경의 인쇄본을 구해 왔다. 한 예를 들면 현종이 법상종의 중심 사찰로
현화사를 창건할 때도 대장경 한 질을 받아와 안치했다.

그런데 초조대장경의 최종 완성은 시간을 더 필요로 했다. 송이나 고려에서 새로 발견되거나 입수한 전적을 추가해야 했고 거란이 세운 요에서도 대장경을 만듦에 따라 그 또한 반영해 넣어야 했다. 그 결과 1063년부터 1087년까지 다시 목판을 찍어 모두 6,000여 권에 해당하는 방대한 양으로 재탄생했다. 이 무렵 송과 요는 대륙의 남과 북을 차지한 가운데 적대적 관계에 놓여 있었고 두 나라 사이에는 서적 교류가 금지되었다. 이러한 상황에서 고려는 송과 요에서 나온 불서를 모두 구해볼 수 있었기에 당시 가장 거질의 대장경을 완성할 수 있었다. 초조대장경의 판목은 처음에 개경의 화엄종 사찰 홍왕사 대장전에 있었는데 이후 더 안전하게 보관하기 위해 멀리 대구 팔공산에 있는 부인사符仁寺로 옮겨졌다. 대장경이 만들어짐에 따라 고려의 교학 연구가 더 활성화될 수 있었는데, 교종의 화엄종과 법상종에서는 화엄과 유식 관련 전공 서적을 별도로 모아 펴내기도 했다. 무엇보다 불서를 구하기 위해 중국에 들어가거나 유학을 떠날 필요성이 크게 줄었고 대장경 보유국이 됨에 따라 문화적 자부심도 높아졌다.

초조대장경이 조성된 뒤에 대각국사 의천은 송에서 한문으로 쓰인 논소 3,000여 권을 수집해가지고 왔고 요와 일본의 주석서와 고려에 현존하던 논소들을 모아 교장敎藏을 간행했다. 교장은 경·율·론 삼장으로 이루어진 대장경과는 달리 동아시아 찬술 주석서인 논소만을 따로 모은 것으로 대장경 해설서의 성격을 갖는다. 이처럼 중국과 동아시아의 역대 논소만을 집성해서 간행한 것은 의천이 처음으로, 이는 당시 고려 불교의 교학 이해가 상당한 수준이었음을 잘 보여준다.

의천은 홍왕사에 교장도감을 설치해 교장을 간행했는데 주석서 가운데는 유식학 분야의 책들이 많았기 때문에 법상종 승려들도 다수 작업에 참여했다. 이때 만들어진 교장의 목록집인 『신편제종교장총록新編諸宗教藏總錄』 3권이 현존하는데, 여기에는 총 1,010종 4,850여 권의 책명이 기록되어 있다. 이를 통해 당시 동아시아 세계에서 유통되고 있던 불교 주석서의 현황을 파악할 수 있어 『신편제종교장총록』은 매우 중요한 사료적 가치를 가진다. 교장을 집성한 의천의 저술 중에는 현재 『대각국사문집大覺國師文集』 외에도 화엄종 문헌을 발췌한 『원종문류圓宗文類』 22권 가운데 3권, 역대 고승의 비문을 수록한 『석원사림釋苑詞林』 250권 중 5권이 전하고 있다.

고려의 두 번째 대장경인 재조대장경은 흔히 팔만대장경, 고려대장경이라는 이름으로 널리 알려져 있다. 해인사에 있는 이 재조대장경판은 2007년에 유네스코 세계기록유산으로 등재되었다. 고려는 세계제국으로 팽창을 거듭하던 몽골의 침입을 받아 1232년 강화도로 천도했는데, 당시 고려의 전 국토를 유린하던 몽골군이 대구 부인사에 있던 초조대장경 판목을 불태우는 사건이 벌어졌다. 이에 큰 충격을 받은 고려 정부는 1237년부터 국난을 타개하기 위한 거국적 불사를 일으켜 대장경 조성사업을 시작했다. 당시 대표적인 문인이었던 이규보가 국왕 이름으로 대필한 「대장각판 군신 기고문」에는 초조대장경이 불탄 사실과 재조대장경의 판각 이유를 다음과 같이 밝히고 있다.

"고려 국왕은 태자와 문무백관 등과 함께 여러 불보살과 제석帝釋 및 33천天의 호법영관護法靈官에게 아룁니다. (……) 부인사에 소장된 대장경판이 남김없이 불태워졌습니다. 여러 해에 걸쳐서 이룬 공적이 하루아침에 재로 변했으니 이처럼 큰 보배가 없어졌는데 어찌 일이 힘들다고 다시 만드는 것을 꺼리겠습니까? 이제 국왕과 관료들이 함께 서원을 내어 관청을 설치하고 일을 시작하게 되었습니다. (……) 어찌 그때에만 거란 군사가 스스로 물러나고 지금의 달단(몽골)은 그렇지 않겠습니까? (……) 원하옵건대 부처님과 여러 천신들은 이 간곡한 정성을 굽어 살펴주시기 바랍니다. 신통한 힘을 빌려주어 오랑캐들을 멀리 쫓아내고 다시는 우리 국토를 짓밟는 일이 없도록 해주시고, 전쟁이 그치고 나라가 편안하며 나라의 운세가 만세토록 이어지게 하소서."

이때 대장경 조성을 담당한 대장도감의 본사는 정부가 있던 강화도에 두어져 계획 수립과 추진, 경비조달 등을 총괄했고 경상도 남해에 분사가 설치되어 이곳을 중심으로 실제 판각이 많이 이루어졌다. 고려의 남쪽 끝자락에 있는 남해는 몽골군의 침략으로부터 비교적 안전한 곳이었고 지리산이 멀지 않아 목재 조달에도 유리했으며 바닷물로 목판을 적시고 말려 단단히 하기에도 좋은 입지였다. 또 무인 집권세력인 최씨 가문의 경제적 기반이 있던 진주가 가까워서 자금조달에도 어려움이 없었다. 무엇보다 집권자였던 최우의 처남이자 당시 정계의 2인자인 정안은 남해와 지리산의 사이에 있는 하동의 호족 출신이었다. 그가 1241년 남해로 가서 경비를 부담하고 대장경 판각에 드는 비용의 절반 정도를 댔다고 한다.

1237년부터 시작된 대장경 판각사업은 1248년에 일단락되었으며 1251년에 조성을 기념하는 경축의식이 치러졌다. 이때 만들어진 대장경은 모두 1,496종, 6,568권에 이르며 경판 수를 합치면 8만 1,137판, 16여만 면에 달했다. 팔만대장경이란 이처럼 8만이 넘는 경판 수에서 비롯된 것이라는 설이 일반적이며 8만 4,000가지의 번뇌를 없애는 8만 4,000개의 법문을 모았기 때문이라는 주장도 있다. 이 재조대장경은 원래 '천지현황天地玄黃'으로 시작되는 천자문 순으로 함에 담아 '천天' 함에서 '동洞'함까지 있었고 수록된 경서의 내역은 대장목록에 기재되어 있다. 대장경에 수록된 책들을 유형별로 살펴보면 경·율·론이 대부분을 차지하며 그 밖에 고승의 전기 같은 불교사서, 대장경 목록 등도 들어가 있다.

대장경에 수록된 전적의 책임 교감과 목록 작성은 화엄종의 승통이 었던 수기守其가 주도했는데 오늘날까지도 거의 완벽한 교정으로 높이 평가된다. 그 교감과정을 자세히 기록한『교정별록校正別錄』을 보면, 재조대장경이 저본으로 삼았던 송본과 요본, 그리고 고려의 초조대장경 등을 비교해서 차이가 나는 부분을 엄밀히 교감하고 판정한 그의 모습이 선명하게 그려진다. 또한 송의 개보장과 요의 거란장은 현재 인출본 일부만 전하고 있어『교정별록』은 그 원형을 복원하는 데도 도움이 된다. 한편 대장도감에서는 대장경에 넣지 않은 선과 화엄 등의 불서를 보유판으로 별도로 판각했다. 선종 계통의『증도가證道歌』,『조당집祖堂集』,『종경록』,『선문염송』, 그리고 원효의『금강삼매경론』, 균여의『일승법계도원통기法界圖圓通記』등 교학 주석서가 대표적이다. 재조대장경 판각을 화엄종과 조계종 수선사 계통 승려들이 주도하면서 자신들의 필요에 따라 이 책들을 인각한 것으로 보인다.

강화도에 보관되던 재조대장경은 조선 초인 1398년 선원사에서 한양의 지천사支天寺로 옮겼다가 지금의 해인사로 이전해 장경판전에 봉안되었다. 그런데 고려대장경의 명성을 들은 일본이 고려 말부터 왜구를 단속하는 대가로 대장경을 종이에 찍어낸 인출본을 달라고 계속 요청했다. 조선 초에는 대장경의 경판 자체를 보내달라는 요구까지 나왔

해인사 대장경 경판

다. 조선 정부는 비록 경판을 보내지는 않았지만 일본과의 선린관계를 위해 대장경 인출본을 주었고, 국내에 전하던 송판이나 원판 대장경 서책의 일부도 보내주었다. 한 예로 1414년 태종이 일본 국왕의 청구 요청에 답례로 보낸 대장경 한 질은 앞서 1381년 목은 이색이 선친 이곡의 발원으로 인출해서 여주 신륵사神勒寺에 보관하던 것이었다. 세조 때인 1458년에는 신미信眉, 수미守眉 등을 시켜 대장경 50부를 인출하게 했는데, 일본에 대장경을 많이 보낸 탓에 해인사 판목 외에 남은 대장경이 없다는 것이 그 이유였다.

이후 임진왜란 때 일본군은 해인사에 있던 대장경 판목을 가져가지는 못했다. 하지만 그전에 전래된 재조대장경 인출본을 참고해 1613년에 일본에서 『대장목록』 3권이 나왔다. 그리고 1614년부터 1624년까지 재조대장경의 간기 형식과 판식을 그대로 따른 대장경 목판이 인각되었는데 현재 134부 1,126첩이 남아 있다. 이후 1669년부터 1681년까지 명나라 만력판을 번각한 황벽판 대장경이 만들어졌다. 하지만 내용상 오류가 많아서 1710년에 이를 고려대장경에 근거해 대교한 『여장대교록麗藏對校錄』 100권이 나왔다. 이처럼 에도시대의 대장경 판각과 저본의 활용을 보면 고려대장경이 얼마나 우수한지를 알 수 있다.

그래서인지 근대에 들어 고려대장경 연구는 일본인 학자 세키노 다다시関野貞가 1902년 해인사 대장경판을 조사해 보고한 것을 계기로 활성화되었다. 일본에서는 재조대장경 판목이 이미 없어졌다고 알고 있다가 전체가 온전히 남아 있고 다수의 보유판도 존재한다는 사실이 처음 전해지면서 관련 연구가 촉발되었다. 선종 역사서인 『조당집』처럼 이름만 전해지다가 그 실물이 처음 확인된 것도 있어서 학계의 이목을 끌었다. 식민지기 연구에서는 대장경뿐 아니라 오야 도쿠조大屋德城의 『고려속장조조고高麗續藏雕造攷』처럼 의천의 교장을 대상으로 당시 동아시아에서 유통된 불교 문헌을 다룬 성과가 나오기도 했다. 한편 불에 타서 목판이 없어진 초조대장경 일부도 전하는데, 일본 교토의 난젠지南禪寺, 쓰시마 역사박물관, 한국의 성암고서박물관, 호림박물관, 호암미술관 등에 『대반야경』을 비롯한 약 2,600여 권 정도의 인출본이 남아 있다.

고려의 재조대장경은 현재 목판 전체가 전해지는 가장 오래된 대장경이다. 이뿐 아니라 엄정한 교감을 거쳐 내용의 정확도가 매우 높아서 근대에 일본에서 만든 각종 대장경의 주요 저본으로 쓰였다. 19세기 말에 가장 먼저 나온 축쇄장경은 도쿄 조조지增上寺에 소장된 고려대장경을 활용했고 이후 만들어진 만속장경이나 신수대장경도 저본이나 대조본으로 삼았다. 1920년대에 나온 신수대장경 100권은 도쿄제대 인도철학과의 다카쿠스 준지로高楠順次朗가 주도해 만든 것으로 현재까지 세계학계의 표준대장경으로 쓰이며 타이완과 일본에서 검색 웹사이트가 운영되고 있다. 고려대장경이 700년 이상 누려온 왕좌를 근현대기에 일본의 신수대장경에 빼앗긴 것이다. 고려는 국가의 위기를 극복하기 위해 불교기록유산의 집성인 대장경을 두 차례나 조성해 문화국가로서 긍지를 가졌으며 높은 국제적 위상을 얻었다. 이는 동아시아 세계의 불교문화 교류와 사상적 발전에 기여했을 뿐 아니라 지금도 한국의 자랑스러운 문화유산으로서 가치를 빛내고 있다.

5장

고려의 불교의례와
신앙의 향연

고려시대에는 위로는 국왕부터 아래로는 천민까지 모든 계층이 불교를 믿었다. 국가 차원으로 불교의례와 각종 불사가 행해졌을 뿐 아니라 다양한 종류의 법회와 재회가 각지에서 성대히 열렸다. 불교신앙도 다각화되어 극락정토로 이끄는 아미타불, 현세의 고통을 구제하고 희망을 주는 관음보살, 윤회의 길에서 지옥으로 빠진 중생을 구원해주는 지장보살 등 여러 신앙의 대상이 있었다. 고려 후기에는 수행·신앙 공동체인 결사가 다수 결성되었고 지역공동체 조직인 향도도 염불과 매향 등을 행하면서 삶의 행복과 안녕을 기원했다. 또 경전을 필사하는 사경도 유행했다.

고려의 불교의례 가운데 범국가적인 대표적 연례행사로는 연등회와 팔관회를 들 수 있다. 이 밖에도 국왕의 즉위기념의례로 행해진 보살계수지와 관정도량灌頂道場 설행, 호국을 기원하는 담선談禪법회와 백고좌百高座 인왕仁王도량 등 왕실과 국가 차원의 많은 의례와 법회가 수시로 열렸다. 법회나 재회가 열릴 때는 승려들에게 음식을 공양하는 대규모 반승행사가 동시에 행해졌다. 국가의 불교의례는 봉은사 같은 왕실의 원찰에서도 열렸지만 궁궐 안의 불당이나 정전에서도 설행되었다. 한편 우란분재盂蘭盆齋 등 각종 재회도 연례행사로 전국 사찰에서 거행되었고 사원이나 전각의 낙성경찬회落成慶讚會 때도 큰 규모의 법회가 열렸다. 또한 불보살 외에도 제석, 인왕, 용왕 같은 여러 신격에 대한 도량이 개설되었고, 천재지변을 극복하기 위한 기우제 등의 의례도 빈번히 행해졌다.

매향비

불교의례는 국왕과 왕실의 권위를 높이고 민심 안정과 통합을 꾀하는 데 중요한 역할을 담당했다. 다만 10세기 후반의 성종대에는 중국의 문물제도를 적극적으로 받아들이고 유교의 정치이념을 실현하려 했다. 이를 주도했던 최승로는 「시무時務 28조」에서 "불교는 자신을 다스리는 근본이며 유교는 나라를 다스리는 근본입니다. 자신을 다스리는 것은 내세의 복을 구하는 일이며 나라를 다스리는 일은 현재의 급한 시무입니다"라고 밝혀 불교의 공덕신앙보다 치국의 현안이 더 중대함을 주장하고, 나아가 사원의 사회경제적 폐단을 비판했다. 하지만 이는 지극히 예외적인 사례이고 고려시대 내내 불교신앙과 의례가 행해지지 않은 적은 없었다.

특히 국난을 극복하기 위한 호국법회와 재회는 국가와 왕실 차원의 주요 의례로 치러졌다. 연례행사로는 『인왕경』을 봉행하는 경행經行 등을 들 수 있고 호국적 성격을 띤 나한羅漢신앙도 유행했다. 특히 다라니를 외어 재앙을 물리치기를 비는 소재消災도량이 가장 많이 개설되었다. 기록에서 확인되는 것만 해도 130건이나 되는데, 이 가운데 60건 가까이가 몽골 침입기인 고종과 원종 때에 열렸다. 이처럼 13세기 전반과 중반의 대몽항쟁기에는 전란이라는 시대 상황을 반영해 병란을 진압하고자 하는 진병鎭兵의례가 자주 설행되었다. 당시 고려 정부가 강화도로 천도하면서 봉은사와 법왕사法王寺, 현성사賢聖寺 같은 개경에 있던 주요 사찰들도 작은 규모로 강화도에 다시 세워졌다. 그리고 이들 사찰에서 국가의례인 연등회, 팔관회와 함께 외침을 막아내기 위한 인왕도량, 문두루文豆婁도량, 마리지천摩利支天도량 등 호국도량이 설행되었다. 이와 함께 화엄신중華嚴神衆도량, 천병신중天兵神衆도량 같은 불국토를 보호하는 신중도량도 집중적으로 나타난다. 불교에 대한 믿음에 기대어 전쟁의 종식과 평화를 간절히 기원한 것은 국력을 기울여 재조대장경을 판각한 사실에서도 알 수 있다. 고려는 1259년 끝내 몽골에 항복하게 되지만 그 직전인 1257년의 기록에서 "더는 계책이 나올 것이 없고 오직 불우佛宇와 신사神祠에서 기도할 뿐이다"라고 한 것을 보면 당시 절박한 상황에서 그나마 종교적 위안에 기댈 수밖에 없었음을 알 수 있다.

어느 시대나 마찬가지겠지만 고려시대에도 불교의 종교적 기능 가운데 가장 절실했던 것은 내세에 대한 염원의 해소였다. 죽음과 그 이후의 세계는 누구에게나 두렵고 불확실한 문제였는데 불교는 그에 해답을 제시해주었다. 삼국시대에 불교가 도입된 이후 불교의 내세관과 정토를 향한 염원은 대중에게 널리 확산되었다. 망자를 보내는 의례인

상·장례 또한 승려와 지배층을 중심으로 불교식 의례로 전환되었다. 다만 일반민까지 모든 이가 불교식 상·장례를 행했는지는 알 수 없다. 불교식으로 화장을 하려면 많은 목재와 상당한 비용이 들었기 때문에 보통 사람들이 이를 행하기는 어려웠을 것이며, 고려시대까지 벌판에 시체를 놓아두는 풍장의 풍습이 민간에 남아 있었다는 기록도 있다.

그럼에도 승려는 물론이고 왕족과 귀족들 사이에서 화장 같은 불교식 상·장례가 관행적으로 행해졌다. 이와 함께 유교식 상·장례의 사례도 보이며 화장 후 매장을 하는 등 유교와 불교식 의례가 혼용되는 모습이 나타났다. 현존하는 고위층의 묘지명을 보면, 1105년 정목이 용흥사龍興寺 덕해원德海院에서 죽자 불교식 의례를 거행해 절의 서쪽에 화장했고, 1077년 선종의 장인인 이정이 아미타불을 염불하고 세상을 뜨자 다비식을 행한 후 유골을 사찰에 안치해 불사를 설행하고 6개월 뒤에 다시 매장했다. 이처럼 이 시기에는 화장을 먼저 해서 절에 안치했다가 나중에 재매장하는 방식이 관례화되었다. 대개 화장을 하고 3개월 이후 납골을 사찰에 봉안했으므로 100일재까지 치른 후 매장했던 것으로 보인다. 상·장례뿐 아니라 제례도 사찰에서 불교식으로 행해진 경우가 많았는데, 불사를 베풀고 재계를 하며 망자의 명복을 빌고 차나 다과로 공양했다. 하지만 고려 말에는 성리학을 배운 신유학자들이 불교식 상·장례에 대해 거세게 비판하기 시작했고 조선 건국과 함께 화장을 법적으로 금하면서 매장과 유교식 상·장례를 적극 권장하게 되었다.

불교식 천도재의 범주에는 49재뿐 아니라 우란분재, 수륙재水陸齋 등도 포함된다. 우란분재는 음력 7월 15일 백중에 연례행사로 열렸다. 우란분재는『우란분경盂蘭盆經』에 의거해 망자의 영가를 추도하고 천도하는 의식이었다. 인도에서 우란분재는 우기인 여름 한철 한곳에서 수행하는 하안거夏安居를 끝낸 승려들을 공양하는 법회에서 비롯되었다. 그런데 중국에 와서는 지옥에 떨어진 어머니를 구하기 위해 노력한『우란분경』의 목련존자 이야기를 내세워 효행을 강조하는 것으로 성격이 바뀌었다. 그러면서 조상의 명복을 빌고 지옥을 비롯한 3악도에서 벗어나 극락왕생하기를 비는 천도의식으로 정착되었다. 고려에서는 늦어도 12세기부터는 돌아가신 부모와 조상을 위한 우란분재가 설행되기 시작했고 왕실에서 일반민까지 다양한 계층에서 이를 중시했다.

조선 세종 때의 실록 기사에는 "도성의 거리거리마다 깃발을 세우고 쟁과 북을 치며 탁자를 설치해 공양할 찬구를 늘어놓고 행했다. 사녀와 향사의 집에서도 이를 거행하는 이들이 있다"라는 기록이 있어, 고려시대의 우란분재 설행 양상을 떠올려볼 수 있다. 15세기 말에 나온 성현의『용재총화慵齋叢話』에서도 "갖가지 꽃과 과일을 모아놓고 우란분을 마련했는데 도성의 비구니 사찰에서는 특히 성대히 행해졌고 부녀자들이 다투어 쌀과 곡식을 바치며 죽은 부모의 영혼을 제사 지냈으며 간혹 승려들이 길거리에 탁자를 마련해 행사를 열기도 했다"고 구체적으로 묘사했다.

우란분재와 함께 또 하나의 중요한 천도재였던 수륙재는 물과 땅의 중생과 혼령을 위로하기 위한 재회였다. 수륙재는 굶주림과 목마름으로 고통받는 아귀에게 음식을 베푸는 시아귀회施餓鬼會에서 연원하는데, 중국에서는 9세기 말부터 10세기 초에 의식문을 갖춘 독립된 불교 의례로 정비되었다. 수륙재는 고려 전기에 들어오지만 본격적으로 성행하게 된 것은 고려 후기부터였다. 고려 말이 되면 왕실 상·장례에 수륙재가 포함되었고, 다른 불교재회와는 달리 조선 초기에도 국가 차원의 의례로 설행되었다. 조선 태조 때는 나라에서 시행한 국행國行 수륙재가 열렸고, 세종대에 국가의례를 정비하면서 왕실 기신재忌晨齋가 수륙재로 통합되어 이어졌다. 15세기 후반 성종대에 나온 조선의 공식 법전『경국대전經國大典』에도 유일한 불교의례로 수록되었다.

고려 사람들은 사후에 극락정토 같은 불교의 유토피아로 가기를 원했다. 하지만 그것이 쉽지 않은 경우 적어도 여섯 가지 윤회의 길 가운데 지옥도, 축생도, 아귀도의 3악도로 떨어지는 것만큼은 피하고 싶어했다. 그래서인지 고려 전 시기에 걸쳐 내세신앙으로 아미타 정토신앙이 가장 각광을 받았고, 고려 후기부터는 3악도에서 벗어나 극락왕생하기를 바라는 마음으로 지장신앙이 큰 인기를 끌게 되었다. 현존하는 고려불화 가운데 상당수가 아미타불화인 점은 아미타 정토신앙이 고려 사회에 얼마나 확산되어 있었는지를 잘 보여준다. 아미타불화 중에는 현세의 조력자 관음보살과 내세의 구원자 지장보살을 좌우에 협시로 거느린 그림이 있다. 원래는 아미타불 양옆에 관음과 대세지보살이 있어야 하지만, 망자의 명복을 비는 바람이 지장보살의 도상화로 나타난 것으로 보인다. 망자를 천도하고 추복하는 지장신앙은 조선시대로 가면 지옥에서 고통받는 중생을 직접 구제해주는 영험 있는 보살로서 더욱 각광을 받는다. 이와 함께 사후에 현생의 업보를 판정하는 시왕十王에게 자비를 구하는 시왕신앙도 고려 후기부터 유행하기 시작했다.

현세신앙으로는 삶의 고통을 덜고 행복과 안락을 희구하는 관음신앙이 널리 퍼져 있었다. 누구나 온힘을 다해 관세음보살의 이름을 부르

〈수월관음도〉

면 그 소리를 들은 관세음보살이 언제 어디서라도 상황에 맞게 몸을 바꾸어 나타나서 중생의 어려움을 구제하는 것이다. 동아시아에서 관음은 복덕을 나누어 주는 자비와 보살행의 화신이었고, 심지어 자식을 낳기를 바라면 그 소원까지도 들어주는 영험 있는 보살이었다. 고려불화에도 선재동자가 53선지식을 찾아 구도의 길을 떠나는 『화엄경』 「입법계품」에서 연유한 〈수월관음도〉가 많이 남아 있고, 수많은 팔과 손을 가진 천수관음도 불교미술의 중요한 도상 가운데 하나였다. 관음신앙은 화엄종, 법상종, 선종, 밀교, 정토교 등과도 융합되었다. 예를 들어 고려 후기 화엄학 승려인 체원體元은 관음보살에게 발원하는 내용이 담긴 신라 의상의 『백화도량발원문』에 주석을 붙였고 『화엄경』에서 관음신앙 관련 영험담을 추려 모은 책을 펴내기도 했다.

고려 후기에는 불교신앙을 공유하고 함께 수행을 닦는 결사조직이 많이 만들어졌다. 잘 알려진 지눌의 수선사, 요세의 백련사 외에도 만일염불, 매향을 위한 결사와 향도조직 등 다양한 사례가 확인된다. 만일염불결사 가운데는 1123년 지리산 수정사 결사가 유명한데 선과 교의 승려와 함께 여러 계층의 3,000여 명의 대중이 참가해 염불, 송경, 좌선 등 자신에게 맞는 수행법을 실천했다고 한다. 또 나무 간자에 이름을 새기고 『점찰선악업보경』에 의거해 간자를 던져서 전생을 참회하고 선과 악의 보응을 점치는 점찰신앙도 행해졌다. 향도는 지방사회의 지역공동체로서 981년 경기도 이천 지역에서 향도 20명이 마애반가상을 조성한 예가 처음 보이며 불상, 탑, 종, 불화 등의 조성과 중창불사, 염불과 재회, 윤경회輪經會와 경행, 상·장례 등을 공동으로 행한 기록들이 확인된다.

　지방 향도의 활동내용 가운데 특히 주목되는 것은 매향의식이다. 이는 지역민들이 향나무를 묻는 의식을 함께 행하면서 공동체의 단결과 지역의 번영을 기원한 것이다. 매향은 『미륵하생경彌勒下生經』에 의거해 향을 묻는 발원자가 향 연기를 매개로 미륵불의 정토가 구현되기를 염원하는 의식이다. 침향을 갯벌에 묻는 것이 일반적이어서 주로 바닷가 지역에서 행해졌고 시기적으로는 고려 말에 집중적으로 나타났다. 무인집권과 대몽항쟁, 원간섭기 등 내우외환의 연속으로 기존의 향촌질서에 큰 변동이 발생했고 연해지 개간, 농장 확대 등을 통해 새로운 촌락이 형성되면서 그에 맞는 향촌공동체 질서가 필요했던 것이다. 연해 지역은 왜구 등 외적의 침입이 잦았고 촌락의 결속과 안정이 무엇보다 중요했기에 미륵의 도솔천 정토로 왕생하거나 미래의 용화세계를 꿈꾸는 매향의식이 절실했을 것이다.

6장

한국 불교의 자화상을 담다: 『해동고승전』과 『삼국유사』

한국 불교의 자화상을 담은 불교 역사서는 이른 시기부터 나오기 시작
했다. 고승들의 일대기를 그린 한국 최초의 승전사서는 8세기 초에 김
대문이 썼다고 하는 『고승전』이지만 현재 전하지는 않는다. 9세기 후반
에는 신라 최고의 학자인 최치원이 이곳저곳을 다니며 여러 고승의 비
문과 전기를 지었다. 비록 글이 어려워 해석하기 쉽지 않지만 통일신라
의 불교사를 알기 위해서는 필수적인 사료라 할 수 있다. 고려시대에도
승전과 불교사서가 계속 만들어졌는데, 11세기 후반에 의천이 『해동승
전』을 읽었다는 기록이 남아 있다. 이어 13세기에는 각훈覺訓(?-1230)
의 『해동고승전海東高僧傳』과 일연(1206-1289)의 『삼국유사』가 나와 지
금까지 전하고 있다. 한편 엄밀한 의미에서 불교사서는 아니지만 천책
이 1268년 무렵 법화신앙의 영험담을 모은 『해동법화전홍록海東法華
傳弘錄』 4권도 있었는데 그 내용 일부가 『법화영험전法華靈驗傳』에 수
록되었다.
　근대기 송광사의 학승 금명錦溟 보정寶鼎(1861-1930)이 편술한 『조계

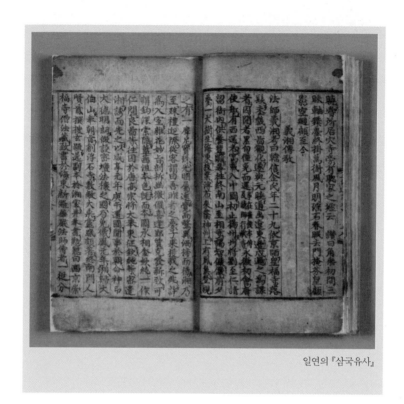

일연의 『삼국유사』

고승전曹溪高僧傳』의 「서문」에는 중국과 한국의 역대 승전 내역이 소개
되어 있다. 보정은 고승전 편찬의 역사를 설명하면서, 중국 남조 양나
라의 혜교慧皎가 펴낸 『(양)고승전』과 보창寶唱의 『명승전名僧傳』, 당나
라 때 의정義淨이 찬한 『대당서역구법고승전大唐西域求法高僧傳』과 도
선道宣의 『(당)속고승전』, 송나라 찬녕贊寧이 편찬한 『송고승전』 등 중
국에서 나온 승전류를 열거했다. 또 한국에서도 많은 고승이 배출되었
지만 승전이 별로 없다고 아쉬워하면서 신라의 원효가 썼다고 하는 『신
승전神僧傳』과 각훈의 『해동고승전』 등을 언급했다. 여기서 『신승전』은

사실은 원효의 저술이 아니라 명나라 영락제의 칙명으로 1419년에 완성된 책이다.

현존하는 고려시대의 불교사서인 『해동고승전』과 『삼국유사』를 통해 당시의 불교사 인식과 고대 한국 불교의 다채로운 모습을 살펴보자. 먼저 『해동고승전』은 고종의 명을 받아 1215년에 각훈이 편찬했다. 각훈은 개경의 흥왕사와 영통사靈通寺에 주석했던 화엄종 승려였고 고종의 최고위 승계인 승통 바로 아래의 수좌에 오른 고승이었다. 그는 이인로, 임춘 등 당대 일류 문사들과 교류했고 입적했을 때 이규보가 "법문의 대들보가 꺾였으니 후학들은 누구에 의지해 화엄의 십현十玄 연기緣起의 이치를 따지고 궁구하겠는가?"라고 아쉬워했을 만큼 당대 화엄종을 대표하는 승려였다. 하지만 행적이 남아 있지 않아 자세한 활동 내용은 알 수 없다.

『해동고승전』은 불교 전래 후 당시까지 약 800여 년 동안의 고승 전기를 모은 책이지만 현재 권1과 권2의 유통편 일부만 전하고 있다. 권1의 첫머리에는 석가모니부터 인도와 중국, 한국으로 이어진 불교의 전파와 확산 과정을 짧게 언급한 글이 나온다. 이어 삼국의 불교 공인, 구법求法, 교학과 관련된 고승 35명의 행록, 11개의 찬이 수록되어 있다. 35명의 고승 가운데 정전은 18명, 방전은 17명으로 정전에는 삼국에 불교를 전한 순도, 마라난타, 아도와 세속오계로 유명한 원광 등이 실려 있고, 방전에는 불교의 신라 전래와 관계된 묵호자를 비롯해 서역과 중국 승려의 승전까지 들어 있다. 이 가운데 구법승으로는 중국에 유학을 간 각덕覺德, 안함安含 등의 이름이 나오고 인도로 구법 여행을 떠난 이들로는 아리야발마阿離耶跋摩, 현태玄太 등이 소개되어 있다.

『해동고승전』에는『당고승전』,『송고승전』등 중국의 고승전류는 물론『국사國史』,『수이전殊異傳』등 신라의 역사 문헌과 비문 등 다양한 형태의 자료들이 인용되어 있다. 다만 여러 기록의 서로 다른 내용을 비교해 따져보거나 사실관계를 밝히기보다는 고승들의 업적을 선양하고 해동불교의 유구한 역사를 밝히는 데 주안점을 두었다. 따라서 이 책에는 전법과 교화를 통해 불법이 해동에 퍼졌고, 불교 유통 이후 선행과 공덕이 쌓이고 문화가 발전했다는 자부심이 어려 있다. 뒤에 나온『삼국유사』나『법화영험전』등에서『해동고승전』을 인용하고 있고, 1637년에 편찬된『해동문헌총록』에도 이 책의 이름이 확인된다. 하지만 조선 후기에 따로 간행된 적은 없으며 1910년대에 해인사 주지 이회광李晦光이 2권 1책의 사본 일부를 공개한 것이 전부였다. 그리고 이때 필사된 책이 일본으로 건너가『대정신수대장경』에 수록되면서 세상에 널리 알려지게 되었다.

『삼국유사』는 고대의 한국으로 떠나는 타임머신이라 할 수 있는데, 역사와 지리, 언어와 문학, 사상과 종교, 민속과 문화, 미술과 건축 등 전 분야에 걸쳐 생생한 과거의 모습을 펼쳐 보여준다. 따라서 불교사와 일반사의 연대기는 물론 고대 한국인의 가치관과 신앙, 생활상과 문화적 다양성을 이해하려 할 때 가장 요긴한 접근통로다. 저자 일연은 선과 교에 정통한 선승이자 학승이었을 뿐 아니라 현지를 두 발로 직접 뛰면서 금석문, 고문헌, 고문서, 설화, 향가 등의 많은 자료를 조사·수집한 역사학자이자 문헌서지학자, 민속학자이면서 국어국문학자였다.『삼국유사』에는 그가 직접 보고 답사한 유물과 유적의 실태 등 현장의 채록담과 신이한 이야기들이 담겨 있다. 다만 옥의 티라고 한다면 일연의 주요 활동무대가 경상도였고 그가 입수한 자료의 출처도 마찬가지여서 지나치게 신라 중심의 서술이 되었다는 점이다.

선종의 승계 가운데 가장 높은 대선사였던 일연은 원효와 같은 경상 북도 경산 출신이다. 1219년 강원도 양양의 진전사에서 출가했는데 이 곳은 821년 중국에서 남종선을 처음 전래해 온 도의선사가 주석했던 곳이다. 일연은 1227년 선종 승과에 수석으로 합격했고 대구 비슬산 의 보당암寶幢庵에서 참선에 전념했다. 1236년 몽골군의 3차 침입 때 는 문수보살의 계시를 받아 북쪽 무주암無住庵으로 거처를 옮겼고 얼 마 후 깨달음을 얻었다. 1249년에는 남해 정림사定林寺에 머물면서 분 사대장도감의 재조대장경 판각사업에 3년간 참여했으며 이후 조정에 서 개최한 대장경 낙성 회향법회를 주관했다. 경상도 영일의 오어사吾 魚寺, 비슬산의 인흥사仁興寺와 용천사湧泉寺에 주석했고 불일佛日결사 를 조직하기도 했다. 1277년부터는 청도 운문사雲門寺에 있었는데 이 무렵『삼국유사』의 집필을 시작한 것으로 보인다. 1281년에는 충렬왕 의 경주 행차 때 동행해 몽골군이 불태운 황룡사의 폐허를 눈으로 보 았다. 1282년에는 왕명으로 개경 광명사廣明寺로 옮겼고 다음 해에 국 사에 해당하는 국존에 책봉되었다. 1284년 군위의 인각사麟角寺를 중 수하고 9산 선문 문도회를 두 번 개최했다. 이때부터 1289년에 입적하 기 전까지『삼국유사』찬술이 대략 마무리되었을 것이다. 그 밖의 저술 로 선종의 법맥을 그린『조파도祖派圖』,『선문염송사원禪門拈頌事苑』등 다수가 있었지만『삼국유사』와『중편조동오위重編曹洞五位』만 전한다.

5권으로 된『삼국유사』는 왕력, 기이, 흥법, 탑상, 의해, 신주, 감통, 피 은, 효선의 9편으로 구성되었다. 크게는 한국 고대사라 할 수 있는 왕

군위 인각사지 석조부재

력과 기이편, 불교사와 관련된 흥법편 이하로 나눌 수 있다. 왕력에서는 역대 왕조의 연혁을 간략히 기재해놓았고 기이편은 말 그대로 신이한 이야기들을 기록한 것으로 『삼국유사』 전체의 거의 절반 분량을 차지한다. 기이편은 고조선, 삼국과 가야, 통일신라와 후삼국까지를 다루었는데 현존 역사서 가운데 처음으로 고조선과 단군을 언급한 것이어서 주목된다. 의해편, 감통편은 중국의 고승전 체제에서 영향을 받은 항목이지만 탑상편과 효선편은 다른 불교사서나 승전류에 없는 『삼국유사』만의 독특한 편목이다.

흥법편은 불교 수용 및 토착화와 관련된 내용으로 순도, 마라난타, 아도에 의한 고구려, 백제, 신라의 불교 전래에 이어 이차돈의 순교와 법흥왕대의 불교 공인, 흥륜사 금당의 10성인 등 주로 신라를 중심으로 다루었다. 탑상편은 탑과 불상에 관한 사적과 설화를 실었고 의해편에서는 원광, 혜숙, 혜공, 자장, 원효, 의상, 진표, 태현 등 신라 고승들의 전기를 간략히 서술했으며 서역으로 향한 구법승도 소개했다. 신주편은 밀본, 혜통, 명랑 등 밀교 계통 승려들의 신이한 행적을 언급했고 외적의 침입을 막아낸 호국불교의 영험을 부각시켰다. 감통편에서는 불교신앙과 영이한 감응을 소개했는데, 현실의 고통을 구제하고 이로움을 주는 관음보살이 가장 많이 등장한다. 피은편은 은둔하며 수행한 이들의 행적을 담은 것으로 일연이 머물던 비슬산에 은거했던 관기觀機와 도성道成, 벼슬을 버리고 지리산 단속사斷俗寺로 들어가 수행한 신충信忠의 이야기 등이 수록되었다. 효선편에는 여러 효행의 사례와 불교의 효 관념이 나온다.

『삼국유사』는 1280년대 후반에 저술이 완료되어 1310년대에 제자 무극無極이 처음 간행했다고 추정된다. 하지만 그 판본이 확인되지 않아 조선 초에 초간이 이루어졌다는 주장도 만만치 않게 제기되고 있다. 현존 판본 중에는 1512년 경주부윤 이계복이 5권 2책으로 중간重刊한 중종 임신본(정덕본)이 완질본으로 가장 유명하다. 당시 여러 곳에서 나누어 판각했기 때문에 같은 판본이지만 서법이나 각법에서 서로 다른 부분이 보인다. 중종 임신본의 간인본으로는 초기 형태를 보여주는 고려대 중앙도서관본, 완본이지만 약간의 가필이 있는 서울대본, 그리고 만송문고본, 순암수택본(일본 덴리대학 도서관) 등이 있다. 이 밖에도 조선 초기의 것으로 추정되는 석남본, 송은본(곽영대본), 니산본(성암고서박물관), 조종업본, 범어사본, 파른본(손보기본) 등 여러 판본이 잔본 형태로나마 전하고 있다.

『삼국유사』에서 일연은 불교를 중심으로 한국 고대의 역사와 문화를 펼쳐 보였다. '황룡사 구층탑' 항목에서는 불법의 위력으로 삼국이 통일되고 하나의 나라가 된 데 대한 자부심을 드러냈고, '고조선' 항목에서는 단군신화를 소개하며 환인을 불교의 제석, 환웅을 천왕이라고 설명했다. 『삼국유사』에는 『해동고승전』이 10여 군데 인용되었고 중국과 한국의 여러 불교사서와 승전기록을 두루 활용했는데, 여기에는 현재 전하지 않는 자료도 있어서 그 가치가 매우 크다. 다만 자료의 출전이나 근거를 밝히지 않은 내용도 많아서 기록의 신빙성에 의문이 제기되기도 한다. 또 중국 고승전에 실려 있는 순경順璟, 원표元表 등 몇몇 고승을 언급하지 않거나 신라 하대 선종 수용에 대한 서술이 없는 점도 의아한 부분이다.

『삼국유사』는 '유사遺事'라는 이름에서 알 수 있듯이 기존의 정사에서 생략되거나 배제된 역사를 추가하고 보완하려는 의도에서 저술되었다. 정치사와 관련된 왕력과 기이편이 책의 절반 분량을 차지하고 유교 사관에 입각한 『삼국사기』를 인용하면서도 이적과 영험을 담은 기록과 이야기를 다수 수록한 것은 일연이 왜 이 책을 썼는지를 잘 보여준다. 그는 기이편 서문에서 "성인은 예악으로 나라를 일으키고 인의로 가르침을 펴면서 괴력난신을 말하지 않았다. 그러나 제왕이 일어날 때는 천명을 받고 상서가 내려서 반드시 남과 다른 점이 있어야 큰 변화의 기운을 타고 대업을 이룰 수 있다. 삼국의 시조가 모두 신이함에서 나왔다는 것이 과연 왜 괴이한 일이겠는가?"라고 말하며 고대 국가 창업주들의 공통적인 기이하고 상서로운 행적을 역사서술에 당당히 반영해 기록으로 남겨놓았다.

일연이 살던 시대는 무인정권의 주도로 수십 년간 대몽항쟁이 벌어졌고 항복과 함께 결국 원간섭기로 접어든 일대 혼란기였다. 그 과정에서 고려라는 역사공동체의 정체성에 대한 자의식을 갖게 되었다. 그렇기에 일단은 고려의 오랜 역사와 자랑스러운 불교 전통을 기록해둠으로써 후대에 전하려는 마음을 냈던 것이다. 『삼국유사』를 통해 그 이전에는 고려 서북부의 지역 수호신 정도에 머물던 단군이 이제 혈연과 역사의 시조로 각인되면서 전국구 스타로 부상했고, 고려는 단군과 고조선을 매개로 중국과도 견줄 수 있는 오랜 역사를 갖게 되었다. 무엇보다 일연은 이야기와 전설 속에 감춰진 있는 그대로의 모습을 후세에 생생히 전함으로써 한국사의 기억을 훨씬 다채롭고 풍요롭게 했다는 점에서 박수를 받을 만하다.

7장

원간섭기:
변동의 서막과 간화선의 전수

고려는 무인집권기였던 1231년부터 약 30년간에 걸쳐서 몽골의 일곱
차례 침입에 맞서 싸웠다. 정부는 몽골군이 바다에 약하다는 사실을
알고 수도를 개경에서 강화도로 옮겨 항쟁을 끝까지 지속하려 했다. 하
지만 이 기간에 몽골군은 개경은 물론 온 나라를 짓밟았고 대구 부인
사에 있던 초조대장경과 경주의 황룡사 9층 목탑 등 수많은 문화유산
이 불에 탔다. 1259년 몽골과 강화를 맺어 전쟁을 끝낸 후 공민왕의 반
원 개혁이 실효를 거둔 1366년까지 약 100년 동안을 원간섭기라고 부
른다. 명칭에서 알 수 있듯이 원간섭기는 매우 독특한 시기였는데, 간섭
이라고 한 이유는 충렬왕부터 공민왕까지 이때의 고려 국왕들은 원 황
제의 사위로서 황실의 일원이 되었고 원의 황제가 직접 임명했기 때문
이다. 반면 나라를 다스리는 국왕의 자치권이 인정되고 풍속이 유지되
는 등 고려의 자율성이 허용되었다. 이러한 이중적 성격 때문에 학술용
어로 원간섭기라는 명칭을 쓰고 있다.

이후 원나라 황제들이 고려에 대한 정책을 결정할 때 준거 틀로 삼은

것은 쿠빌라이 칸(세조)의 「세조구제世祖舊制」였다. 이는 고려의 풍속을 바꾸지 않고 존립을 보장한다는 '불개토풍不改土風'의 원칙을 세운 것이었다. 실제로 원은 고려에서 행정관인 다루가치와 군대를 철수시켰고 조세를 거두기 위한 호구조사를 직접 실시하지 않았다. 하지만 정치나 경제, 군사 같은 주요 분야에서 고려는 원의 통치권 아래 놓여 있었고 세계제국 원의 거대한 판도에서 하나의 구성원으로 존재했다. 이러한 시대의 변화 양상은 불교계에도 큰 여파를 미쳤다.

이 시기 불교계에는 원의 영향력이 증대하면서 원 황실에서 신앙하는 티베트 불교가 전래되고 중국 강남 지방의 임제종풍이 유입되는 등 변화의 회오리바람이 크게 일었다. 고려의 이름난 사찰들이 원 황실이나 귀족의 원찰이 되기를 자청하기도 했고, 원찰로 지정되면 정치적 보호와 함께 막대한 경제적 후원을 얻었을 뿐 아니라 사찰의 위상이 높아지면서 불교계의 세력 지형도 바뀌었다. 고려 불교계를 대표하던 수선사의 경우도 일본 정벌을 위해 징발된 남해안의 토지를 되돌려달라는 탄원서를 올려 허가를 받았고, 원찰 지정을 청원해 원 황실의 비호와 특혜를 받았다. 수선사와 함께 결사운동으로 유명했던 천태종 백련사 계통도 이와 비슷한 양상을 보였는데, 충렬왕의 왕비 제국대장공주가 자신의 원찰로 개경 묘련사妙蓮寺를 창건하고 여기에 백련사 출신 정오丁午 등을 주지로 삼자 그 영향력이 매우 커졌다.

이제 고려의 주요 사찰에서는 고려 국왕과 왕실보다 원의 황제와 황실의 안녕과 번영을 먼저 기원하는 법회가 성대히 열렸다. 특히 금강산이 『화엄경』에 나오는 담무갈曇無竭(법기法起)보살의 상주처라고 알려지면서 이곳 사찰들이 원 황실과 귀족들의 원찰로 지정되고 후원과 불사가 집중되었다. 법기보살신앙의 중심 사찰은 표훈사表訓寺였는데 중심 전각인 반야보전에는 법기보살상 6구가 동쪽의 법기봉을 향해 안치되어 있었다. 또 장안사長安寺는 고려 여인으로 원나라 순제의 정식 비가 된 기황후가 황제와 황태자를 위해 큰 불사를 벌인 곳으로 은으로 사경寫經한 대장경이 하사되기도 했다.

원간섭기에는 원 황실의 공주가 고려의 왕비가 되고 황족과 관료들이 고려에 빈번히 오고가면서 몽골에 전해진 티베트 불교가 유입되었다. 티베트 불교가 고려에 미친 사상적 영향은 크지 않았지만 불교의례와 신앙, 미술과 건축 양식 등에는 적지 않은 유산을 남겼다. 진언 다라니의 유행과 원의 영향을 받아 제작된 사리기와 사리탑, 경천사敬天寺 10층 석탑 등을 그 대표적 예로 꼽을 수 있다. 이와는 대조적으로 고려에서 국가 차원으로 행해지던 법회와 의례는 축소·중단되었고 성격 또한 달라졌다. 국가의례인 연등회와 팔관회, 국난 극복을 위해 개최된 담선법회 등이 국가의례의 의미가 퇴색되거나 원의 압력으로 열리지 않게 되었다. 또 고려의 국제가 제후국에 맞추어 격하되면서 국사 칭호도 국존國尊이나 국통國統으로 바뀌었다.

이와는 반대로 고려 불교가 원에 역수출된 사례도 보인다. 원으로 끌려간 고려 여인과 환관을 비롯해 원에서 지내며 활동하던 고려인들을 통해 고려 불교가 원에 역으로 전해졌다. 당시 원 황실과 귀족 집안에는 기황후의 경우처럼 많은 고려 여인이 있었다. 그렇기에 원의 수도인 대도에는 고려인의 후원으로 운영되는 사찰들이 생겨났고, 이들 절에는 고려 출신 승려가 머물면서 유학승들의 근거지가 되었다. 또 원에서 대규모로 경전 사경을 추진할 때 고려 승려 100명이 전문기술자로 파견되기도 했다. 이때 법상종 계통의 혜영惠永 등이 일을 주도하면서 고려 안에서도 그 세력을 키울 수 있었다. 경전의 글자를 그대로 베껴 쓰는 사경은 고려에서 공덕신앙으로 매우 중시되었는데, 고위층의 발원으로 금자와 은자로 쓴 사경이 많았고『법화경』과 밀교 계통 경전이 사경의 주된 대상이 되었다.

세계제국을 건설한 원의 시대는 공간적으로 크게 확대되고 동서 문물이 교차하는 국제적·융합적 분위기였다. 이 무렵 고려의 왕자나 학자들이 원에 장기간 체류하기도 했는데, 충선왕은 대도에 있을 때 책 1만 권을 의미하는 만권당을 세웠다. 여기서 이제현을 비롯한 고려의 젊은 문사들이 중국의 일류 학자들에게 배우며 친분을 쌓았다. 이러한 학술적 교류를 통해 고려의 신진 학자들은 성리학을 이해하는 데 도움을 얻을 수 있었다. 충선왕은 원의 불교계를 직접 후원하기도 했는데, 대각국사 의천을 비롯해 고려 불교계와 깊은 관계를 맺어왔던 항주 혜인사慧因寺를 재정적으로 지원했고 대장경을 인출해 중국 강남 지방 사찰에 배포했다. 또 당시 중국 임제종의 이름난 승려였던 중봉中峰 명본明本과도 교류했고 정토교 계열인 백련종의 복교운동을 재정적으로 뒷받침하기도 했다.

원의 강남 지방은 북방과는 달리 한족 중심의 중국 불교 전통이 강하게 이어지고 있었다. 그리고 그 중심은 선종과 정토신앙이었다. 당시 중국 선종은 임제종이 주류였고 빈번한 인적 교류를 통해 본토의 임제종 간화선풍이 고려에 직수입되었다. 임제종의 수행법인 간화선은 깨달음을 얻고 난 후 스승으로부터 인가받는 것이 중요한 관건이었다. 따라서 고려에서도 원에 유학해 강남 지역 임제종 승려의 법을 전수해 오

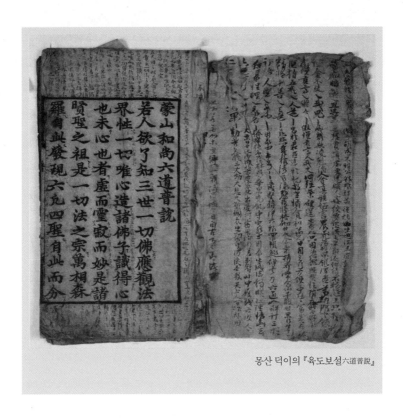

蒙山和尚六道普說
若人欲了知三世一切佛應觀法
界性一切唯心造諸佛字識得心
也未心也者虛而靈寂而妙是諸
瞭聖之祖是一切法之宗萬相森
羅呑此發現六凡四聖皆此而分

몽산 덕이의 『육도보설六道普說』

는 것이 유행처럼 퍼졌다. 13세기 후반에는 무無자 화두와 본분 종사의 인가를 중시한 몽산蒙山 덕이德異의 간화선풍이 혼구混丘와 만항萬恒 등을 통해 고려에 전해졌고 몽산의 저작은 이후 다수 간행되면서 큰 영향을 미쳤다. 그에 따라 14세기 중반이 되면 임제종 간화선풍이 고려 불교계의 시대조류로 확고히 자리 잡았다. 이와 함께 선종 규범서 『백장청규』가 수입되어 사찰의례와 일상생활의 준칙이 되었다. 이때 들어온 책은 원 황제의 칙명에 따라 새로 편찬된 『칙수백장청규』였는데, 황실의 안녕과 번영을 기원하는 내용이 중시되는 등 국가불교의 색채가 짙었다.

이 시기에는 많은 고려 승려가 원에 건너가 임제종의 법맥을 전해 받고 간화선풍을 체득해 돌아왔다. 대표적 인물로 태고太古 보우普愚, 나옹懶翁 혜근惠勤, 백운白雲 경한景閑의 여말 3사를 들 수 있다. 태고 보우(1301-1382)는 태고법통의 주인공으로 현재에도 한국 선종의 중흥조로 받들어지고 있다. 그는 9산 선문 중 가지산문 출신으로 승과 합격 후에 『원각경』을 통해 알음알이의 지해를 타파했고 개경 전단원栴檀園에서 무자 화두를 참구해 깨달음을 얻었다. 이후 북한산 태고암太古庵에 있으면서 자신의 깨달음의 경지를 노래한 「태고암가」를 지었다. 46세의 늦깎이로 유학길에 올라 1346년 대도에 있을 때 원 황실에서 『반야경』을 강설했다. 다음 해에는 강남의 임제종 선승인 석옥石屋 청공淸珙에게 인가를 받았고 다시 대도로 돌아와 황태자의 축원법회를 주관했다. 1348년에 귀국한 후 1356년 공민왕의 왕사로 책봉되자 주석하던 광명사에 원융부圓融府를 설치해 '9산의 원융과 5교의 홍통'을 내세워 불교계의 통합을 추진했다. 하지만 승려 출신 권세가인 신돈에게 배척되어 밀려났다가 신돈이 축출되고 나자 재기해서 1371년에 국사로 올라섰다. 그는 『백장청규』를 유포시키는 한편 승단의 교훈이 되는 법어 등을 모은 『치문경훈緇門警訓』을 원에서 들여와 간행했다.

태고 보우와 쌍벽을 이룬 나옹 혜근(1320-1376)은 조선시대에도 지공-나옹-무학의 3화상으로 추숭될 정도로 이름이 났다. 그는 1344년 양주 회암사檜巖寺에서 깨달음을 얻고 1347년 원의 대도에 가서 인도 출신 승려 지공指空을 스승으로 모셨다. 그리고 1350년에는 중국 임제종 선승인 평산平山 처림處林에게 인가를 받았다. 1356년 원의 순제

회암사 선각왕사비와 나옹

에게 대도 광제선사廣濟禪寺의 주지로 임명받아 개당법회를 주관했고
1358년에 귀국했다. 고려에서도 공민왕의 인정을 받아 원찰인 해주 신
광사神光寺에 주석했고 승과시험인 공부선功夫選을 주관하기도 했다.
1371년에는 공민왕의 왕사로 봉해졌고 송광사를 거쳐 다시 회암사의
주지가 되어 스승 지공의 유골을 절에 모셨다. 지공은 고려에 3년간 머
문 적이 있었는데 무생계無生戒 같은 금욕적 계율관을 주장하며 대중
의 존숭을 받았다. 혜근은 1376년 회암사 중창공사를 크게 벌이다가
사대부들의 탄핵을 받아 밀양 영원사瑩原寺로 내려가던 중 여주 신륵
사에서 입적했다. 그의 제자로는 환암幻庵 혼수混修 등 여럿 있지만 혜
근에서 무학無學 자초自超-함허涵虛 기화己和로 이어지는 계통이 조선

초기까지 불교계를 주도했다.

현존하는 세계에서 가장 오래된 금속활자본인『불조직지심체요절佛祖直指心體要節』2권의 편집자로 알려진 백운 경한(1299-1374)도 중국 유학파였다. 그는 54세가 되던 1351년에 중국으로 가서 태고 보우와 마찬가지로 석옥 청공에게 법을 전수했고 혜근의 스승이었던 지공에게도 법을 물었다. 1353년 석옥 청공이 입적하기 직전에 전법게를 지어 경한에게 전하도록 한 사실에서 그가 인정을 받았음을 알 수 있다. 귀국 후에는 공민왕의 명으로 신광사의 주지가 되었고 왕비 노국공주의 원당願堂인 흥성사興聖寺의 주지도 맡았다. 1370년에는 공부선을 주관했는데, 그의 선풍은 기본적으로는 간화선의 화두를 참구하는 것이었지만 무심無心의 경지를 특히 강조하고 있어 주목된다. 최근에는 그가 1346년에 청양 장곡사長谷寺 약사여래좌상을 조성할 때 발원문을 쓴 것이 밝혀지면서 50세 이전의 행적을 알 수 있게 되었다. 경한은 선 수행에 본격적으로 매진하기 전에는 주로 교화 활동에 힘썼고 국가 차원의 기우제를 주관했을 정도로 기도의 영험함으로 명성을 얻었다.

고려의 근본적 개혁을 추진한 공민왕은 여말 3사 등 중국 간화선사의 인가를 받고 돌아온 승려들을 최고위 승직에 임명했다. 당시까지 유력 고승들은 대개 명문가 출신으로 수선사 역대 사주의 후계자이거나 주요 산문을 주도한 이들이었다. 여말 3사의 경우처럼 이들과 배경을 달리하는 승려들이 중국 유학과 법맥 전수를 매개로 교계의 주류로 부상한 것은, 권문세족 출신을 배제하고 신진 인사를 기용하려 한 공민왕대의 분위기와 맞닿아 있다. 화엄종 승려 설산雪山 천희千熙(1307-1382)가 58세의 늦은 나이에 원에 가서 몽산 덕이의 영당에 참배하고 강남의 대표적 선승인 만봉萬峰 시울時蔚의 가사를 전해 받고 귀국한 후 국사가 된 것에서도 당시 간화선의 인가와 전법이 고승으로서의 권위를 얻는 기제였음을 알 수 있다.

원간섭기를 거치면서 불교계는 이전과 다른 길로 나아가게 되었고, 따라서 이 시기에 변동의 서막이 열렸다고 볼 수 있다. 특히 임제종 간화선풍의 직수입과 유행, 그와 결합된 중국식 의례의 준수는 고려 불교계에 큰 지각변동을 불러일으켰다. 그에 대한 비판론도 일부 제기되었는데, 조선 개국 초에 한양의 홍천사興天寺 주지 상총尙聰이 태조 이성계에게 올린 상소문에는 당시 불교계의 중국화에 대한 우려와 함께 지눌의 수선사 전통을 회복해야 한다는 제언이 담겨 있다. 상총은 명리를 다투는 폐단을 지적하고 승려들이 선 수행과 교학 연찬을 하지 않는다고 한탄하면서 선과 교를 겸수할 것과 특히 선종은 보조 지눌의 유제를 따라야 한다고 주장했다. 또 중국풍의 불교를 높이 받드는 모화승慕華僧들이 의례와 작법作法에서 전통을 계승하지 않음을 비판하면서 지눌의 수선사 작법의 회복을 주장했다. 이처럼 불만도 제기되었지만 원간섭기 이후 크게 유행한 임제종 법맥 전수와 간화선풍은 조선시대에 그대로 이어지면서 한국 불교 선종 전통의 근간을 형성했다.

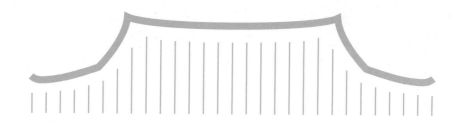

4부

조선 불교,
유교와의 힘겨루기

1장

유불 교체의 상징과
조선 불교 다시 보기

삼국시대에 전래된 불교는 통일신라와 고려를 지나 1,000년의 오랜 세
월 동안 사유와 가치, 종교와 문화 등 다방면에 걸쳐 한국적 전통의 뼈
대를 이루어왔다. 하지만 고려 말에 신유학인 주자 성리학이 도입되고
1392년 유교를 국가이념으로 내세운 조선이 건국되면서 불교의 영향
력과 위상은 그 이전과는 달라졌다. 고려 말에서 조선 초의 여말선초기
는 유불 교체, 다시 말해 불교에서 유교로의 패러다임 전환이 이루어
진 시기였다. 유불 교체는 상부구조의 변화를 상징적으로 압축한 개념
인데, 실제로 조선사회와 조선시대 사람들의 삶에는 큰 지각변동이 예
고되고 있었다.

　14세기 중반부터 조짐이 보이기 시작한 유불 교체는 성리학의 안착
과 그에 따른 배불론排佛論의 점화로 눈앞의 현실이 되었다. 성리학이
관학으로 자리를 잡은 것은 유교 경서인 『논어論語』, 『맹자孟子』, 『대학
大學』, 『중용中庸』의 사서에 대한 주회(주자)의 주석서 『사서집주四書集
註』가 원대에 과거시험의 필독서가 되면서부터였다. 원에서 성리학을

받아들인 고려도 1340년대에 과거시험의 정식 과목으로 사서를 채택했다. 이제 과거시험에 붙어서 관료가 되려는 이들은 반드시 『사서집주』를 읽어야 했고 그 과정에서 성리학자의 기본 소양을 갖출 수 있었다. 또 당시에는 과거시험 문제의 출제자와 해당 과시에 합격한 이들이 좌주座主와 문생門生이라는 스승과 제자의 관계를 맺었는데, 이를 통해 학문적 정체성을 공유하면서 성리학 이해를 심화시킬 수 있었다. 그리고 이들이 고위 관료로서 정국 운영을 담당하고 정치세력을 형성함에 따라 불교를 배척해야 한다는 목소리가 공론장에서 뿜어져 나오기 시작했다.

고려 말 불교계는 토지와 노비 등 막대한 재산을 축적하고 있었고 이는 많은 사회경제적 문제를 일으켰다. 비록 사찰의 경제력을 환수하고 축소하는 강력한 조치가 시행되지는 않았지만, 성리학으로 무장한 관료들이 14세기 중반부터 강도 높은 비판을 제기한 것은 사실이다. 앞서 원간섭기를 거치면서 주요 사원들은 원 황실과 귀족, 고려 왕실의 후원, 권문세가와의 결탁을 통해 장원과 노비를 크게 늘리는 등 엄청난 재부財富를 축적하게 되었다. 과장일 수는 있지만 조선 초의 실록 기사를 보면, 국가에서 조세를 거두는 농지 가운데 약 8분의 1에서 6분의 1 정도를 사찰에서 가지고 있고 10만 명에 이르는 사원노비가 존재한다고 비판할 정도였다.

고려는 1170년 무인집권기부터 대몽항쟁을 거치면서 100년 가까운 세월 동안 극심한 사회적 분열과 전란을 경험해야 했다. 그리고 원간섭기에 들어 지긋지긋한 혼란의 소용돌이에서는 벗어날 수 있었지만, 부의 양극화는 더욱 심해졌다. 공민왕대에 와서는 원의 구속력이 크게 약화된 반면, 왜구의 잦은 노략질과 홍건적의 침입을 겪어야 했고 부역을 담당하는 양인의 수가 줄고 민생은 매우 피폐해졌다. 양민이 역을 피해서 출가해 승려가 되거나 생활고에 못 이겨 노비로 전락하는 일도 흔한 풍경이었다. 불교계는 승려 수나 경제적 측면에서 외형적으로 크게 성장했지만, 내적으로는 인적 수준이 하락하고 도덕적 타락이나 불감증을 낳는 원인이 되었다. 고려 말 불교계의 모습은 교학 연구나 선 수행의 풍토 대신 기복과 공덕신앙이 중심이 되었고, 교단은 자정능력을 잃고 기득권 유지에 골몰했다.

14세기는 동아시아 세계의 패러다임 전환기이기도 했다. 중국에서는 원에서 명으로, 한국에서는 고려에서 조선으로 왕조 교체가 일어났고, 일본은 가마쿠라 막부에서 무로마치 막부로의 이행 같은 정치적 변화가 발생했다. 몽골족이 세운 원은 이적夷狄(오랑캐)과 중화中華(중국)가 다르지 않다는 논리로 양자의 통일과 다민족 공생관계를 추구한 데 비해, 중국 한족이 세운 명은 우월한 중화의 문화로 오랑캐의 비루한 풍습을 교화하고 변화시킨다는 화이華夷론적 관념에 투철했다. 조선도 화이론의 세계관을 표방한 성리학을 정치이념으로 삼았고, 중화의 도와 인류를 대표하는 화풍華風으로서 성리학을 높였다. 반면 고려의 토풍土風, 그중에서도 성리학과 사상적 대척점에 있는 불교를 오랑

목은 이색

캐 종교로 낙인찍어 거세게 몰아붙였다.

고려 말에 신유학의 대표자로서 학계와 정계를 주도한 이색(1328-1396)은 공민왕이 즉위한 1351년에 원에서 들어와 "불교의 오교양종五敎兩宗이 이익을 위한 소굴이 되고 놀고먹는 백성들이 많습니다. 도첩度牒이 없는 승려는 군대의 편제에 충당하고 새로 창건한 사찰은 철거하여 양민이 함부로 승려가 되지 않게 하소서"라는 상소를 올렸다. 이처럼 14세기 후반부터 제기된 배불론은 처음에는 승려의 파행과 사원의 경제적 비대화 등 현실화된 사회 문제에 비판이 집중되었다. 당시 유학자 관료들은 불교계의 막대한 경제적 부와 그에 따른 폐단을 지목하며, 승려의 자격을 제한하는 도첩제 시행과 토지개혁 추진을 들고 나왔다. 당시 사원은 막대한 양의 사사전寺社田과 사사노비寺社奴婢를 보유하고 있었고, 이를 환수하는 것은 국가에서 필요한 재원과 노동력을 확보하기 위해 필수불가결한 조치였다. 하지만 권문세가에 몰렸던 부의 집중을 과전법科田法 등의 토지정책 실시를 통해 해결하려 한 것과 달리, 지지기반이 강한 사원과 불교계를 손보는 일은 쉽지 않았다.

배불론은 정치와 윤리에 폐해를 끼치는 대표적 이단異端으로서 불교 자체를 배격하는 인식론적 공격으로 옮겨갔다. 당시 성리학자들은 불교가 부모와 군주를 저버리고 인륜을 도외시하는 오랑캐의 가르침이고, 인과응보因果應報와 윤회 같은 허황된 설로 세상과 백성을 속인다고 비판했다. 여기에는 불교가 세속을 떠난 가르침으로 관념적 허무주의에 빠져서 국가 운영에 저해되며 유교의 강상綱常 윤리를 부정하는 이단이므로 척결해야 한다는 근본주의적 시각이 담겨 있다. 조선왕조 개창의 주역인 정도전(1342-1398)도 불교가 인륜 도덕을 저버리고 국가에 해악이 된다고 공격했다. 그는 『불씨잡변佛氏雜辨』에서 불교의 내세관을 비판하고 불교가 윤리와 정치에 도움이 되지 않는다면서 척불의 논조를 강화하고 공세의 수위를 높였다.

척불을 통해 유교국가의 지향점을 분명히 하려 한 정도전의 불교 인식은 주희의 논리를 그대로 차용한 것이었다. 주희는 화엄을 비롯한 불교사상에 담긴 본성론과 우주론의 영향도 크게 받았다. 하지만 주류였던 홍주종 계통의 선종에 대해서는 마음의 작용을 절대화한다고 지적하며 비판의 주요 표적으로 삼았다. 주희는 세상을 벗어난 불교의 가르침이 현실에서는 매우 무력하며, 지나친 이기주의와 이타주의의 양극단에 빠져서 형평성을 잃고 윤리마저 부정한다고 보았다. 또 불교의 윤회와 업보 관념은 현재의 문제를 무책임하게 내세로 미루는 공허한 관념일 뿐이라고 무시했다. 그는 마음이란 감각과 앎의 주체일 뿐이고 천리가 내재된 본연의 성性처럼 도덕의 준거가 될 수 없음에도 불교는 마음의 지각작용 그 자체를 본성이라고 믿어 허무와 부도덕을 낳게 된다고 주장했다.

이러한 성리학자들의 집중 공세에 대해 조선 초기 불교계에서 나온 대응논리는 불교의 현실적 필요성과 윤리적 정당성, 국가와 사회에 대한 기여, 유불의 사상적 일치를 주장하는 것이었다. 이는 불교가 정치와 사회, 교화의 측면에서 큰 역할을 해왔고 유교와 불교가 근본적으로는 같다는 변호의 논리였다. 함허 기화(1376-1433)의 『현정론顯正論』이나 저자 미상의 『유석질의론儒釋質疑論』 같은 책에서는 불교의 인과론, 계율과 수행 등이 유교의 인仁과 덕치德治를 실현하는 데 도움이 된다면서 그 정치적·도덕적 효능을 강조했다. 또 태극太極과 무극無極, 음

함허 기화의 『현정론』

양오행 등을 법신法身, 보신報身, 화신化身 같은 불교의 용어와 교리에 대비시켜 설명했다. 예를 들어 살생을 금지하는 등의 불교의 오계五戒는 유교의 인의예지신仁義禮智信의 오상五常과 같은 것이라고 했으며, 일심에 의한 유불일치를 내세웠다.

여말선초에 일어난 유불교체의 패러다임 전환은 역성易姓혁명을 통한 조선왕조 개창과 마찬가지로 위로부터의 급격한 개혁으로 추진되었다. 물론 사회 전체의 변화에는 더 많은 시간이 필요했지만, 조선 초에 일어난 배불 기조의 강화와 억불정책 추진은 역사의 전환기적 사건이었다. 이는 근대기에 '숭유억불崇儒抑佛'이라는 개념으로 표현되었고 억압과 쇠퇴라는 이미지가 조선시대 불교를 상징하게 되었다. 지금도 '조선' 하면 성리학의 나라고 불교는 유교에 철퇴를 맞아 여성과 서민의 비주류 신앙으로 겨우 명맥을 유지했다는 인식이 지배적이다. 그렇기에 조선시대 불교의 교학과 수행 전통, 주류 신앙으로서의 사회적 역할은 거의 무시되기 일쑤였다. 심지어 조선시대 500년 동안 불교는 끊임없이 유학자 관료들의 공격에 시달렸고 사찰은 억압과 수탈의 대상이었으며 승려의 지위는 천민 수준으로 떨어졌다는 것이 상식처럼 굳어졌다.

하지만 이러한 잿빛 이미지를 불교계 내부에서 계속 확대·재생산하는 것은 일종의 '자학사관'과 다름없다. 조선 개창과 함께 본격적으로 유불 교체의 막이 올랐고 태종대에 사원의 경제 기반 상당수를 국가의 공적 재산으로 환수하는 억불조치가 단행된 것은 사실이다. 또 불교신앙이 왕실을 비롯해 주로 여성을 중심으로 이어졌고 사대부 계층이나 공적 영역에서 불교에 대한 비판이 이어진 것도 부정할 수 없다. 그러나 조선시대에 시기별 부침과 변화의 강도에 차이가 있기는 했지만 승려를 강제로 환속시키고 사찰을 전면 폐기하는 일은 일어나지 않았다. 또 불교계 스스로도 자구적 노력을 통해 전통을 계승·유지해나갔다. 이는 국가와의 관계와 사회에서의 역할 없이는 설명이 불가능한 일이다. 승려는 비록 출세간의 존재지만 출신은 양반부터 양인, 천민까지 다양했고 법제적으로도 승려를 천인으로 규정한 적은 없었다.

그렇다면 조선시대 불교에 대한 부정적 이미지는 언제, 어떻게 형성되어 각인된 것일까? 먼저 조선시대에 정치와 사회의 주류 질서에서 불교가 배제되면서 고려에 비해 위상이 추락한 것은 사실이다. 그리고 그것이 역사인식에 반영되었음은 물론이다. 또 전통의 이미지가 조형되던 20세기 초에는 바로 직전인 19세기의 기억이 더욱 크게 작용했을 것으로 보인다. 19세기는 세도勢道정치를 거치며 가렴주구가 심해지고 잦은 민란이 발생했던 만큼 국가와 사회의 공적 시스템이 와해된 시기였다. 이는 불교계에도 여파를 미쳐서 사찰과 승려에 대한 역役의 부담이 커지고 사적 침탈이 이루어지는 등 많은 문제가 발생할 수밖에 없었다. 이러한 어두운 기억이 식민지기에 들어 전통의 상을 형상화할 때 직접적으로 투영되었고, 식민사관의 타율성론, 정체성론이 덧씌워지며 부정 일변도의 잿빛 이미지로 그려지게 되었다.

경성제대 교수였던 다카하시 도루高橋亨는 『이조불교李朝佛敎』(1929)에서 조선시대 불교에 대한 부정적 인식을 학술담론으로 정착시켰다. 그는 조선시대 불교가 억불정책으로 쇠퇴했고 후기에는 거의 멸절 상태에 이르렀다고 보았다. 그리고 이러한 관점은 조선시대 불교를 바라보는 기본 틀로 굳어졌다. 해방 이후 오랜 시간에 걸쳐 타율성론, 정체성론 같은 식민사관이 비판·극복되었지만 조선시대 불교에 대한 부정적 인식은 크게 변하지 않았다. 그 결과 조선시대 전통 하면 흔히 유교만을 떠올리게 되었다. 그러나 조선시대에도 불교는 존재했고 가장 중요한 주류 신앙으로서 사회적 역할을 수행했다. 조선 후기에도 교학과 수행, 종교적 측면에서 불교는 살아 있었고 현존하는 전통사찰 대부분도 17세기 이후에 중창되었다.

현재 한국 불교의 원형은 조선시대에 만들어졌다. 간화선의 선양과 임제법통 계승, 선교겸수 지향과 화엄교학 중시, 염불정토신앙의 대중적 확산은 조선시대를 거치며 불교 전통의 중요한 자산이 되었다. 이러한 점에서 조선시대 불교는 고려와 오늘날의 불교를 잇는 매개이자 가교라고 할 수 있다. 이뿐 아니라 한국인의 심성과 세계관의 밑바탕에는 흔히 생각하듯 유교만 있는 것이 아니며 불교도 큰 비중을 차지하고 있다. 그렇기에 조선시대 불교를 제대로 이해하는 것은 전통에서 불교의 정당한 지분을 찾는 과정이며, 한국의 역사 전통을 새로운 시각에서 다시 바라보는 데 많은 실마리를 제공한다.

2장

조선 전기:
억불의 깃발을 들다

조선시대는 흔히 '숭유억불'의 시대로 불리는데, 이는 당시에 쓰던 용어
는 아니며 20세기 초에 조선의 역사에 대한 평가를 하면서 나온 일종
의 조어다. 어쨌든 유불 교체와 억불, 불교의 쇠퇴는 조선시대 불교에
대한 통념으로 확고히 자리를 잡았다. 실제로 조선왕조는 유교이념을
전면에 내걸었고 불교에 대한 억제는 명확한 정책상의 기조였다. 다만
억불의 강도와 불교에 대한 대처방식은 시기마다 달랐다. 불교정책의
변화를 순서대로 살펴보면, 먼저 태종대에 억불의 깃발을 높이 든 이
후 세종 후반과 세조대의 유화적 분위기에도 성종대까지 강도 높은 억
불 기조가 유지되었다. 그 연장선상에서 연산군의 우발적 폐불행위와
16세기 초반 중종대에 법제적 폐불이 단행되면서 불교는 공식적으로
국가의 통치체제 밖에 놓이게 되었다. 이후는 불교를 방임한 상태에서
간혹 국가의 대규모 공역에 승려들의 노동력을 활용하는 대신 승려 활
동을 인정해주는 임시방편의 조치가 취해지기도 했다.

그런데 16세기 중반 어린 명종이 즉위하고 모후인 문정왕후가 수렴

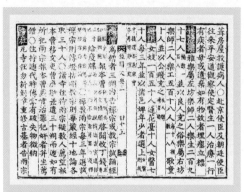
『경국대전』 도승조

청정을 하면서 일시적으로 선禪과 교教의 양종兩宗이 재건되었다. 이는『경국대전』도승조에 규정되어 있던 법제를 되살린 것으로 승려 자격증인 도첩을 다시 지급하고 승과를 통해 고위급 승려를 국가에서 선발하는 것을 의미했다. 비록 15년의 짧은 기간이었지만 선교양종의 재건은 불교 교단의 인적 계승을 가능케 했고, 이때 승려 자격을 얻고 승과에 합격한 이들이 임진왜란 의승군의 주축이 되면서 불교 존립의 토대가 마련되었다. 선교양종이 다시 문을 닫은 이후 국가 차원에서 승정체제가 재개되거나 법제상의 복원이 이루어지지는 않았다. 국가는 공식적 영역에서 불교를 더는 인정하지 않고 내버려두었다. 하지만 조선 후기에는 현실적 필요에 따라 나라에서 승려의 노동력과 사찰의 자원을 활용하는 방식으로 전개되었다.

1392년에 유교이념을 국가통치의 전면에 내걸고 건국한 조선 정부는 이전 시대와는 달리 불교에 대한 적대적 태도를 드러냈다. 태조대에는 국왕 스스로 불교를 믿었고 또 창업 후 민심의 안정을 도모해야 했기에 급작스러운 억불조치는 내려지지 않았다. 그럼에도 신생 왕조의 기반을 마련하기 위해 불교계의 폐단을 개혁하고 특권을 제한하자는 신료들의 의견을 마냥 묵살할 수만은 없었다. 당시 승려는 역役을 면제

받는 대상이었기에 승려 수를 제한하기 위해 승려 자격증인 도첩의 조건을 엄격히 강화했다. 조선 초기에 도첩을 얻기 위해서는 역을 지지 않는 대신 정전丁錢을 내야 했는데 신분에 따라 차등을 두어 양반은 포 100필, 양인은 150필, 천인은 200필을 내고 시험을 거쳐야 했다.

정종을 이어 태종이 왕위에 오르면서 억불정책이 본격적으로 단행되었다. 태종은 고려 말 국가 최고 교육기관인 성균관에서 성리학 교육을 받고 과거시험에 합격한 이력에서 볼 수 있듯이 유교적 소양을 갖춘 군주였다. 더욱이 조선 개창에 주도적 역할을 했고 정도전을 제거하고 왕자의 난을 일으켜 왕이 되는 등 강력한 왕권을 행사했다. 그런 태종이었기에 즉위 후 6년째인 1406년에 불교 교단을 송두리째 뒤흔드는 일대 조치를 감행했다. 11개 종파에 소속된 242개의 사사寺社만 국가의 승정체계 안에 두고 나머지는 종파별로 방치한 것이다. 조계종과 총지종을 합쳐 70사, 천태소자종天台疏字宗과 천태법사종天台法事宗 43사, 화엄종과 도문종道門宗 43사, 자은종慈恩宗 36사, 중도종中道宗과 신인종神印宗 30사, 남산종南山宗 10사, 시흥종始興宗 10사였다.

그리고 국가의 관리 대상인 242사를 제외한 나머지 사원들이 가지고 있던 공적 성격의 수조지收租地와 사원노비를 정부 재산으로 귀속시켰다. 이때의 실록 기사에 따르면, 사사전 3만~4만 결, 사사노비 8만 명이 환수되었다고 한다. 고려 말에는 사원전이 10만 결 이상이었다는 기록도 있는데, 당시 사찰이 소유한 전체 토지가 어느 정도 규모였는지 정확히 알 수는 없지만 이때 사원경제가 큰 타격을 입었음은 분명하다.

이듬해인 태종 7년에는 11개 종파를 조계종, 화엄종, 천태종, 자은종, 중신종中神宗, 총남종摠南宗, 시흥종의 7개 종파로 통합·축소했다. 이

와 함께 승정체계에 들어간 242개의 사원 가운데 고려시대 이래의 비
보사裨補寺(자복사資福寺)로서 주로 지방 읍치에 있던 88개의 사사를
제외하는 대신 명산대천에 있는 사찰로 대체했다. 이는 지역 공간의 유
교적 재편을 추진하는 과정에서 각 지방 중심지에 소재한 고려의 전통
과 관계된 유력 사원을 없애거나 그 위상을 낮추려는 의도와 관련이 있
다. 결과적으로 태종대의 억불조치는 불교계의 재편을 초래했고 막대
한 재원을 가진 사원경제를 크게 위축시켰다. 대신 242개의 지정 사찰
에는 공적 성격의 수조지와 노비 소유가 인정되었고 전지田地가 추가
로 지급되기도 했다. 또한 그 외의 사찰들도 경제적 기반이 대폭 줄어
들기는 했지만 민전民田 형태의 토지는 존속되었다. 무엇보다 흔히 생
각하듯 승려를 환속시키거나 242사 외의 사찰을 전부 없애는 말 그대
로의 폐불 사태가 벌어진 것은 아니었다.

　세종대에는 국가의 문물제도가 한층 정비되었고 독창적 고유문자
인 한글이 만들어져 반포되는 등 조선은 안정기에 접어들었다. 태종
대를 이어 억불정책의 흐름은 그대로 이어졌는데, 1424년(세종 6년)에
는 기존의 7개 종파를 선종과 교종의 양종으로 통합했고 선종, 교종에
각각 18개씩 총 36개의 사찰을 국가의 관리 대상으로 공인했다. 선교
양종 36개의 사찰은 앞서 242개의 사사처럼 군현의 대표사찰이 아닌
광역의 도 단위로 지정된 것이었다. 이 중 한양과 개성, 경기도 일원의
17개 사사를 포함해 20개 이상이 왕실과 직접 관련된 사찰이었다. 공
인된 36개의 사찰에는 승려와 보유 토지의 한도가 정해졌는데, 선교양
종 36사에 공식적으로 허용된 승려 수는 선종 1,950명, 교종 1,800명,
도합 3,750명이었다. 또한 소유가 인정된 사사전은 선종 4,200여 결, 교

종 3,700결을 합쳐 총 7,900여 결이었다. 앞서 태종대에는 242사에 정식으로 배정된 전지가 1만 1,000여 결이었는데 그에 비해 3,000결 이상 감소된 수치였다.

이와 함께 승적僧籍과 인사 관리 등 승정 관련 행정업무를 담당하던 고려 말 이래의 국가관서 승록사僧錄司가 이때 폐지되었다. 대신 한양의 흥천사와 흥덕사興德寺에 선종과 교종의 자체 관리기구인 도회소都會所가 두어졌고, 고위 승려를 선발하는 승과도 선종과 교종에서 각기 시행했다. 나아가 왕실불교를 상징하는 궁궐의 내불당內佛堂을 없애고 승려의 무분별한 도성 출입을 제한하는 등 억불의 분위기가 고조되었다. 세종은 뒤에 문종이 된 왕세자를 책봉할 때 성균관에 입학해 공자의 위패에 절하는 의식을 처음으로 행하게 했다. 고려의 국왕이 승려인 왕사와 국사에게 예를 올리고 스승으로 모신 것과 비교해보면, 불교에서 유교로의 교체가 일어났음을 실감할 수 있는 상징적 장면이다.

한편 세조는 조선시대 국왕 가운데 태조와 마찬가지로 불교를 숭상한 호불 군주로 유명하다. 세종의 둘째 아들 수양대군(세조)은 형인 문종의 적자로 제6대 왕이 된 조카 단종을 쫓아내고 왕위 찬탈을 감행했다. 그렇기에 개인적 신앙심에 더해서 민심을 회유하고 지지기반을 넓히기 위해 불교를 적극 활용했던 것으로 보인다. 세조는 간경도감刊經都監을 설치해 많은 불서를 간행하고 한글로 언해諺解를 했으며, 한양 한복판에 원각사元覺寺를 창건했다. 이뿐 아니라 강원도 낙산사洛山寺, 상원사上院寺 등 명찰들의 중창을 후원하고 많은 사원전을 지급했으며, 예천 용문사龍門寺, 강진 무위사無爲寺 등에는 잡역을 면제하는 교지를 내렸다. 또 사찰 안에 지방관이나 사대부가 무단으로 들어가는 것을 엄금하기도 했다. 이때 특혜를 입은 사찰 중에는 산업을 경영하고 부를 증식해 사회적으로 문제가 되기도 했다. 세조대에도 불교와 관련된 정책상의 변화는 없었지만, 강경책이 완화된 분위기를 틈타 역을 피해서 도첩을 받지 않고 비공식적으로 출가하는 이들이 급증했다.

예종이 즉위 후 1년여 만에 단명하고 왕위에 오른 성종은 유교국가의 기틀을 다지는 데 힘을 쏟았다. 13세의 어린 나이에 왕이 된 성종은 초기에는 수렴청정하던 세조비 정희왕후의 영향으로 "이단인 불교는 그대로 내버려두고 믿지 않으면 그만이다. 또한 승려도 백성이므로 이를 없앨 수는 없다"고 했지만, 정국을 직접 운영하면서부터 억불의 강도를 높여나갔다. 그러면서 도성 안의 염불소와 비구니 사찰이 철거되고 불교식으로 행하던 국왕의 탄신재誕辰齋가 중단되었다. 이 시기에는 사림세력이 중앙정계에 진출해 언론을 주도하면서 세조대에 생겨난 폐단들을 집요하게 비판하기 시작했다. 특히 10만 명 이상으로 추산되는 피역자 문제가 정치적으로 쟁점화되면서 신규 도첩 발급을 중단하고 도첩이 없는 승려들을 색출하라는 조치가 내려지기도 했다.

그런데 같은 성종대에 반포된 조선의 대표법전『경국대전』에는 도승과 선교양종, 승과 같은 불교 관련 조항이 포함되었다. 그 초안은 앞서 세조대에 만들어졌는데, 승려 자격을 얻기 위해서는 선교양종에 신고하고 정해진 절차를 거쳐 정포 30필을 내야 했다. 만약 이 조건이 충족되면 양반, 양인, 천인의 신분과 상관없이 도첩이 발급되었다. 또 승과 규정에『화엄경』,『전등록』등 선종과 교종의 시험과목이 명시되었고, 국가 승정체계에 속한 사찰의 주지는 승과 출신 승려 가운데 예조에서 임명하게 했다. 한편 사찰의 중수는 가능하지만 신규 창건은 법적으로 금지되었고 승려 수와 거주 공간도 제한되었으며 토지와 노비를 절에 시주하는 것도 막았다. 이처럼 제도 내에서 불교를 공인함과 동시에 억제하는 조치가 법전에 함께 명문화되었다.

원각사지 10층 석탑

조선왕조의 대표적인 폭군인 연산군도 즉위 초에는 불교에 대한 강압적 태도를 보이지 않았다. 그러나 연산군 10년이던 1504년에 생모의 불우한 죽음의 진실을 파헤치고자 갑자사화를 일으키면서 폭정을 이어갔고 그 과정에서 우발적 폐불 상황이 벌어졌다. 당시 일부 관료와 유생이 목숨을 잃었고 국립대학 격인 성균관이 폐쇄되면서 왕의 연회장으로 쓰이는 등 도를 넘어선 패악상이 펼쳐졌다. 이어 유교뿐 아니라 불교에도 불똥이 튀어 세조가 창건한 원각사가 기생의 숙소로 쓰였고 한양 안 흥천사, 흥덕사의 양종도회소가 철폐되면서 한강 남쪽 교외의 청계사淸溪寺로 쫓겨났다. 또 3년에 한 번씩 치러야 하는 승과가 시행되지 않았다. 급기야 이듬해에는 사원전을 몰수하고 승려를 환속시키라는 말 그대로의 폐불령이 내려졌다. 훗날 불교 측의 기록에서도 이때를 떠올려 "승려가 사태를 당한 암울한 시기"로 그려졌다. 하지만 불행 중 다행으로 이러한 조치가 내려지고 얼마 후인 1506년에 중종반정이 일어나서 연산군은 쫓겨났고 불교계는 폐불의 위기를 피할 수 있었다.

　반정을 일으켜 왕이 된 중종은 왕권을 강화하고 민심을 수습해야 했다. 그래서인지 즉위 초에는 역대 선왕의 유훈을 내세워 일부 환수된 왕실 관련 수륙사水陸寺와 능침사陵寢寺의 몰수 전답 반액을 돌려주고 도성 내 비구니 사찰인 정업원淨業院을 재건했다. 그러나 반정을 주도한 조광조 등의 사림세력이 공론을 주도하면서 승과를 계속 시행하지 않았고 일부 폐사가 된 사찰 전답이 유교 교육기관인 향교로 이속되기도 했다. 결국 1512년(중종 7년)에는 선교양종의 문을 닫았고 1516년에는『경국대전』의 도승 조항이 사문화되었다. 국가에서 승려 자격을 인정하는 도승제가 사라진 것은 불교 존립의 기본 전제인 승려의 법적 근거가 없어진 것이었고, 이는 법제상의 폐불에 다름 아니었다. 이와 함께 사림 관료의 적극적 요구로 사원을 통해 왕실 재정의 일부를 충당하던 내수사內需司의 고금리 장리長利를 없애고 능침사 외의 사찰에서 기신재를 금지하는 등 왕실불교에 대한 압박이 심해졌다.

　연산군 말년과 중종 전반의 이러한 상황은 후대에 "승려들이 머리를 기르고 환속해 절에 승려가 남지 않았다"는 인식을 남겼다. 이 시기를 거치면서 전부터 내려오던 선종의 사법 계보가 단절되다시피 한 것에서 억불정책의 강도와 그 체감온도가 어땠는지를 짐작해볼 수 있다. 이후 기묘사화를 통해 주류 사림세력이 축출되고 중종 후반대에 척신들이 다시 정국을 운영하면서 불교에 대한 공리적 시책이 펼쳐지기도 했다. 법제에 따른 승정체계가 사라지면서 피역避役과 불법不法 승려의 급증이 사회 문제가 되었다. 도첩이 없는 승려들을 국가의 공역에 활용하고 신분증명서인 호패號牌를 지급해 승려 활동을 암묵적으로 용인하는 방안이 시행되기도 했다.

이처럼 연산군과 중종대에 정부가 승정僧政을 더는 지속하지 않고 방기함에 따라 인적 자원의 계승이 법제적으로 허용되지 않는 폐불 상황에 이르렀다. 이는 승정체계의 틀 안에서 유지되던 불교계에 크나큰 타격이 아닐 수 없었다. 하지만 16세기에 사찰판 불서의 간행이 급증하고 벽송碧松 지엄智嚴의 경우처럼 선과 교의 전통이 교육을 통해 계속 전승되는 등 외부에서 불어닥친 위기 속에서도 불교계는 각고의 노력을 통해 자립의 길을 걸었다. 국가의 공적 영역에서는 인정되지 않았지만 사찰과 승려의 존재가 사라진 것은 아니었고, 16세기 중반 명종대의 일시적인 선교양종 재건과 임진왜란 때의 의승군 활동으로 불교는 다시 살아날 수 있었다.

3장

전통의 유산:
왕실불교와 국왕

조선은 이념과 정책 등의 공적 영역에서 유교국가를 지향했고 불교는
주류 질서에서 배제되었다. 하지만 고려 이래 불교 전통의 유산은 존속
되었고 왕실의 숭불과 불교 후원은 조선시대 내내 이어졌다. 국왕도 태
종 같은 일부 예외를 제외하고는 왕실과 유학자 관료 사이에서 불교신
앙과 지원을 둘러싼 갈등을 무마하는 중재자 역할을 했다. 불교는 국왕
의 장수와 왕실의 안녕을 기원하고 역대 국왕과 왕비 등의 사후 명복
을 빌고 추숭하는 역할을 해왔기에, 왕실에 도움이 되는 관습화된 전
통을 버릴 수 없었던 것이다. 또 왕실 구성원의 다수가 비빈과 모후, 공
주 등 국왕을 둘러싼 여성이었던 점도 불교신앙이 지속될 수 있었던 요
인이었다.

　왕실불교의 성격과 관련해서는 1930년대 말에 김영수가 다음과 같
이 이미 제기한 바 있다. "조선시대 500년은 배불의 시대였지만 군주가
일관적으로 배불했다고 할 수 없으며 태종, 연산군 등을 제외하면 차라
리 숭불자로 볼 수 있다." 이는 국가의 공적 영역과 왕실의 사적 영역을

함께 아울러야 했던 국왕의 특수한 지위와 성격을 간파한 지적이었다. 조선시대 국왕은 유교적 질서의 정점에 있는 존재였고, 따라서 공식적으로는 유교를 앞세우고 불교를 비판해야 했다. 하지만 국왕과 왕실의 안녕과 나라의 평안을 기원하며 왕권강화와 왕실 재정 확보에 기여해 온 불교를 굳이 밀어낼 필요는 없었던 것이다.

조선시대에는 국가의 공적 영역은 물론 사대부 계층에서도 불교신앙과 재회가 금기시되는 분위기였고 상·장례는 점차 유교식으로 대체되었다. 의례가 불교에서 유교로 전환되었다는 것은 불교 제의와 내세관이 유교식 제사와 사후 관념으로 바뀌게 되었음을 뜻한다. 하지만 조선사회의 다수를 점하는 일반민의 불교신앙과 내세 관념은 쉽게 사라지지 않았고 최상층에 속하는 왕실의 불교식 관행 또한 부침을 겪으면서도 계속 이어졌다. 특히 15세기까지는 역대 선왕의 유훈을 내세워 왕실의 불교신앙과 의례가 공공연히 행해졌다. 왕실은 불교 문제와 관련해서는 성리학 이념에 기반을 둔 유학자 관료들의 공론에 맞서 사사건건 대립했다. 왕실의 대표적 불교의례인 수륙재는 조선 초에 국상제로 거행되었고, 선왕이나 왕실과 관련된 능침사와 원당願堂 사찰에 큰 특혜를 부여해 유생들의 원성을 샀다. 숭불행위라는 비판을 감수하면서까지 왕실 제사에서 고기를 올리지 않는 불교식 제의를 한동안 고수한 것도 왕실불교의 실상을 잘 보여준다.

조선 초에는 고려 때부터 이어진 불교 전통의 유산이 뿌리 깊이 남아 있었다. 강력한 배불론의 제기와 함께 억불정책이 시행되고 유교식 상·장례가 권장되었지만 부모의 왕생과 내세의 복락을 기원하는 불교식 사후 관념과 신앙을 일거에 없앨 수는 없었다. 부녀자의 산사 출입

을 금지하고 승려의 도성 출입을 일시 제한하기도 했지만 개인의 종교
행위를 국가에서 완전히 통제하기란 불가능했다. 유교국가의 틀이 잡
히고 억불의 기조를 강화한 성종대에도 "불사佛事의 풍속이 여전히 상
존해 일부 사대부의 집도 상을 당하면 재회를 설하고 사십구재를 행한
다"는 우려가 제기될 정도였다. 이처럼 15세기까지도 부모의 묘 옆에 암
자를 지어 재궁齋宮으로 삼거나 불단을 설치해 명복을 비는 관행, 그리
고 사십구재 등의 관습이 상류층에서도 이어졌던 것이다.

조선 전기 국왕들의 불교신앙이나 후원 사례를 시기별로 살펴보자.
먼저 조선을 개창한 태조는 유교를 국교로 천명했음에도 원래부터 독
실한 불교 신자였다. 고려 말 공민왕대에 국사와 왕사를 지낸 태고 보
우나 나옹 혜근의 비에는 고위 무관이었던 이성계가 문도 명단에 이름
을 올렸다. 즉위 후 태조는 고려의 전통을 이어 조계종의 무학 자초를
왕사로, 천태종의 조구祖丘를 국사로 임명했다. 태조는 세상을 떠난 신
덕왕후 강씨를 위해 한양에 흥천사를 창건하고 궁궐의 내불당을 존속
시켰으며, 대규모 법회를 행하고 대장경을 인쇄하게 했다. 또 창업과정
에서 발생한 죄업을 씻어내고자 『법화경』을 금으로 사경했고 고려 왕
씨의 명복을 빌기 위한 국행 수륙재를 열었다. 조선의 국왕이었지만 문
묘에서 공자를 제사 지내는 석전釋奠에는 가지 않고 문수법회에 참가
했을 정도로 불교를 깊이 신앙했던 것이다. 이러한 행위가 관료들의 빈
축을 사자 태조는 조상 때부터 불교를 숭신했다고 하며 왕실과 국가에
대한 불교의 외호를 내세웠다.

조선 개국 후 처음으로 강력한 억불정책을 단행한 태종은 자신의 능
에는 능침사를 짓지 말라고 선언하고 국가 차원에서 행해지던 불사를

금지시키려 했다. 이는 태종이 고려 말 성균관에서 배우는 등 성리학적 소양을 가지고 있었기 때문이다. 하지만 그도 기신재, 수륙재 등 왕실에서 행해지던 불교재회까지 손보지는 못했다. 더욱이 독실한 불교 신자였던 부친 태조나 생모와 관련된 불교의례와 불사는 대개 허용했다. 태종은 신료들의 반대를 무릅쓰고 태조의 왕사였던 무학 자초의 비를 건립하게 했고 태조 사후 사십구재와 법회를 행했으며 태조의 재궁인 개경사開慶寺와 원찰 흥덕사의 창건을 허락했다.

즉위 초에 불교계를 선교양종으로 통폐합한 세종도 재위 후반에는 불교에 대해 상당한 호의를 가졌다. 세종은 "역대의 제왕 가운데 불교를 숭신하지 않은 이가 없었으나 나는 심하게 믿지는 않는다. 또한 이단을 믿는 것이 아니고 다만 선왕들의 유훈을 따르는 것"이라고 공표했다. 세종은 궁궐 안에 내불당을 다시 설치하고 내불당의 불상을 봉안할 때 불교음악을 연주하게 했다. 한편 선종도회소 흥천사의 사리각을 금은으로 단청해 중수하고, 낙성경찬회 때는 고려 이래의 관행대로 '보살계 제자 조선국왕'을 명시했다. 한편 대비의 추천법회에는 무학 자초의 제자 함허 기화가 종실을 상대로 법을 설했다. 소헌왕후의 상 때도 세종은 "세상 사람들이 집안에서는 부처를 받들면서 남에게는 잘못이라 한다. 지금 중궁이 세상을 떠났는데 자식들이 돈을 내어 불경을 펴낸다 하므로 허락한다. 그대들은 이를 잘못이라 하지만 어버이를 위해 불사를 하지 않는 이가 누구인가"라고 반문했다. 이러한 분위기를 이어 세종의 상·장례 때 사십구재와 여러 불사가 행해졌다.

유학에 정통했던 세종이 불교에 기울게 된 데는 개인적 심경 변화도 있었겠지만 일찍이 승려가 된 친형 효령대군의 영향도 있었을 것으로 보인다. 효령대군은 당시 국왕과 왕실, 종친과 불교계 사이를 연결해주는 핵심 통로였다. 그는 흥천사의 불사, 한강에서 열린 수륙재 등 왕실의 불교신앙과 후원에 깊이 관여했고 이러한 역할은 세조대까지도 계속되었다. 세종의 셋째 아들이자 자신이 꿈에서 본 무릉도원을 안견에게 의뢰해 〈몽유도원도夢遊桃源圖〉를 그리게 한 안평대군도 금불상을 주조해 흥천사에 기부하는 등 왕실과 종친의 숭불행위는 당시 공공연히 행해졌다. 이는 불교가 국왕과 왕실을 외호하고 나라의 번영을 기원한다는 고려 이래의 전통적 유산이 강하게 남아 있었기 때문이다.

왕실의 숭불적 경향은 세조대에 이르러 정점을 이룬다. 세조는 왕이 되기 전인 수양대군 시절부터 불교를 믿었지만 조카 단종을 쫓아내고 왕위를 찬탈한 뒤에는 더욱더 불교에 매달렸다. 이는 즉위과정에서 희생당한 이들의 영혼을 위로하려는 개인적 신앙심의 발로이기도 했지만 민심을 다독거리기 위한 전략적 선택이기도 했다. 세조는 14년의 재위기간 동안 각지의 사찰에 행차해서 중건 불사를 후원하고 잡역 면제의 교지를 내리는 등 많은 특혜를 부여했다. 경기도의 양주 회암사와 여주 신륵사, 경상도의 합천 해인사와 예천 용문사, 전라도의 강진 무위사, 강원도의 오대산 상원사, 금강산 표훈사, 양양 낙산사 등 각 지역의 거점 사찰들이 그 혜택을 받았다. 또 세조는 석가모니의 영산회 광경을 묘사한 〈영산회상〉을 궁중 정악으로 채택하기도 했다.

세조는 속리산 복천사福泉寺의 발원문에 자신을 '불제자'라고 칭했고, 무엇보다 한양 도심 한복판의 흥복사興福寺 터에 원각사를 창건했다. 여기에는 높이 12미터의 화려한 10층 석탑을 세우고 회암사의 진신사리 일부를 봉안했다. 원각사의 비문은 김수온이 지었고 추기는 서거

『석보상절』

정, 글씨는 강희맹이 썼는데 이들은 당대 최고의 문사이자 고위 관료였다. 이러한 호불적 분위기에서 세조대에는 신미, 수미, 학조學祖, 학열學悅 등 많은 고승이 활동했다. 당시 선종판사禪宗判事 수미가 불사에 들어가는 모금 액수가 커서 민간에 피해 줄 것을 우려했을 정도로 이 시기는 조선왕조에서 찾아보기 어려운 숭불의 시대였다.

세조는 즉위 후 7년째인 1461년에 간경도감을 설치해 많은 불서를 간행했는데, 한글로 풀어쓴 언해 불서도 나왔다. 불서의 번역과 간행에는 효령대군과 신미, 신미의 동생인 김수온 등 승려와 관료들이 함께 참여했다. 최초의 한글불서인 『석보상절釋譜詳節』은 세종이 훈민정음을 창제한 직후에 당시 수양대군이었던 세조가 직접 편술한 석가모니의 일대기다. 간경도감의 설치와 불서의 간행, 한글 번역은 불교 문헌기록의 전승, 불교 서적을 통한 한글의 보급과 교육, 불교 대중화라는 측면에서 매우 큰 역사적 의미를 지닌다. 간경도감은 비록 성종 초에 혁파되었지만 왕실의 후원을 통한 불서 간행은 계속되었다. 다만 16세기 이후에는 국가나 왕실 차원의 불서 판각 대신 사찰에서 직접 목판을 찍어내 인쇄를 하는 사간판의 간행으로 중심축이 전환되었다.

세조대 이후에도 왕실은 대비나 왕후를 중심으로 불교신앙과 불사 후원을 이어갔다. 억불의 기조가 강화된 성종대에도 세조비 정희왕후의 후원으로 큰 규모의 사찰 중창이 이루어졌고 선왕과 왕실 관련 사찰은 특별히 보호되었다. 내불당은 물론 양종 사찰과 원각사, 왕실 수륙재를 행하는 북한산의 진관사津寬寺, 장의사莊義寺도 높은 위상을 유지했으며, 세조의 능침사인 봉선사奉先寺와 원당인 용문 만덕사萬德寺 등에는 잡인의 출입이 일체 금지되었다. 법제상으로 승정체계가 막을 내린 중종대에도 왕실의 숭불행위는 변함없이 지속되었다. 또 명종대에는 선교양종을 재건한 문정왕후의 명에 따라 도성 내에 비구니 사찰 인수사仁壽寺가 세워졌고 태종의 어진을 모신 장단 화장사華藏寺나 왕실 원당에는 왕릉에 건립되는 홍문紅門이 세워져 사족의 출입을 금했다. 명종 사후에는 왕비의 후원으로 금강산에서 명복을 빌기 위한 무차대회無遮大會가 열렸는데, 이때 대회를 주관한 이가 선교양종 판사를 역임했던 청허淸虛 휴정休靜이었다.

조선 전기에 행해진 대표적 불교행사로는 연등회와 수륙재를 들 수 있다. 연등회는 고려 말부터 4월 초파일에 전국적으로 열렸는데, 태종대에 공식적으로 설행이 금지되었지만 왕실과 민간에서는 그 명맥을 계속 유지했다. 물과 육지의 모든 중생과 혼령의 고통을 구제하고 선왕과 선후의 명복을 빌기 위한 수륙재는 왕실의 주요 불교의례였고 조선 초에는 국상제로도 열렸다. 또한 연산군과 중종대를 거치며 왕실의 추천재追薦齋와 기신재가 혁파되면서 수륙재에 합쳐서 행해졌다. 수륙재는 민간에서도 거행했지만 주로 왕실의 후원을 받아 원당 등에서 대규모로 치러진 것이다. 부모와 조상의 영가靈駕를 추도하고 천

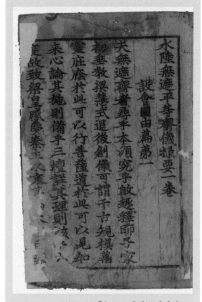

『수륙무차평등재의촬요』

도하는 우란분재도 왕실과 민간에서 세시풍속으로 이어졌다. 『세종실록』에는 "나라 풍속이 7월 15일 백중百中 날에는 절에 가서 망자의 혼을 불러 제사하는데, 이날 승도들이 도성 거리에서 깃발을 세우고 쟁과 북을 치며 탁자 위에 찬구를 늘어놓고 망자의 이름을 불렀다. 사녀들이 수없이 모여들어 곡식과 베를 보시했는데 남에게 뒤처질까 염려했고 일부 공경公卿과 사대부 집에서도 이를 행했다"고 기록했다.

불교가 동아시아 세계에 미친 종교적 영향 가운데 가장 큰 것은 업과 윤회로 대표되는 내세관과 정토왕생신앙이었다. 조선시대에도 현세와 내세의 복을 기원하는 염원을 불교를 통해 해소했다. 관음신앙, 지

장신앙, 시왕신앙, 극락정토로의 왕생을 기원하는 염불정토신앙 등 현
세의 안정과 내세의 명복을 비는 신앙행위가 계층과 지역을 가리지 않
고 행해졌다. 또 진언과 다라니를 위주로 하는 밀교의례도 중시되었다.
다만 조선 전기에는 국가의례나 사대부 계층에서 불교의례가 점차 배
제되고 유교의례가 그 자리를 차지했다. 그럼에도 15세기까지 전통적
불교재의와 법회는 적지 않은 비중을 차지했다. 조선 개창 후 화장이
금지되고 유교식 상·제례가 권장되었지만, 16세기 이전에는 일반 대중
에게까지 확산되지는 못했다. 이는 사후의 명복과 정토왕생을 추념하
고 기원하는 불교의 내세관과 신앙이 여전히 강고한 기반을 가지고 있
었기 때문이다. 또한 현세적 특성이 강한 유교식 관념과 제의로는 이를
완전히 대체하기도 어려웠다. 유교식 상·제례가 일반에 확산되기 시작
한 조선 후기에도 사십구재 같은 불교재의가 이어진 것을 보면 전통의
유산이 갖는 힘과 토착적 기반은 쉽게 사라지는 것이 아님을 잘 알 수
있다.

4장

선교양종의 재건:
도약의 디딤돌이 되다

16세기는 중종 전반에 법제적 폐불이 단행된 후 명종대에 선교양종이 일시 재개되었다가 승정체계가 문을 닫은 격변의 시기였다. 이때 일어난 변화의 양상을 어떻게 볼 것인지에 따라 조선시대 불교사를 이해하는 기본 틀 또한 달라질 수밖에 없다. 다카하시 도루는 『이조불교』에서 이 시기를 그전의 불교 공인기와 대비시켜 교정상의 폐불기로 보았다. 그러면서 청허 휴정 같은 고승이 나와 겨우 명맥을 유지했지만, 후기에는 다시 쇠퇴의 내리막길을 걸었다고 박하게 평가했다. 보통의 한국 불교사 개설서에서도 조선 전기는 억불에서 폐불로 전개되며, 그것이 완성된 시기가 바로 16세기 전반의 연산군 말기와 중종 전반기였다고 서술하고 있다. 최근 연구에서는 조선 후기가 새롭게 주목되면서 불교가 매우 활성화되었음이 밝혀지고 있지만, 조선 초인 15세기와 조선 후기가 시작되는 17세기 사이에 놓인 16세기 불교의 성격에 대해서는 아직 논란이 있다. 이 시기를 회색빛으로 어둡게 그리는 시각도 여전히 강한 반면, 불교정책이 관리와 통제에서 교화와 방임으로 전환되면서 실제로 사찰 간행 불서의 양이 급증하는 등 불교계가 내실을 기하려 했다는 연구가 나와 있다.

연산군과 중종대를 거치며 폐불의 위기에 직면해야 했던 불교계는 16세기 중반 명종대에 기사회생의 전기를 맞이했다. 12세의 어린 나이에 즉위한 명종을 대신해 수렴청정을 했던 모후 문정왕후는 1550년(명종 5년) 선종과 교종의 양종을 다시 세우라고 명했다. 문정왕후가 영의정 상진에게 내린「비망록備忘錄」에는 "승도의 수가 날로 늘어나고 군인의 수가 점차 감소하는데 승도를 다스리지 못해 잡승을 금하기 어렵다. 앞서『경국대전』에서 선종과 교종을 인정한 것은 불도를 숭앙하기 위해서가 아니며 승려가 되는 것을 막기 위해서였다. 근래에 이를 혁파하면서 폐단을 구제하기 어려우니 양종을 다시 세우고『경국대전』의 승과와 도승조를 시행하는 것이 좋겠다"라는 취지가 실려 있다. 이는 선교양종과 승과를 재개해 교단을 통제함으로써 승도의 급증에 따른 사회 문제를 해결하겠다는 명분을 앞세운 것이다. 당시 언관과 유생 등이 격렬하게 반대하고 상소도 빗발쳤지만 '이단의 가르침에 미혹된 것이 아니라 시세에 맞추어 국가의 폐단을 구제하려는 것'임을 들어 결국 관철시켰다.

이처럼 선교양종의 재건은 국가의 역을 피해 승려가 된 무도첩 승려를 막겠다는 취지를 내세웠다. 급증한 피역자 문제를 방치하기보다는 양종을 공인해 불교계를 규제하는 것이 훨씬 효과적이라는 현실적 판단을 한 것이다. 이미 중종 후반기인 1530년대에 불법적 승도의 증가가 정치쟁점이 되었다. 당시 조정의 논의를 보면, "지금 불교의 쇠퇴함이 가장 심하지만 승도의 수가 많은 것도 전보다 매우 심하므로 제방을 쌓는 공역 등에 승도를 동원할 방도를 강구해야 한다. 지금 사찰이 여전히 많고 승속이 섞여서 문제를 일으키는 등 불교를 숭봉할 때보다 해로움이 더 크므로 제어가 필요하다"는 주장이 나왔다. 그 결과 농업용수를 저장하기 위한 일종의 제방인 제언堤堰 축조 같은 대규모 국가 공역에 승도를 활용하고 도첩은 아니지만 대신 호패를 지급하는 '역승급패役僧給牌'의 방안이 임시로 시행되었다. 양종이 재건된 후인 1555년 을묘왜변이 일어나자 전라도와 충청도에서 승군이 편제되었는데, 이 또한 국가에서 승도를 활용하는 현실적 방안이었다.

언론의 극심한 반대를 무릅쓰고 선교양종이 다시 세워진 것은 문정왕후의 동생 윤원형이 이끄는 소윤小尹세력이 정국을 주도했기 때문에 더 용이했다. 그런데 왕실과 일부 척신세력의 주도 아래 파격적으로 정책 전환을 단행한 배경에는 왕실 재정과 사원경제의 밀접한 유착관계가 이면에 작용하고 있었다. 양종 복립 후 왕실 내원당에는 금표를 쳐서 관의 승려 동원을 막고 사찰에 부과된 전세와 잡역을 면제하는 조치가 내려졌다. 내원당과 능침사 등 왕실 관련 사찰은 왕실 재정을 관할하는 내수사에서 영향력을 미쳤는데, 일반 민전을 면세지인 내원당 사위전으로 바꾸어 여기서 나오는 전세와 수익을 왕실의 재정 기반으로 활용하기도 했다. 양종의 승과를 통해 배출된 고위직 승려들은 왕실 관련 사찰의 주지로 임명되었는데, 왕실 내원당은 양종 재건 전에는 99개였지만 이후 395개 사로 네 배 정도 늘어났다. 이 수치에서 왕실 재정과 내원당 사이의 긴밀한 관계와 양종 재건의 함의를 엿볼 수 있다.

선교양종의 재건과 함께 연산군 때 중단된 승과도 재개되었다. 승과

봉은사 석가여래삼불좌상

는 양종의 판사가 주관하고 실무책임자인 예조의 정랑이 참관하는 가운데 공식적으로 시행되었다. 승과는 과거시험과 마찬가지로 3년에 한 번씩 치러졌는데, 그에 해당하는 1552년 4월에 승과가 열려 선종에서 21명, 교종에서 12명이 합격했다. 승과를 통과한 승려들은 이전처럼 승계를 받았고 승직에 오르거나 내원당 같은 왕실 관련 사찰의 주지로 임명되었다. 이때 승과를 거친 이들이 이후 불교계를 주도하게 되었다. 예를 들어 첫 승과 출신인 청허 휴정은 1555년 교종판사에 이어 선종판사를 겸했고 선종본사 봉은사의 주지가 되었다. 사명四溟 유정惟政도 1561년에 승과에 급제한 후 봉은사 주지로 천거되었고, 이후 임진왜란 때 스승 휴정을 이어 의승군을 이끌게 된다.

그런데 승과 외에 간단한 경전 등을 외어 도첩을 얻는 시경시험도 이루어졌다. 이는 양종 재건의 명분이었던 무자격 승려 문제를 해결하기 위한 방안이었다. 양종이 다시 세워진 다음 해인 1551년에 선종에서 시험을 보았고 이때 406명이 통과했다. 또 1552년에는 정식 승과시험과 함께 시경을 치렀는데 도별로 인원을 배정해 총 2,600명의 수가 미리 정해졌다. 그러자 승과라는 이름을 앞세울 뿐이지 실제로는 도첩만 거저 내준다는 비판이 일기도 했다. 40년 가까이 정규적인 도첩을 발급하지 않아 승려 대부분이 국가의 통치체제 밖에 존재했던 상황에서 승려 자격증인 도첩을 받을 수 있는 시경시험의 재개는 불교계로서는 단비 같은 소식이었다.

양종 중 선종의 최고위 승직인 판사는 문정왕후의 신임을 받은 허응虛應 보우普雨가 맡았고 교종판사는 수진守眞이 임명되어 각각 본사인 봉은사와 봉선사의 주지가 되었다. 봉은사는 성종, 봉선사는 세조의 원찰이자 능침사찰이었는데, 이때 문정왕후가 남편 중종의 능을 시아버지 성종의 능인 선릉 옆으로 옮겨 정릉이라고 하고 봉은사를 수복사로 지정했다. 선종과 교종의 판사는 휴정을 비롯해 당시의 불교계를 대표하는 고승들이 돌아가며 맡았는데, 선교양종이 비록 15년 남짓의 짧은 기간 동안만 존속했지만 이들은 관료에 준하는 대우를 받았고 위상 또한 낮지 않았다. 초대 선종판사를 역임한 허응 보우(?-1565)는 선종인 조계종의 후예라는 자부심을 가졌다. 그런데 그의 문집인 『허응당집虛應堂集』과 『나암잡저懶庵雜著』를 보면 그가 『대승기신론』, 『화엄경』 같은 교학에도 정통했음을 알 수 있다. 당시 선교양종에 각각 종론이 있고 교종판사 수진의 후임을 선종 승려가 맡아서 교종계의 반발을 샀다고 할 정도로 선종과 교종은 각각 정체성을 갖고 있었다. 이러한 상황에서 보우는 선종을 대표하면서도 "교는 궁극의 진리인 진제眞諦를 설하고 선은 세간의 진리인 속제俗諦를 설한다"고 밝혀 교종을 높이면서 아우르는 태도를 보였다. 『이조불교』에서도 보우의 성향이 선종보다 화엄 교종에 더 가깝다고 평가했는데, 실제로는 선과 교를 화해시키고 함께 계승해야 했던 시대 상황이 이러한 경향을 낳은 것으로 보인다.

그런데 문정왕후가 세상을 뜨자 선교양종의 존속을 유지로 남겼음에도 다음 해인 1566년 선교양종은 혁파되었다. 명종은 모후의 유훈을 따르기 위해 한사코 거부했지만 관료뿐 아니라 유생들도 성균관을 비우고 1,000건에 달하는 상소를 빗발치듯 올리자 더는 견뎌낼 수 없었다. 이제 선교양종은 다시 역사에서 사라지게 되었다. 그런데 당시 배불 상소의 내용을 보면, 양종뿐 아니라 왕실 내수사도 비판의 표적이었다. 이에 양종 소속 사찰에서 세금을 내지 않는 사위전을 국가에 속공시켰는데, 명종은 능침사와 내원당만큼은 예외로 하려 했지만 결국 내원당 사위전은 환수되었다. 다만 논란 끝에 다른 국가기관이 아닌 내수사로 이들 전지를 이속시켜 왕실의 재정기반을 유지하는 선에서 마무리되었다.

문정왕후가 부활시킨 승정체계는 유생들을 자극했고 왕후가 세상을 뜨자 곧바로 여론이 들끓었다. 다만 국왕의 모후를 대놓고 비난하는 위험을 무릅쓰기보다는 또 다른 희생양이 필요했는데, 첫 선종판사였던 허응 보우가 주요 표적이 되었다. 양종 복립의 주동자로 내몰린 보우는 왕후가 세상을 뜬 지 얼마 뒤 제주도로 유배되었고 제주목사 변협의 지시로 목숨을 잃었다. 신라 법흥왕 때 귀족들의 반발로 불교 공인에 어려움이 있자 흰 피를 쏟으며 죽은 이차돈과 마찬가지로, 유교국가 조선에서 불교의 중흥을 위해 힘을 쏟다가 희생당한 보우 또한 시대

회암사
〈약사여래
삼존도〉

의 순교자라 할 수 있다. 선교양종의 판사를 역임한 휴정은 나중에 자신의 과거를 떠올리며 '산승의 추악한 일'로 묘사했는데, 이러한 참담한 귀결을 목도한 뒤에 나온 표현이었다. 휴정은 스스로 판사직을 그만둔 것을 "문득 초심으로 돌아가고자 해서였다"고 술회했는데, 많은 부침 속에서도 누군가는 불교 전통을 이어나가야 했기 때문이다.

선교양종의 일시 재건은 조선시대 불교사의 흐름 속에서 매우 큰 의미를 갖는 사건이었다. 그 이유는 이때 이루어진 도승·승과를 통해 불교의 인적 기반 확대와 안정적 계승, 교단의 조직화가 가능해졌기 때문이다. 법제적 폐불과 정책상의 방임으로 제도권 밖에서 존립을 이어가야 했던 불교계는 짧은 기간이지만 수천 명이 새로 도첩을 얻었고 승과를 통해 교단을 이끌 고승들이 배출되었다. 중종 후반기에 승역의 대가로 호패를 주는 '역승급패' 같은 예외조치도 있었지만, 정식 승려 자격증인 도첩은 한 세대 이상 발급되지 않았다. 이렇게 가면 얼마 안 있어 공인된 승려가 더는 존재하지 않는 말 그대로의 폐불이 현실화될 순간이었다. 당시 청허 휴정과 사명 유정 같은 차세대 주자들이 부상해서 교단을 주도하며 많은 제자를 키워낼 수 있었고, 실제로 16세기 후반에 교육과 저술, 다수의 불서 간행이 이루어지면서 전통 계승의 원동력이 되었다.

명종의 뒤를 이은 선조대에는 율곡 이이를 비롯해 조선을 대표하는 다수의 명현이 활동했고 사림이 정국의 주도권을 잡으면서 본격적인 유교사회로 전환되는 시기였다. 이러한 상황에서 선조는 "다스리는 도를 융성하게 하고 풍속을 아름답게 한다면 우리 도가 쇠하고 이단이 성할 것은 걱정할 것도 없다. 어찌 구구하게 강론을 펼쳐 마치 위의 태

무제가 승려를 죽이고 사찰을 헐어버린 것처럼 해야 되겠는가"라고 하면서 불교를 없애기보다 그대로 놔두라는 뜻을 분명히 했다. 또 선조는 비구니 사찰인 정업원을 없애자는 주장에 대해 "앞뒤 사정을 모르면서 하찮은 문제에 관심을 두지 말라"고 거부했다. 당대의 이름난 유학자이자 휴정과도 교류했던 남명 조식은 "불교에서 말하는 진정眞正은 마음을 보존하는 것이며 천리天理에 통달함에 있어서는 유교와 불교가 마찬가지"라고 하면서도 선조가 불교를 좋아한 지 오래이므로 그 마음을 유학으로 옮길 것을 청했다. 이뿐 아니라 『선조실록』을 쓴 사관이 "임금의 말이 선학禪學과 같아서 마음을 곧게 하고 몸을 닦는 도리가 부족하다"고 비평할 정도로 선조는 불교에 호의적이었다. 유교에 대한 자신감이 넘치던 시대에 불교에 대한 국왕의 우호적 태도까지 더해져 불교는 이제 국가의 관리나 통제 대상이 아니었다. 이처럼 억불에서 방임으로 정책기조가 바뀌었고 임진왜란이 일어나기 전까지는 그 추세가 그대로 이어졌다.

5장

임진왜란 의승군
나라를 구하다

1392년 조선이 개국한 지 정확히 200주년이 되는 1592년(선조 25년)에 임진왜란이 발발했다. 1597년 정유재란을 거쳐 1598년 일본군이 물러나기까지 무려 7년 동안이나 조선의 땅과 바다에서 벌어진 참혹한 전쟁으로 전 국토가 유린되고 수많은 인명이 살상되었다. 조선은 명明의 원군과 연합해 결국 일본군을 물리쳤지만 전란의 잔혹한 참상은 큰 상흔과 후유증을 남겼다. 임진왜란이 끝난 뒤 얼마 지나지 않아 1616년에 만주에서는 여진족이 후금後金을 세웠으며 1636년에는 청淸으로 국호를 바꾸고 조선을 침략했다. 조선은 임진왜란 후 국가를 재건하기 위해 힘겨운 노력을 기울였지만 후금의 위협에 대처해야 했고 끝내 병자호란의 치욕을 겪게 된 것이다. 한편 일본에서는 임진왜란이 끝나고 도쿠가와 이에야스德川家康가 에도 막부를 열었으며, 계속된 전쟁과 민란으로 기력이 빠진 명은 1644년에 몰락하고 청이 그 자리를 대체했다. 이처럼 임진왜란은 명이 주도했던 중화질서가 균열을 일으키며 격변을 불러온 동아시아의 세계전쟁이었다.

일본은 명의 요동을 치기 위해 조선에 길을 빌린다는 '가도입명假途入明'을 내세워 20만 명의 대군을 동원해 조선 침략을 감행했다. 1592년 4월 13일 부산 앞바다는 쓰시마 쪽에서 온 일본 군선으로 시커멓게 뒤덮였다. 일본군은 첨사 정발이 지키던 부산진과 부사 송상현이 사수한 동래부를 함락시키고 북진을 시작했다. 일본군은 경상도에서 한양을 향해 충청도, 전라도, 강원도의 세 방향으로 나누어 진격했는데, 전란 초기에는 관민의 힘을 합친 방어나 치열한 저항의 모습이 보이지 않았다. 이는 조선이 200년의 오랜 평화기를 겪었기 때문이기도 하고, 늘 대규모 외침에 대비가 되어 있는 북방에 비해 남부 지역은 방어 준비나 정규군 조직이 제대로 갖추어지지 않았기 때문이기도 하다. 그리고 하늘과 땅이 크게 울리는 조총을 앞세운 일본군 앞에서 혼비백산할 수밖에 없었다.

일본군은 부산에 발을 디딘 지 20여 일 만에 예상치 못한 빠른 속도로 한양에 당도했다. 앞서 신립이 이끄는 조선군은 새재(조령)를 이미 넘어버린 일본군을 충주 탄금대에서 배수의 진을 치고 싸웠지만 패퇴하고 말았다. 이에 선조는 일본군이 한양으로 들이닥치기 전에 도성을 황망히 떠났고 평양을 거쳐서 중국과의 접경 지역인 의주까지 피난을 갔다. 조선 정부는 전쟁 개시 후 명에 구원병을 긴급히 요청했지만 파병이 지체되었다. 대신에 민간인 의병들이 들고일어나 길게 늘어진 일본군의 보급로를 곳곳에서 막았다. 전란의 초기 상황에서 일본군을 막아내며 전세 전환에 결정적 영향을 미친 것은 특히 이순신이 이끄는 수군이었다. 수군은 남해의 해상권을 장악해 일본 수군을 경상도 연안에 묶어두고 서해로 진출하는 것을 막았다. 그 덕분에 바다를 통한 군대

청허 휴정

의 수송과 군량의 보급로를 끊어서 수륙 양면의 협공 위협을 원천적으로 차단해버렸다.

한편 1592년 7월 의주에 머물던 선조는 평안도 묘향산에 있던 서산대사 휴정(1520-1604)을 불러서 팔도도총섭八道都摠攝으로 임명했다. 휴정은 "나라 안의 승려 가운데 늙고 병들어 나설 수 없는 이들은 각자 머문 곳에서 수행하며 기도하게 했습니다. 나머지는 모두 소집해 종군하도록 할 것입니다. 신 등은 비록 역을 지고 조세를 내는 부류는 아니나 이 나라에서 태어나 성상의 은혜와 훈육을 받고 있는데 어찌 죽음을 아끼겠습니까? 목숨을 바쳐 충심을 다하겠습니다"라고 했다. 그는 앞서 1589년에 일어난 정여립 역모 사건 때 무고로 옥고를 치르다가 무혐의로 풀려난 일이 있었는데, 그때 선조는 휴정의 글을 읽고 손수 먹으로 그린 대나무와 시를 내리기도 했다. 휴정은 평안도 순안 법흥사法興寺에서 전국 사찰에 격문을 띄워 5,000여 의승군을 일으켰다. 황해도에서는 의엄義嚴, 관동은 사명 유정, 호남에서는 뇌묵雷黙 처영處英이 궐기하는 등 나라를 구하기 위해 전국에서 의승군이 들고일어났다.

그해 8월에는 충청도의 기허騎虛 영규靈圭가 "우리가 떨쳐 일어남은 조정의 명령이 있어서가 아니다. 만일 죽음을 두려워하는 마음이 있는 자는 우리 군에 들어오지 말라"고 하면서 의승병을 일으켰다. 영규와 800여 의승은 의병장 조헌을 따르는 700명의 의병과 함께 청주성을 탈환하는 등 일본군에 맞서 싸우다 금산에서 장렬히 전사했다. 이 사건은 의승군의 충심과 전투력에 대한 조야의 신뢰와 기대를 불러일으키는 계기가 되었다.

앞서 1592년 6월에 3,000명의 명군이 선발대로 오기는 했지만 일본군에 패퇴했고 12월이 되어서야 5만 명의 명나라 본진이 국경을 넘었다. 조선과 명의 연합군은 1593년 1월 평양성을 탈환했고, 여세를 몰아 남진하다가 경기도 고양에 있는 중국 사신의 객사였던 벽제관 전투에서 명군이 패배를 당했다. 하지만 2월에 전라도 관찰사 권율이 이끄는 조선군이 한강 인근 행주산성 전투에서 우키타 히데이에宇喜多秀家와 이시다 미쓰나리石田三成 등이 지휘한 일본군에 승리를 거두면서 전세를 다시 역전시켰다. 이어서 4월에는 한양을 내준 지 1년 만에 한양성을 되찾았다.

의승군은 1592년 7월에 궐기한 이래 주요 전투에 직접 참전하는 등 큰 공적을 세웠다. 평양성과 행주산성에서 명군, 조선군과 함께 큰 활약을 했고 선조가 한양으로 돌아올 때는 의승군이 왕의 호위를 맡기도 했다. 그 밖에도 군량미의 수송, 경기도와 충청도, 경상도와 전라도 등의 산성 축조와 방어 등 전쟁 수행에 필요한 각종 부담과 공역을 승군이 담당했다. 조선 전기 4대 사고史庫 가운데 유일하게 병화를 면한 전주사고에 있던 『조선왕조실록』이나 국가기록물, 태조의 어진 등도 강화도와 해주, 의주 등을 거쳐 묘향산 보현사普賢寺로 옮겨졌고 승군이 그 수호를 맡았다.

전쟁 중에 고위 승직을 맡아 의승군을 통솔한 대표적 인물로는 의엄과 사명 유정을 들 수 있다. 70대의 휴정이 한양 수복 후 연로함을 이유로 일선에서 물러나자 처음에는 의엄이 도총섭 직책을 이어받아 파사산성을 보수했다. 그는 전쟁 기간은 물론 종전 후에도 종묘 건립과 서적 인출 등 주요 사업을 주도했다. 당시 '승왕僧王'이라는 비판을 받을 정도로 위세를 떨쳤는데 뒤에 환속을 한 탓인지 그의 이름은 잘 알려져 있

사명 유정

지 않다. 이에 비해 사명대사 유정(1544-1610)은 휴정의 수제자로서 임진왜란 때 가장 오래 도총섭을 맡아 승군을 이끌었고, 그 결과 의승장의 상징으로 이름을 남겼다. 유정은 강원도에서 800명의 승병을 모아 거병한 후 스승을 대신해 전투에 직접 참가했고 산성 수축修築과 군량 조달 등을 도맡아했다. 이러한 유정의 공은 높이 평가되어 정3품 당상관인 첨지중추부사를 제수받았다. 또 전쟁이 끝난 후 그는 조선을 대표해 일본으로 가서 에도 막부를 세운 도쿠가와 이에야스를 만나 조선인 포로 송환 등 전후 처리 문제를 도맡았다.

유정은 명의 심유경과 일본의 고니시 유키나가小西行長의 주도로 강화교섭이 벌어지던 와중에 울산에 있는 일본군 장수 가토 기요마사加藤淸正를 찾아가 적진을 탐색했다. 이때의 유명한 일화로 가토가 그에게 조선의 보배가 무엇인지 묻자 "당신의 머리를 얻으면 조선은 큰 보배를 얻는 것이다"라고 답했다는 기록이 전한다. 가토 기요마사는 도요토미 히데요시의 인척이자 최측근으로서 독실한 불교 신자였다. 그리고 일본군의 선봉장이던 천주교 신자 고니시 유키나가와는 정치적으로 경쟁·갈등하는 관계였고 명과의 강화교섭에서도 내부적으로 불협화음을 냈다. 일본에는 16세기부터 국제교역을 통해 서양문물이 바로 전해졌고 천주교도 들어와서 교세를 확장했다. 도요토미는 천주교세력에 타격을 주기 위해 천주교도 1만 8,000명을 군대에 차출해 고니시에게 맡겨서 조선으로 보냈다. 이때 일본에 와 있던 예수회 선교사 그레고리오 데 세스페데스Gregorio de Cespedes가 고니시 휘하 군대의 종군신부 자격으로 조선에 와서 약 1년간 체류하기도 했다.

총섭 등의 승직을 받고 의승장으로 활약한 이들 가운데는 사명 유정, 뇌묵 처영 외에도 기암奇巖 법견法堅, 소요逍遙 태능太能, 중관中觀 해안海眼 등 다수의 휴정 문도가 있었다. 처영은 호남에서 1,000명의 의승군을 일으켰고 북상한 뒤 평양성과 행주산성 같은 주요 전투에 가담해 전공을 세웠다. 또한 전라도 남원의 교룡산성을 수축하는 등 방비나 후방 지원에도 적지 않은 역할을 했다. 법견은 전라도 장성 입암산성의 축조와 수호를 맡았고 전후에는 금강산 일대의 많은 중창불사를 일으켜 전후 재건에 힘썼다. 이처럼 의승군은 풍전등화의 위기 속에서 나라를 구했지만, 7년간의 전쟁과 승군 활동은 불교계에도 큰 타격을 주었다. 지역별로 동원 인원이 과중하게 책정되거나 승군의 활동 유지비를 사찰의 사위전 소출로 감당해야 하는 등 부담이 컸다. 무엇보다 의승군 활동에 대한 일본군의 보복으로 사찰에 대한 병화와 약탈이 많아지고 전지가 황폐화되어 사원 재정의 기반이 송두리째 흔들렸다. 또 의승군으로 나가 싸우다가 전사하거나 환속하는 등 인적 손실도 매우 컸다.

이뿐 아니라 살생 같은 계율 위반이 공공연히 행해졌고 수행풍토가 약화되는 등 불교의 가치에 정면으로 위배되는 일들이 일어났다. 그에 대한 우려와 탄식의 목소리도 나왔는데, 휴정의 주요 제자로서 정관문파를 일군 정관靜觀 일선一禪(1533-1608)은 "말법이 쇠하고 세상이 매우 혼란해 백성이 안도하지 못하고 승려도 편안히 머물지 못한다. 적의 잔해와 사람의 노고를 이루 다 말할 수 없다. 더욱 처량하게 느껴지는 것은 승려가 속복을 입고 종군해 죽고 도망치면서 출가의 뜻을 잊고 계율 실천을 폐하며 허명을 바라고 돌아오지 않는 것이니 장차 선의 기풍이 멈추게 될 것이다"라고 한탄했다. 이는 전쟁 참여가 승려의 본분에 어긋나는 일임을 지적하고 수행에 전념하지 못하는 현실을 안타깝게 바라본 것이다. 실제로 전란 후 공을 세워 직책을 받은 승려들 중 환속하는 경우도 적지 않았다. 휴정의 또 다른 제자 청매青梅 인오印悟 (1548-1623)도 "전쟁의 참상이 날로 심하고 부역이 해마다 더욱 가중되어 남북으로 갈리고 산중에 희비가 끊어져 그 병통이 이루 말할 수 없다"며 당시의 어려운 상황을 토로했다.

한편 의승군의 활약으로 고위 승려의 위상이 높아지고 불교의 입지가 강화될 조짐이 있자 조정에서 직승의 권한 남용 사례가 비판되거나 선교양종이 다시 세워질지 모른다는 우려감이 표출되기도 했다. 전란의 와중에도 불교의 세력화에 대한 견제와 경계의 시각이 드러난 것이다. 하지만 나라가 절체절명의 위기에 빠진 상황에서 승려들이 분연히 떨쳐 일어났고 사대부 유생이 주도한 의병 활동에 비추어 결코 손색이 없는 충의의 공적을 세운 것은 높은 평가를 받았다. 국초부터 유학자들은 승려에 대해 부모를 버리고 나라를 위한 의무를 다하지 않는다고 하면서 효와 충의 윤리를 저버린 무리라고 비판해왔다. 그런데 승려들이 스스로 의승군을 일으켜 전쟁에 참여했고 더욱이 웬만한 유학자나 관료보다도 큰 활약을 하며 나라를 구하는 데 혼신의 힘을 다했기에 그러한 윤리적 비판에서 자유로워질 수 있었다.

이는 불교에 대한 사회적 평가를 높이고 부정에서 긍정으로 인식을 바꾸게 하는 계기가 되었다. 18세기에는 휴정과 유정 등을 국가에서 공식적으로 제사 지내는 사액사우賜額祠宇가 지정되기도 했다. 1738년 밀양 표충사表忠祠, 1789년 해남 대둔사大芚寺, 1794년 묘향산 수충사酬忠祠가 사액되고 정식 향사가 이루어졌다. 이에 대해 정조는 "불교는 자비가 중요한데 휴정은 그에 부끄럽지 않아 인천人天의 안목이 되었다. 종풍을 발현하고 국난을 널리 구제했으니 근왕勤王의 원훈이며 상승上乘의 교주다. 속세를 구제하고 은혜를 베푸는 것이야말로 진정한 불교의 자비다"라면서 나라를 위한 충의의 공적을 치하했다.

무엇보다 전쟁은 잊고 있던 불교의 종교적 효험을 더욱 두드러지게 했다. 망자의 혼령을 위로하고 명복을 비는 천도재와 수륙재 등의 불교 의례가 성행했고, 특히 전란에서 죽은 연고 없는 이들을 매장하고 추도하는 일을 승려들이 주로 담당했다. 이처럼 전쟁이 가져온 정신적 공황 상태를 극복하는 과정에서 불교의 내세관과 제의가 더욱 빛을 발했고 불교신앙과 재회가 확산되었다. 이를 원동력으로 삼아 각지에서 폐허가 된 사찰이 점차 중건되고 법맥을 매개로 한 문파가 조직되었으며 수행 체계, 교육과정, 법통 등이 정비되면서 불교는 새로운 존립의 길을 모색할 수 있었다. 이처럼 임진왜란 때의 의승군 활동은 조선 후기 불교가 활성화되고 전통을 계승·발전시킬 수 있는 역사적 전환점이 되었다.

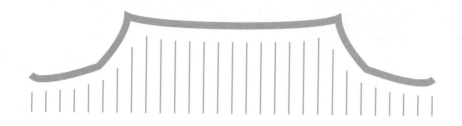

5부

유교사회와 불교,
공생을 꿈꾸다

1장

임제법통의 성립과
문파의 형성

조선 불교의 정체성과 선종 법맥에 대한 인식이 공론화된 것은 임진왜란이 끝난 직후인 17세기 초부터였다. 처음에 제기된 것은 '고려나옹법통'이었지만 얼마 후 새로운 법통설이 등장해서 공식 법통으로 받아들여졌다. 이것이 바로 '임제태고법통'으로서 중국 선종의 주류였던 임제종의 정통 법맥을 고려 말 태고 보우가 전해 와서 당시까지 이어지고 있다는 전등傳燈인식이다. 이는 조선 불교를 선종의 임제종 계통으로 자리매김한 것으로 현재까지도 그 역사적 권위를 잃지 않고 있다. 그런데 17세기 전반의 법통설에 내재된 불교사 인식에는 당시의 시대상과 역사의식이 투영되어 있다. 특히 중화 정통주의, 그리고 도나 법의 정맥을 중시한다는 점에서 사림의 도통론과도 유사한 측면이 있다. 법통의 성립과 함께 17세기 전반에는 청허 휴정과 그의 동문인 부휴浮休 선수善修(1543-1615)의 계보를 이은 청허계와 부휴계의 계파·문파가 형성되었다. 법맥을 매개로 정체성을 공유하는 법통의 정립과 문파의 조직은 서로 밀접한 관련이 있다.

조선시대 불교를 대표하는 고승인 청허 휴정은 조사 벽송 지엄, 전법사인 부용芙蓉 영관靈觀과 수계사 경성敬聖 일선一禪의 행적을 다룬 『삼로행적三老行蹟』에서 자신의 법맥 계보에 대해 밝혔다. 그는 벽송 지엄이 간화선을 주창한 송의 대혜大慧 종고宗杲와 원의 임제종 선승 고봉高峯 원묘原妙를 멀리 이었다고 기술했다. 그러면서 "(벽송)대사가 해외의 사람으로서 500년 전의 종파를 은밀하게 이었으니 이는 유교의 정程·주朱(정호程顥와 정이程頤, 주희朱熹)의 무리가 1,000년 뒤에 나와서 멀리 공자와 맹자를 이은 것과 같다. 유교나 불교나 도를 전하는 데 있어서는 같다"고 하면서 법통 계승을 유교의 도통과 비교했다. 실제로 지엄은 『대혜어록大慧語錄』을 보고 의심을 깨뜨렸으며 『고봉어록高峯語錄』(선요禪要)을 통해 알음알이 이해(지해知解)를 떨쳐냈다고 한다. 따라서 이들의 간화선법을 계승했다는 평가가 나온 것은 자연스러운 일이었다. 한편 휴정은 지엄이 "연희衍熙교사로부터 원돈圓頓의 교의를, 정심正心선사로부터 서쪽에서 온 은밀한 가르침을 배우고 깨쳤다"고 했는데, 정심 이전의 선의 법맥에 대해서는 언급하지 않았다.

1604년 휴정에 이어 1610년 그의 수제자인 사명 유정이 입적하고 나서 1612년에 허균이 쓴 최초의 법통설이 나왔다. 이는 유정의 유훈을 받든 그의 문도들이 주도해서 이루어졌는데, 『홍길동전』의 저자로 알려진 허균은 유학자 관료이면서 당시에 보기 드문 독실한 불교 신자였다. 허균이 사명파의 의뢰로 작성한 법통설은 고려 광종대에 중국 법안종의 가풍을 전수해 온 혜거국사慧炬國師 도봉道峯 영소靈炤의 법맥 계보를 앞세우고 조동종, 임제종 등 다양한 선종 전통과 함께 보조 지눌을 강조했다. 이어 고려 말 나옹 혜근이 중국의 평산平山 처림處林에게 전해 온 임제종 법맥이 남봉南峰 수능修能-등계登階 정심正心-벽송 지엄-부용 영관을 거쳐 휴정에게 이어졌다고 밝혔다. 이것이 바로 '고려나옹법통'이다.

그런데 얼마 지나지 않은 1618년 허균이 역모 죄로 처형당하자, 그가 제기한 법통설을 조선 불교계의 공식 법통으로 내세우기 곤란했던지 새로운 법통설이 등장했다. 휴정의 말년 제자인 편양鞭羊 언기彦機(1581-1644)의 주도로 1625년부터 1640년까지 몇 편의 비문과 문집 서문을 통해 제기된 '임제태고

벽송 지엄

법통'이 그것이었다. 여기서는 고려의 다채로운 선종 전통을 배제하고 고려 말 태고 보우가 원의 임제종 승려 석옥石屋 청공清珙에게 전수받아 온 법맥을 정통으로 내세웠다. 그 법맥 계보는 석옥 청공-태고 보우에 이어 환암幻庵 혼수混修-구곡龜谷 각운覺雲-벽계碧溪 정심淨心-벽송 지엄-부용 영관-청허 휴정으로 이어진다. 이 임제태고법통은 당시 한문 4대가로 이름을 떨친 이정구, 장유 등의 명문장가나 고위 관료에

게 글을 부탁해 새로 세운 휴정의 비와 문집 『청허당집』의 서문에 명시되면서 공표되었다. 언기는 이에 앞서 고려나옹법통설을 입안한 사명파를 비롯해 여러 산문의 공의를 모으는 노력을 했고, 그 결과 임제태고법통은 조선 불교의 공식 법통으로 자리 잡았다. 임제태고법통은 현재 대한불교조계종의 종헌에도 반영되어 한국 선종의 초조 도의道義, 조계종 중천조 보조 지눌, 중흥조 태고 보우라는 종조인식으로 귀결되었다.

법통설이 제기된 17세기 전반은 명청明淸 교체기로 불리는 동아시아 중화질서의 체제 전환기였다. 조선에서는 1623년 광해군의 패륜과 명에 대한 '재조지은再造之恩' 위배를 명분으로 인조반정이 일어났고, 1627년 정묘호란과 1636년의 병자호란을 겪으면서 화이론華夷論에 입각해 명의 정통성을 앞세우는 대명의리對明義理가 시대사조로 일세를 풍미했다. 당시 불교계에서도 "조선에 은택이 미쳐 상서로움과 복을 일으킴과 아울러 명 황실을 영원히 돕기를 기원"했고, 병자호란 직후 청에 인질로 붙잡혀간 소현세자와 봉림대군의 환국을 비는 법회를 열기도 했다. 이처럼 의리명분과 중화 정통이 강조되는 시대 분위기에서 중국 임제종의 정맥을 계승한다는 법통인식이 공식화된 것이다.

중국 선종의 정통인 임제종 법맥을 조선 불교가 계승한다는 임제법통에는 이처럼 정통론적 사고가 깔려 있었다. 그런데 이는 당시 확립되었던 유교의 도통道統과 일맥상통하는 면이 있다. 조선의 집권세력이었던 사림士林의 역사인식인 도통론은 송의 주자 성리학이 원대에 고려로 전해졌고 이후 그 도통이 재야의 학맥을 통해 이어져왔다는 중화 정통주의에 뿌리를 두고 있다. 고려 말 역성혁명을 반대한 정몽주-

길재의 학맥을 정통으로 본 사림의 도통론은 16세기 중반 퇴계 이황 등이 정립한 것이었다. 이후 선조대에 들어 유교 명현에 대한 문묘종사 文廟從祀 논의가 제기되었고, 광해군 초인 1610년에 유교 5현이 문묘에 종사되었다. 지방의 서원에서도 조선의 명현을 추숭하고 제향하는 움직임이 활발히 일었는데, 불교계에서도 마찬가지로 법맥상의 조사를 향사하고 현창하는 움직임이 이 시기에 빈번히 나타났다.

한편 17세기 전반에 제기된 이들 법통설의 공통점은 조선 초에 왕실이나 훈척과 연계되어 불교계를 주도했던 무학 자초, 함허 기화, 신미와 수미, 학열과 학조 등 나옹계 주류 계보가 배제되었다는 사실이다. 대신 남봉 수능이라는 미상의 인물이나 환암 혼수, 귀곡 각운 같은 조선 전기 전법 계보가 불확실한 고려 말의 고승들을 내세워 정심-지엄으로 이어지는 법맥의 연결고리로 삼았다. 각운과 정심 사이에는 최소한 100년 이상의 시간차가 나지만 이러한 무리수를 두어서라도 조선 초 불교계를 주도한 이들에 대한 역사적 기억을 지우려 한 것이다. 이는 유교의 도통론에서 조선 개창세력은 물론 정국을 주도하며 기득권을 누린 훈척勳戚을 배제하고 재야 사림을 중심으로 도학 계보를 연결한 것과 맥을 같이한다. 다시 말해 법통설은 당시의 시대의식과 공론화된 역사인식을 반영한 불교계의 전등인식인 셈이다.

법통의 정립은 교단의 조직화와 정체성 공유를 전제로 한 계파·문파의 형성과 밀접한 관련이 있다. 따라서 문파의 형성 또한 법통과 마찬가지로 당시의 시대상과 연동되어 있다. 임진왜란 이후 피폐화된 향촌사회의 지배질서를 재편하는 과정에서 사족을 중심으로 부계 위주의 유교적·종법적 친족체제가 한층 강화되었다. 유력한 가문들을 중심으로 문중조직에 더욱 힘이 실렸고 부계 일족의 종족촌(집성촌集姓村), 선산(족산族山)이 만들어지면서 가문의식이 강조되었다. 이와 함께 가부장적 친족질서를 뒷받침하기 위해 『주자가례朱子家禮』에 의거한 예학이 중시되고 족보 편찬이 활발해졌다. 이러한 시대배경 속에서 앞서 의승군을 일으켜 전쟁을 치르며 전국적으로 조직화된 불교 교단에서는 법통을 정립해 정체성을 공유하는 한편 같은 법맥의 계승을 매개로 하는 계파와 문파가 성립한 것이다.

조선 후기 불교 교단을 이끈 두 축은 청허 휴정의 청허계, 부휴 선수의 부휴계의 양대 계파였다. 이 가운데 명종대에 승과를 거쳐 선교양종 판사를 겸임하고 임진왜란 때 팔도도총섭으로 의승군을 일으킨 휴정의 높은 위상 덕분에 청허계의 비중이 훨씬 컸다. 18세기 후반에 나온 『해동불조원류海東佛祖源流』(1764)에는 전법을 기준으로 당시까지 청허계와 부휴계의 계보가 망라되어 있다. 청허계는 편양파, 사명파, 소요파, 정관파의 4대 문파로 구성되었다. 편양 언기를 조사로 하는 편양파는 조선 후기에 최대 문파로 성장했는데 17세기까지는 휴정의 입적지 묘향산과 금강산 등 북방에서 주로 활동했다. 그러나 18세기 이후 적전 계보의 고승들이 호남과 영남 등 남방에까지 진출하면서 전국적 영향력을 행사하게 되었다. 휴정의 적전이자 임진왜란의 의승장으로 널리 알려진 사명 유정의 사명파는 17세기 전반까지 주류 문파의 위상을 가졌다. 하지만 사명파는 이후 점차 약화되어 금강산 일대와 영남 지역을 중심으로 세력을 미쳤다. 소요 태능(1562-1649)의 소요파와 정관 일선(1533-1608)의 정관파는 처음부터 지리산과 호남 지역을 주된 근거지로 했는데, 소요파는 세력은 작았지만 19세기까지 문파의 정체성을 이어나갔다.

　부휴계는 부휴 선수 당시에는 청허계와 구별되는 계파적 독자성을 보이지 않았다. 이는 선수와 휴정이 부용 영관 문하의 동문이었고 그 제자들도 같은 정체성을 공유했기 때문이다. 하지만 선수의 적전이었던 벽암碧巖 각성覺性(1575-1660)이 인조대에 초대 남한산성 팔도도총섭을 역임한 후 화엄사, 쌍계사雙溪寺, 법주사法住寺, 완주 송광사松廣寺 등을 중창하면서 독자적 계파로 거듭날 수 있는 인적·물적 토대를 다졌다. 부휴계는 1609년 전쟁으로 불타버린 순천 송광사 중창불사에 참여하면서 연고권을 얻게 되었고, 이후 송광사는 부휴계의 본산으로 자리를 잡았다. 17세기 후반인 백암栢庵 성총性聰(1631-1700) 때에 와서는 송광사 창건주인 보조 지눌의 유풍을 선양하는 한편 부휴계의 계파적 정체성을 선명히 했다. 이후 부휴 선수부터 이어지는 적전들의 탑이 송광사 부도전浮圖殿에 순서대로 세워지게 되었다. 부휴계는 청허계에 비해 비교적 단일한 계보를 이루었고, 호남을 주요 근거지로 하면서 호서와 영남 일부까지 영향력을 미쳤다.

　문파나 법통의 성립은 법맥의 전수가 사승관계에서 가장 중요한 일차적 요인이 되었음을 의미한다. 국가에서 공인한 종파가 존재했던 조선 초까지는 소속 종파와 사찰의 득도사得度師나 수계사授戒師가 사제 관계에서 차지하는 비중이 매우 컸다. 하지만 공식 종파가 없어지고 사찰에서 출가와 수계가 자체적으로 이루어지면서 그에 따른 변화가 생겨났다. 단적으로 17세기 이후에는 법통의 정립에서 알 수 있듯이 법을 전해준 전법사의 위상이 가장 높아진 전법의 시대가 열렸다. 휴정에 대해서도 '전법사인 영관이 부친, 수계사 일선이 숙부'라는 인식이 나왔

태고 보우 탑

을 만큼 전법사를 정식 스승으로 여기는 것이 관례화되었다. 도첩이나
승적 관리, 승직 수여 등에 대한 법제적 규정이 사라지고 법맥을 통한
문파 내의 전승이 현실적으로 가장 중요한 사승관계의 기준이 되었던
것이다. 17세기 중반에 나온 불교 상례집에는 스승의 상례기간을 정해
놓았는데 전법 스승에 해당하는 수업사受業師가 기존의 득도사, 수계
사와 함께 부모상에 해당하는 3년으로 되어 있어 그 높아진 위상을 볼

수 있다.

계파와 문파의 정립은 단일한 정체성을 가진 조직으로서 소속감을 주는 공통적 법맥인식이 있었기에 가능했다. 17세기 전반에 확립된 임제태고법통은 선종으로서 조선 불교가 가진 정체성을 대내외적으로 표명한 사건이었다. 이로써 16세기 전반부터 이어진 법제적 폐불 상황에서 거의 100년 동안 단절되다시피 했던 전법 계보를 새롭게 되살릴 수 있었다. 그리고 임제종의 정통을 잇는다는 자의식은 간화선을 최고의 수행방안으로 인정한 휴정의 사상과 수행체계와도 부합했다. 법통을 정점으로 해서 휴정과 선수의 법맥을 잇는 계파와 그 아래 문파들이 형성되었고, 문파별로 근거 사찰과 활동 지역이 혼재되기도 했지만 점차 나뉘어갔다. 그러면서 사제 사이의 전법 계승과 상속 또한 함께 이루어졌다. 이제 전법뿐 아니라 사찰과 그 재정 기반의 상속, 반대로 조사와 스승에 대한 제향과 추숭도 법맥으로 연결된 사제 사이의 권리와 의무로서 자연스럽게 행해졌다. 이처럼 법맥과 법통을 매개로 한 문파와 소속 사찰의 성립, 인적·물적 계승과 전승은 조선 후기 불교계의 안정적 존립을 위한 중요한 기반이 되었다.

2장

선과 교, 염불의 융합:
이력과정과 삼문

17세기 전반에는 법통과 문파의 성립과 함께 선과 교를 함께 익히는 승려 이력履歷과정, 그리고 선과 교에 염불을 더한 종합적 수행체계가 마련되었다. 이때 정비된 교육과정은 최근까지도 강원講院교육에서 활용되어왔으며, 선·교·염불의 삼문체계를 통해 실천과 이론, 신앙을 아우르는 통합적 전통을 계승할 수 있었다. 승려의 교육과정인 이력과정은 청허 휴정의 제자 영월詠月 청학淸學(1570-1654)의 문집 『영월당대사집』에 실린 「사집사교전등염송화엄四集四教傳燈拈頌華嚴」이라는 글에 그 구성과 내용이 체계적으로 소개되어 있다. 이를 통해 17세기 전반 무렵에는 이력과정이 확립된 것으로 보이는데, 사집과四集科, 사교과四教科, 대교과大教科의 단계별 과정으로 구성되었다. 또한 정규 이력과정에 들어가기 전에 배우는 기초과정인 사미과沙彌科도 정비되기 시작했는데, 지눌의 『계초심학인문誡初心學人門』, 원효의 『발심수행장發心修行章』, 야운野雲의 『자경문自警文』이다.

　이력과정을 순서대로 살펴보면, 먼저 사집과정은 고봉 원묘의 『선

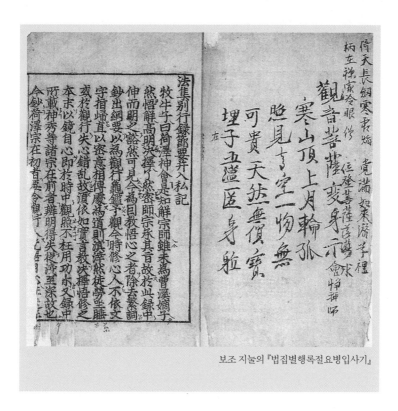

보조 지눌의 『법집별행록절요병입사기』

요禪要』, 대혜 종고의 『서장書狀』, 종밀의 『선원제전집도서禪源諸詮集都
序』, 지눌의 『법집별행록절요병입사기法集別行錄節要幷入私記』다. 『서장』
과 『선요』는 중국 임제종 선승의 서간문과 어록으로서 간화선풍의 습
득과 함양을 위한 필독서였다. 송대에 활동한 종고는 간화선을 주창했
고 원나라 원묘는 깨달음의 인가를 중시하는 간화선풍을 선양한 이였
다. 앞서 휴정은 조사 지엄이 이들의 선풍을 멀리 이었다고 밝힌 바 있
다. 고려 후기의 지눌은 대혜 종고의 『어록』을 읽고 계발되어 만년에 간
화선을 수용했고 또 원의 임제종 승려 몽산 덕이의 간화선풍이 고려

말 조선 초에 큰 영향을 미쳤다. 한편 『도서』는 선교일치를 강조한 당나라 종밀의 저술이고, 『절요』는 종밀의 책을 지눌이 요약하고 정혜쌍수定慧雙修, 돈오점수頓悟漸修에 입각해 주석을 붙인 책이다.

이처럼 사집과의 구성은 교학을 방편으로 삼은 선교겸수의 지향, 알음알이(지해)에 얽매이지 않는 간화선 수행을 요체로 한다. 그리고 이는 지눌의 수행체계와 학습방식과도 유사한 점이 있다. 휴정의 조사인 벽송 지엄도 선과 교를 겸수하는 한편 간화선풍을 드날렸다. 지엄은 "도를 배우려면 먼저 경전을 궁구해야 하지만 경전은 다만 내 마음에 있다"면서 교학을 학습한 후 조사 경절문의 간화선으로 나아가야 함을 강조했다. 그는 『대혜어록』, 『고봉선요』와 함께 『도서』, 『절요』로 제자들을 가르쳤는데, 사집과의 원형이 16세기 전반 지엄 단계에서 이미 갖춰져 있었던 것이다. 16세기 사찰 간행 불서 가운데 사집과에 해당하는 책들이 포함되어 있고 간행 빈도도 높아서 당시 그에 대한 수요가 분명히 있었음이 확인된다. 휴정의 제자 제월霽月 경헌敬軒(1544-1633)도 교육을 할 때 "『도서』와 『절요』로 지견知見을 분별해 토대를 쌓게 하고 『선요』와 『서장』으로 지해의 병을 타파한 후 여섯 개의 법어로 참구의 요절을 삼았다"고 밝혀 사집과가 정착되고 있었음을 볼 수 있다.

다음 사교과정은 처음에는 『원각경圓覺經』, 『금강경金剛經』, 『능엄경楞嚴經』, 『법화경法華經』으로 편성되었다. 이는 선종과 교종의 구분을 떠나 중국과 한국에서 매우 중시된 경전들이다. 『금강경』, 『능엄경』, 『원각경』은 마음의 문제를 다루어 선종에서 중시했거나 선에 이론적 토대를 제공해 선교일치의 경전적 근거가 되었다. 『금강경』은 중국의 남종선을 일으킨 6조 혜능과 지눌이 매우 중시했고, 『능엄경』은 선종이 주류가 된 송대 이후 더욱 각광을 받았다. 『원각경』은 원각심圓覺心을 주제로 한 경전으로 선교일치론자인 종밀이 그에 대한 방대한 주석서를 남겼다. 한편 『법화경』은 일승사상인 천태교학의 소의경전으로서 신라, 고려시대에도 중시되었고 조선 전기에도 수륙재 같은 불교의례와 신앙에서 독송되고 가장 많이 간행된 대표적 대승경전이었다. 17세기 전반까지 법화교학을 계승하는 전법 계보가 이어졌을 정도로 교학 전통에서 차지하는 비중 또한 작지 않았다.

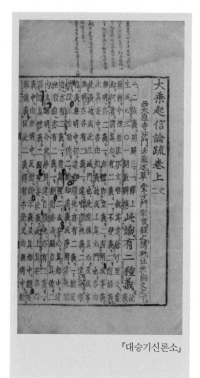

『대승기신론소』

하지만 18세기에는 사교과에서 『법화경』이 제외되고 대신 『대승기신론』이 들어갔다. 『기신론』은 여래장과 유식사상을 종합해 일심의 구조를 체계적으로 밝힌 논서로서 동아시아 불교사상의 전개에 큰 영향을 미친 책이다. 사교과에 『기신론』이 들어간 배경으로는 17세기 말 중국 가흥대장경본 『기신론소필삭기起信論疏筆削記』가 간행되어 유통된 사실에서 1차적 원인을 찾을 수 있다. 『필삭기』는 종밀이 쓴 『기신론소起信論疏』를 토대로 해서 송의 장수長水 자선子璿이 내용을 가감하고 해석을 붙인 주석서다. 18세기 조선에서는 화엄강학이 성행했는데 강원교육에서 논리적·분석적 성격의 『기신론』 강의를 통해 교학에 대한 이해를 한층 심화시킬 수 있었다. 사교과에 속한 경전들과 『기신론』은 마음의 본질과 구조를 밝히고 본체와 작용을 해명하는 데 필요한 근거를 제시했고, 또한 선과 교의 융합을 추구하는 데 도움이 될 수 있었다.

마지막 대교과정을 살펴보면 교에서는 『화엄경華嚴經』, 선에서는 『경덕전등록景德傳燈錄』, 『선문염송집禪門拈頌集』이 들어갔다. 이들 경서는 조선 전기 교종과 선종의 승과시험 과목이었을 정도로 이전부터 중시되던 책이었다. 화엄은 최고의 일승사상으로서 신라 의상 이후 교학 가운데 가장 높은 위상을 가졌고 고려시대에도 화엄종과 법상종은 교종의 양대 축을 이루었다. 이러한 역사적 후광 때문인지 이력과정에서도 최고 단계인 대교과에 들어간 것이다. 『전등록』은 11세기 초에 나온 선종의 계보서로서 부처부터 인도의 조사를 거쳐 당시까지 이어진 중국의 선종 계보를 집성해놓았다. 이심전심以心傳心, 불립문자不立文字, 교외별전敎外別傳을 요체로 하는 선의 부처 이후 전법 계보는 선종의 정체성과 정통성을 만천하에 알린 것이었다. 『전등록』은 동아시아 선종에서 매우 중시된 책이며 수많은 전등사서의 교과서가 되었다. 『선문염송집』은 지눌의 제자이자 수선사의 2세 사주인 진각眞覺 혜심慧諶이 역대 조사들의 공안과 법어, 게송 등을 모아 편찬한 책으로 선 수행의 지침서 노릇을 했다.

이력과정의 구성과 내용은 종밀에서 지눌로 이어지는 선교겸수의 전통과 고려 말 이후 대세가 된 임제종 간화선풍의 결합 양상을 분명히 보여준다. 사집과의 체계는 선교겸수와 간화선의 지향을 담은 것이며 사교과도 선종과 교종에서 모두 중시된 마음과 관련된 경론으로 채워져 있다. 대교과는 교학의 대표주자인 화엄과 선의 기풍과 역사를 보여주는 책들을 엄선했는데 조선 전기 승과시험 과목이기도 했다. 이력 과정에서 선교겸수, 화엄, 간화선을 한데 묶어놓은 것을 보면, 보조 지눌의 사상적 영향력이 이 시기까지 지속되었음을 알 수 있다. 또 간화선 우위의 선교겸수는 벽송 지엄과 청허 휴정의 수행방향과도 맞아떨어진다. 간화선과 임제법통, 선교겸수와 화엄교학은 상치되는 내용이지만, 선종의 정체성을 가지면서도 교학 전통을 함께 계승해야 했던 시대적 조건에서 어찌 보면 당연한 선택이기도 했다.

불교 이력과정의 구조는 마음[심心]-이치[리理]-조사풍의 습득[사史]으로 요약할 수 있다. 그런데 이는 1년간 금강산에 입산 수행 경험이 있는 율곡 이이가 제시한 성리학의 독서순서와 매우 비슷한 구조였다. 이이는 "오서五書와 오경五經은 리의 이치와 의리를 얻는 것이고, 성리서性理書는 의리를 마음에 항상 젖어들게 만드는 것이며, 사서史書는 고금의 사변事變에 통달해 식견識見을 기르는 것"이라고 설명했다. 다시 말하면 공부를 할 때 먼저 의리[理]를 파악하고 마음[心]을 수양한 뒤에 사서(역사)를 통해 식견을 키워야 한다는 주장이다. 이황과 함께 조선 유학을 대표하는 이이는 『논어』, 『맹자』, 『대학』, 『중용』의 사서四書를 한글로 풀어쓴 언해를 지었고, 성리학 학습의 대강과 방향을 이렇게 제시한 것이다. 이와 비교해 이력과정의 체계에 대한 영월 청학의 설명을 보면, "사집과는 점수漸修와 참구參究를 통해 마음의 깨우침을 제시한 것이고 사교과는 경전을 통해 이치를 깨닫는 것이다. 그리고 『전등록』과 『염송』은 조사의 기풍을 배워 올바른 수행방향을 알게 한 것"이라고 풀이된다. 유교 쪽의 리와 심의 순서를 심과 리로 바꾼 것을 제외하면 구도와 지향이 크게 다르지 않음을 볼 수 있다. 또한 당시 문과 과거에서 '사경四經의 교의敎義'와 '사서四書의 의심疑心'을 시험 보았음을 떠올리면, 사집과 사교로 되어 있는 이력과정의 구성과 명칭에서도 연관성을 찾을 수 있다.

이력과정의 서책들은 17세기 전반부터 대대적으로 간행·유포되어 강원의 강학교육 활성화에 기여했다. 예를 들어 편양 언기는 1630년 경 기도 삭녕 용복사龍腹寺에서 5~6년간에 걸쳐 이력과정의 교재와 스승 청허 휴정의 문집『청허당집』등을 판각해서 주요 사찰에 배포했다. 청허계는 물론 부휴계에서도 승려교육에 이 책들을 썼고, 따라서 계파나 문파의 구분 없이 이력과정이 수용되는 모습을 보인다. 18~19세기의 학승들은 대체로 학습을 위해 이름난 종장들을 찾아다니며 사집과, 사교과, 대교과의 경론을 순서대로 배우고 강학을 전수했는데, 이를 통해 강원교육이 확고히 정착했음을 볼 수 있다.

17세기 전반에는 이력과정과 함께 선과 교에 염불까지 수행체계에 넣은 삼문수업이 확립되었다. 선·교·염불의 삼문 개념을 처음 제시한 이는 청허 휴정이었고 이를 체계화시켜 정비한 이는 편양 언기였다. 휴정은『심법요초心法要抄』에서 참선문과 염불문을 설명하면서 '원돈문圓頓門의 사구死句'가 아닌 '경절문徑截門 활구活句'를 참구해야 함을 강조하는 한편, 유심정토唯心淨土와 서방정토를 동시에 언급했다. 이를 이어 언기는 경절문, 원돈문, 염불문의 삼문체계를 정립했다. 그는 경절문은 '뛰어난 근기를 위해 마음을 가리키는 격외선풍格外禪風의 선문', 원돈문은 '낮은 근기를 위해 의리를 세워 언어로 이해하게 하는 교문', 염불문은 '서방정토를 염상하는 염불법으로 자신의 마음이 부처이며 자신의 본성이 바로 미타'라고 정의했다. 다시 말해 격외선풍의 간화선,

본래의 마음을 비추고 반조하는 교학, 자성미타自性彌陀의 염불선念佛禪 수행을 구조화한 것이다. 나아가 언기는 중생의 근기에는 차이가 있지만 모든 법은 일심에서 나오므로 삼문은 동일하다고 보았다.

앞서 고려 후기에 보조 지눌이 수립한 삼문은 성적등지문, 원돈신해문, 간화경절문으로 정혜쌍수와 돈오점수의 선교 융합을 기조로 그 위에 간화선 수행을 추가한 구조다. 이에 비해 조선 후기 삼문은 간화경절문은 같지만 원돈문은 교학 자체를 의미하는 것이었고 지눌의 삼문에 없던 염불문이 들어간 점이 특징이다. 기존의 불교 전통을 모두 포괄해서 이어가야 했던 시대적 요청을 반영한 것이다. 그렇다고 선·교·염불의 모든 수행방식을 누구나 다 해야 한다는 '통합적 수행(全修)'을 강제하는 것은 아니었다. 그보다는 각각의 '전문적 수행(專修)'을 전제로 다른 것을 겸수하는 방식이었다. 18세기 중반 진허振虛 팔관捌關의 『삼문직지三門直指』(1769)에서도 "삼문은 서로 다르지만 본질은 같다"라고 밝혀 수행자의 개인 역량에 따른 차이와 함께 삼문의 근원적 일치를 동시에 인정했다. 조선 후기 고승들의 비문과 행장을 보면 교학 공부와 선 수행을 병행하거나 그중 하나를 전문적으로 행하다가 만년에 염불에 전념하는 것이 일반적이었다.

조선 후기 불교계는 임제종 법맥을 정통으로 내세운 법통을 표방해 선종으로서의 정체성을 다졌고 그에 맞게 간화선 우위의 수행기풍을 강조했다. 휴정은 『선가귀감禪家龜鑑』 등 자신의 저술에서 조선 후기 불교의 사상과 수행방향을 제시했는데, 그 요체는 '간화선 우위의 선교겸수'였다. 이는 교학을 입문으로 삼아 선과 교를 함께 닦은 뒤에 문자 이해에 얽매이지 말고 결국은 간화선의 화두 참구로 나아가는 방식이었다. 당시 현실 상황은 선종뿐 아니라 교학과 그 밖의 다양한 의례와 신앙 전통을 함께 이어가야 했다. 그렇기에 실제 정립된 승려교육과 수행방안, 사상적 지향은 선과 교의 겸수에 중점을 두었고 그 결과물이 이력과정이었다. 또 염불문이 포함된 삼문 수행체계의 정비를 통해 선·교·염불의 종합적 전통이 명맥을 이어갈 수 있었다.

3장

종교 지형의 확대:
내세와 정토, 민간신앙의 습합

조선시대에 불교는 여성과 서민 중심의 신앙으로 겨우 명맥을 유지했던 것으로 알려져 있다. 이는 얼핏 보면 맞는 말 같지만, 조선시대에도 왕실과 중앙의 권세가, 하급관리와 아전, 각 지역의 토호 등 다양한 계층에서 불교를 믿었다. 물론 국가의례와 양반 사대부 계층의 가례에서 불교식 제의와 내세관은 설자리를 잃었고, 유교의 제례와 사후 관념이 사회적으로 점차 확산되어갔음은 분명하다. 조선 후기에 들어 유교사회가 본격화되었다고 하는 것은 삶뿐 아니라 죽음의 문제까지도 유교가 힘을 얻게 되었음을 의미한다. 하지만 내세의 문제에서 불교가 가진 오랜 기득권이 하루아침에 사라지고 유교가 전면적 승리를 거두었다고 보기는 어렵다. 조선 사람들 대다수는 업과 윤회로 상징되는 불교의 내세관을 잊지 않았고, 망자의 명복을 빌거나 정토로의 왕생을 꿈꾸는 이에게 불교는 내세로 이끌어주는 길잡이가 되었다.

성리학적 관념이 사회 전반에 영향을 미치고 유교식 제의가 일반 대중에게까지 파급력을 가지게 된 것은 조선 후기인 17세기 이후의 일이었다. 당시는 사림세력이 중앙의 정치무대와 지방 향촌사회의 주도권을 장악하고, 종법에 따른 부계 중심의 유교적 친족 관념이 뿌리를 내리기 시작한 무렵이었다. 이제 유교식 사후 관념과 제의가 양반 사대부로부터 일반민에까지 퍼지면서 큰 권위를 갖게 되었고, 불교의 입지는 점차 좁아질 수밖에 없었다. 하지만 내세의 안녕을 기원하는 전통적 불교신앙은 여전히 확고한 기반을 가지고 있었고, 불교의 내세신앙과 염불정토신앙은 조선 후기에도 성행했다. 이는 유교의 사후 관념과 의례만으로는 채울 수 없는 종교적 염원과 사후세계에 대한 막연한 불안감을 불교가 해소해줄 수 있었기 때문일 것이다. 한편 불교는 민간신앙과의 절충을 통해 새로운 종교적 수요를 창출하면서 그 저변을 다른 방식으로 넓혀나갔다.

조선 후기에 불교의 내세신앙으로 크게 인기를 끈 것은 사후의 명부冥府를 관장하는 시왕十王, 그리고 내세의 구원자인 지장地藏보살이었다. 염라대왕을 비롯해 열 명의 왕으로 구성된 시왕은 현세에 행한 업의 과보에 대해 사후에 판결을 내리는 존재였고, 지장보살은 그 결과에 따라 목적지가 정해졌을 때 더 좋은 쪽으로 이끌어주는 존재였다. 조선시대에도 내세신앙은 수요가 많았기 때문에 시왕전이나 지장전, 시왕과 지장을 함께 모신 명부전이 대부분의 사찰 안에 세워졌다. 한편 조선 후기에는 각종 불교의례집이 빈번히 간행되었다. 그중에는 진언·다라니집이 큰 비중을 차지했는데, 이는 진언밀교신앙과 관련된 주술呪術의례를 담은 것으로 범자梵字 진언에 한글과 한자로 발음을 붙여 쉽게 독송할 수 있게 했다. 밀교신앙은 원래 현세에서의 이익 추구와 즉신성불卽身成佛을 염원하는 성격이 강하다. 하지만 조선 후기의 진언·다라

해인사 〈지장시왕도〉

니집 간행은 대부분 돌아가신 부모의 명복을 비는 시주를 통해 이루어졌고, 따라서 내세신앙의 유형에 속한다고도 볼 수 있다.

무엇보다 조선 후기 불교를 대표하는 신앙은 서방 극락정토로의 왕생을 기원하는 염불신앙이었다. 당시의 시대 상황은 선과 교, 염불 등여러 전통을 함께 계승해야 했고, 승려의 수업체계인 삼문에 선과 교뿐아니라 염불도 포함되었다. 여기서 염불문은 자신의 본성이 바로 아미타불의 불성이라는 자성미타, 마음이 바로 정토라는 유심정토를 내세운 염불선 수행체계였다. 하지만 이는 깨달음을 얻으려는 선 수행의 일환으로 염불을 포섭한 것이었고, 일반 대중에게는 아미타불의 원력에 힘입어 극락정토로의 왕생을 기원하는 염불정토신앙이 훨씬 호소력이 컸다.

조선 후기에 수행이나 신앙으로서 염불이 얼마나 성행했는지 몇 가지 사례를 들어본다. 먼저 승려의 경우를 살펴보면, 석실石室 명안明安 (1646-1710)은 만년에 '염불왕생문'에 귀의해 1709년 지리산 칠불암에서 70여 명이 참여한 서방도량 염불결사를 결성하고 『현행법회예참의식現行法會禮懺儀式』을 간행했다. 명안은 언제 어느 때나 나무아미타불을 염하며 정토왕생을 기원한다는 내용의 「염불가念佛歌」를 지었고 입적하기 직전 서쪽을 향해 세 번 절했다고 한다. 기성箕城 쾌선快善(1693-1764)은 선과 화엄을 두루 배운 뒤 말년에 염불정토문의 입장에서 선과 교를 포섭하고자 했다. 그는 선문과 교문에서는 사람의 능력에 차이가 있지만 염불문은 선과 교, 범인과 성인, 선과 악을 모두 포괄하며 사람에 따라 수행의 단계를 제한하지 않는다고 보아 삼문 중에서 가장 뛰어나다고 여겼다. 쾌선이 쓴 「염불환향곡念佛還鄕曲」은 고향을 찾아가던 도중에 선과 화엄을 접했지만 마지막에는 아미타불을 부르며 고향으로 돌아간다는 내용이다. 한편 교학에 뛰어났던 연담蓮潭 유일有一 (1720-1799)은 "극락이 보이지 않는다고 해서 없다고 주장할 근거는 없다"고 하면서, "반드시 불교를 믿고 염불을 하지 않더라도 선행을 한 이들은 왕생할 수 있다. 또한 천당이 있다면 그곳은 군자가 오르는 곳이므로 잘못을 깨닫고 참된 자성을 드러내야 한다"고 설명했다. 이처럼 왕생의 기준이 참회와 수행에 있지만 선행 역시 매우 중요하다고 강조함으로써 유교사회의 시대성에 걸맞은 주장을 하고 있어 흥미롭다.

염불신앙의 대중적 확산은 관련 서적의 출판과 가사의 창작에서도 그 양상이 확인된다. 조선 후기에는 『예념미타도량참법禮念彌陀道場懺法』, 『예념왕생문禮念往生文』과 같이 염불의식을 모아놓은 의례작법서가 많이 간행되었다. 염불 관련 책은 목판으로 한 번에 1,000부를 찍었을 정도로 그 수요가 적지 않았다. 이는 극락정토로의 왕생을 기원하거나 죽은 이의 영혼을 천도할 때 시행하는 의례가 체계적으로 정비되었음을 보여준다. 명연明衍이 펴낸 『염불보권문念佛普勸文』(1704)을 보면 정토에 왕생한 이들의 사례와 함께 염불작법의 절차가 자세히 나와 있다. 또 「회심곡」 등의 한글 가사를 실었는데, 염불을 통해 극락정토로 왕생하기를 기원하면서 많은 부처 가운데 아미타불에게 염불하는 것이 가장 효험이 있고 극락이야말로 가장 뛰어난 불국토임을 내세웠다. 당시 유행하던 정토 관련 가사는 서방 극락정토로의 왕생을 비는 왕생 가사, 참선 수행을 통해 마음을 닦고 자성을 깨치기를 권면하는 참선 가사로 나뉜다. 19세기에 나온 「권왕가」는 염불수행을 할 때 경계해야 할 열 가지 악업을 소개하고 정토왕생의 요체를 제시해서 큰 인기를 끌었다. 또 염불과 정토를 주제로 한 소설도 널리 읽혔는데, 환생 후에 염불에 전념해 극락왕생했다는 내용의 「왕랑반혼전王郎返魂傳」이 대표적이다.

한편 염불계念佛契나 염불회念佛會가 각지에서 결성되었는데, 이는 승려와 신도가 함께 참여하는 신앙공동체의 성격을 띠었고 대중의 참여도가 매우 높았다. 염불계는 시주금을 모아 염불당의 건립이나 운영을 위한 재화의 증식을 도모했는데, 사찰계 중에서도 가장 비중이 컸다. 그렇기에 염불당의 화주가 사찰의 재정 운영에서 큰 역할을 담당하는 것이 일반적이었다. 예를 들어 경상도 오어사吾魚寺에서는 승려와 속인 150명이 염불계를 조직해 대량의 토지를 구입했고 거기서 나오는 수입으로 염불당을 조성했다. 또 19세기에는 강원도 건봉사乾鳳寺의 만일염불회를 비롯해 전라도 미황사美黃寺, 부산의 범어사梵魚寺 등 염불회가 전국적으로 유행했다. 만일염불회는 27년 이상 매일같이 모여 염불을 행하는 것으로 웬만한 신심과 열성이 아니면 불가능한 일이었다.

조선 후기에는 내세와 정토 외에도 불교와 민간신앙의 습합習合을 통한 종교 지형의 확대가 이루어졌다. 오랜 역사를 지닌 전통적 민간신앙인 명산신앙과 도교에서 유래한 칠성신앙이 불교와 만나면서 사찰 경내에 산신각山神閣, 칠성각七星閣 등이 세워졌다. 밤하늘의 별과 높이 솟은 산은 고대부터 매우 중요한 신앙의 대상이었다. 그런데 칠성과 산신이 불교와의 습합과정을 거치면서 의례집의 청문請文과 의식문, 불화의 도상 안에 들어가게 되었다. 조선 후기 불화 가운데 칠성탱이 정토신앙의 미타탱, 내세신앙의 지장탱과 함께 가장 큰 비중을 차지하는 것도 그러한 추세를 반영한다. 무엇보다 18세기 이후, 특히 19세기에는 사찰 공간 속에 칠성각과 산신각이 세워지게 되었다. 산신신앙은 온갖 재앙을 없애고 복을 빌며 부모의 내세 명복을 기원하는 것이었고 그 효과를 바로 볼 수 있다고 해서 인기를 끌었다. 또 칠성신앙은 불교와 도교의 독자적 흐름으로 이어지며 경쟁과 갈등도 있었지만, 조선 후기에는 양자가 융합하면서 '길흉화복'을 주관하는 신격으로 확고히 자리 잡았다.

이러한 양상은 유교사회로 접어든 당시의 시대상에서는 어쩌면 필연적인 결과였을지 모른다. 주류 질서에서 완전히 밀려난 민간신앙은 그

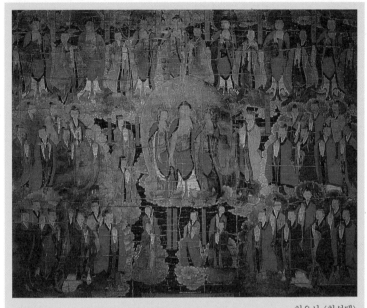

천은사 〈칠성탱〉

나마 종교적 행위 공간을 확보하고 있던 불교에 기댈 수밖에 없었다. 반면 불교 입장에서 볼 때도 새로운 신앙의 수요를 창출하고 저변을 넓힐 수 있는 유력한 방안을 찾은 것이었다. 이제 누구나 절에 가면 어떤 소원도 이룰 수 있다는 희망을 가질 수 있었고, 사찰은 지역사회에서 복합적 종교 거점 역할을 했다. 다양한 민간신앙의 수용과 융합은 불교의 기반을 넓히는 데 기여했고, 전통적 민간신앙도 불교와의 결합을 통해 오랜 생명력을 이어갔다. 이처럼 조선 후기 불교는 내세와 정토, 민간신앙과의 습합을 통해 종교적 지분과 기득권을 지킬 수 있었다. 더욱이 선행을 강조하고 효를 내세로까지 이어서 실천함으로써 불교는 유교사회에서 그 나름의 지분을 확보하게 되었다.

한편 18세기 후반 조선에서는 천주교가 자생적으로 퍼져나갔다. 그 배경에는 여러 가지가 있겠지만, 원래 불교 용어였던 천당이나 지옥 등 불교의 내세관이 확고히 정착되어 있었던 것도 중요한 하나의 이유였다. 당시 유학자들은 내세관이 비슷함을 들어 천주교를 불교의 별파라고 인식했을 정도였다. 천주교의 도전은 내세로 가는 길목을 장악하고 있던 불교 측에는 큰 위협이 될 수 있었다. 하지만 천주교는 충과 효 같은 유교사회의 핵심 윤리를 저버렸다는 이유로 조선 정부의 탄압을 받았다. 그에 비해 불교는 효의 실천을 현세에서 내세로까지 연장시켰고, 국왕의 장수와 안녕, 나라의 평안과 번영을 기원해왔다. 이처럼 '전통의 안'에 있던 불교는 천주교와의 경쟁에서 힘들이지 않고 승리를 거둘 수 있었다. 결국 19세기 말 서구 근대문명의 물결이 노도와 같이 밀려들기 전까지는 내세로 가는 이정표를 불교가 독점하면서 조선인들의 종교적 심성을 달래줄 수 있었다.

다음으로 조선 후기에 국왕과 왕실, 세도가 등 권력층의 불교신앙 양상은 어땠는지를 시기별로 간단히 살펴보자. 17세기 전반은 임진왜란과 병자호란의 양란으로 민심이 동요하고 국왕의 권위가 땅에 떨어진 시기였다. 이때 각 사찰에서는 국왕의 장수를 비는 원패를 세우고 왕실과 국가의 번영을 기원했다. 또 전란의 여파인지 선조 말년인 1606년에는 거사들이 도로를 수리하고 한양 창의문 밖에서 큰 수륙대회를 열었는데, 이때 시장이 문을 닫고 사족의 부녀까지 큰 길에 몰려나와 사회 문제가 될 정도였다. 당시 남자는 거사가 되고 여자는 사당이라 부르며 승복을 걸치는 풍조가 만연했으며, 사대부까지도 승려를 접대하고 부처를 공양하며 재회를 베푼다는 비판적 기사가 실록에 나온다. 임진왜란 당시 의승군의 활약을 지켜본 광해군은 사명 유정의 병중에 약을 보냈고 부휴 선수에게는 불교의 가르침을 묻고 시호를 하사했다. 또 효종은 봉림대군 시절에 선수의 제자이자 남한산성 팔도도총섭을 지낸 벽암 각성에게 화엄의 요체를 물었다고 한다. 현종은 일시 억불책을 펼치기도 했지만 두 공주를 잃은 뒤에 원찰을 짓고 불교식 추천의례를 행하기도 했다. 숙종도 태조와 관련이 있는 함경도 석왕사釋王寺에 친필을 써주었고 화엄사 각황전이 중창되자 '선교양종 대가람'의 편액을 내렸다.

18세기는 조선 문화의 르네상스 시기로서 많은 사찰이 중수되고 다수의 불상과 불화가 만들어졌다. 왕권강화와 효의 실천을 위해 불교를 활용했던 정조는 용주사龍珠寺 창건 때 "부모의 은혜에 보답하기 위해 복전福田을 짓고 공양한다"는 「봉불기복게奉佛祈福偈」를 지었다. 또 『부모은중경父母恩重經』을 간행해서 전국 관청과 사찰에 배부했는데 왕생 후 극락의 안락함을 그린 그림을 추가했다. 정조는 100일 기도 끝에 왕자를 낳자 석왕사, 선암사仙巖寺에 감사 글과 토지를 내렸고, "불교는 유불도 3교 가운데 가장 늦게 나온 것이지만 그 영험함은 매우 두드러진다. 유학자들은 이를 믿지 않으나 간혹 믿지 않을 수 없다"라며 기쁨을 나타냈다. 부모와 자녀의 복을 기원하는 문제에서는 국왕도 불교를 통해 종교적 심성을 드러냈음을 볼 수 있다.

19세기는 세도정치가 전개되고 민란이 도처에서 일어나는 등 정치적·사회적 혼란이 극심했고 각 지역의 사찰에서는 양반 토호의 사적인 침탈도 빈번했다. 반대로 왕실이 후원하는 불사와 법회, 불서 간행은 지속되었고, 왕실 원당 사찰에는 잡역 면제 등 특혜가 주어졌다. 내우외환의 시기에 왕실은 나라의 안녕과 번영을 기원하는 법회를 자주 열었고, 송광사 성수전 등 국왕의 원당이 나라의 재정지원으로 여러 곳에 세워졌다. 세도가나 정부 고관의 불교 후원 사례도 확인되는데, 대표적 세도가문인 안동 김씨의 경우 여주 신륵사神勒寺에서 불사를 크게 일으켰다. 이처럼 19세기에는 국왕과 왕실부터 일반민까지 종교에 기대어 현실의 어려움을 이겨내고자 했다. 불교 같은 전통적 신앙은 물론 동학을 비롯한 신흥 종교가 생겨났고, 또 정부의 탄압에도 버텨온 천주교와 새로 들어온 개신교도 19세기 말부터 종교의 자유 경쟁에 뛰어들면서 불교는 전통과 근대 사이를 넘어 새로운 활로를 찾아야 했다.

4장

조선 후기 승역의 실상과 사원경제의 기반

17세기 이후 불교계에 문파가 형성되고 법통, 교육, 수행체계를 정립하면서 내실을 기할 수 있었던 것은 승려의 자격과 활동이 인정되고 사원경제의 토대가 갖추어졌기 때문이다. 조선 후기에 국가는 승려의 노동력을 활용하는 대가로 승려라는 특수신분을 용인하고 제도 안에 포섭하는 정책을 펼쳤다. 앞서 임진왜란 때는 의승군에게 도첩에 상응하는 선과禪科를 지급했고 팔도도총섭 밑에 도별로 두 명씩의 총섭을 두어 승군을 이끌게 했다. 전란이 끝난 뒤에 나라를 다시 세우기 위해 전력을 기울였던 광해군대에는 궁궐의 조영에 승군을 동원했고, 다음 인조대에는 더욱 다양한 방안이 시도되었다. 그 시작점은 벽암 각성을 팔도도총섭으로 임명하고 승도를 동원해 남한산성을 축성하게 한 것이었는데, 이후 승군이 산성의 방어를 맡게 되었다. 그 대가로 정부에서는 승군에게 도첩을 발급한 후 군역을 담당했음을 증명하는 호패를 지급했다. 이후 승려 노동력의 동원과 자격 인정은 점차 관례화되었다.

이와 같이 17세기부터는 궁궐, 산성, 능묘, 제방 등을 조성할 때 국역

敎旨

休靜爲國一都大禪師
禪敎都總攝扶宗樹敎
普濟登階者

萬曆二十年十月初十日

서산대사 교지

체계의 틀 안에서 승려 노동력을 적극적으로 이용했다. 전란 직후에는 국가 부역에 참여하는 양인들이 현저히 줄어들어 국가 요역체계를 제대로 운영하기 쉽지 않은 상황이었다. 그래서 조선 정부는 양인의 노동력을 직접 징발하는 대신 곡물이나 돈을 내는 방식으로 정책기조를 잡아나갔다. 한편으로는 조직적으로 동원하기 쉽고 노동 효율성 또한 매우 높았던 승역僧役에 주목하게 되었다. 당시 기록에는 "역에 소집된 장정이 3일을 일해도 승군이 하루 일한 것에 미치지 못한다"라는 평가가 나온다. 그렇기에 국역체계 안에 승역을 편입시켜 운용하게 된 것이다. 승군은 산성의 방비뿐 아니라 『조선왕조실록朝鮮王朝實錄』이나 왕실 족보 『선원록璿源錄』 같은 국가 중요기록물을 보관하는 4대 사고史庫의 수호, 그리고 변방 지역의 군역 일부도 담당하게 되었다.

승역은 모든 승려가 다 지는 것은 아니었고 잡역과 마찬가지로 사찰별로 할당된 수를 채우면 되었다. 그 대신 국가에서는 별도의 통제정책 없이 승려의 활동과 사찰의 운영을 허용했다. 이러한 상황에서 승려의 환속을 막고 승역을 지는 승도 수를 파악하기 위해 호적대장에 올려 관리할 필요성이 생겨났고, 결국 17세기 후반부터는 본향의 호적에 승호僧戶를 기재해 승려를 직역의 하나로 넣었다. 이제 승려는 더는 세속과 무관한 출세간의 존재가 아니라 일반민과 다름없는 국가체제 안의 정식 구성원이 된 것이다. 각 지역별로 주요 사찰에 부과된 승역은 불교계에 부담이 되었지만, 승려는 국가로부터 부여된 의무를 다함으로써 정당한 권리를 가진 사회적 존재가 되었다.

18세기 승역의 전개 양상을 보면, 남한산성에 이어 북한산성의 축성과 방비에 승군이 동원된 사례를 들 수 있다. 숙종대인 1711년에 북한산성이 조성되면서 남한산성에 개원사開元寺를 비롯한 아홉 개의 사찰이 두어진 것처럼 북한산성에도 중흥사重興寺를 포함해 열한 개의 진호사찰이 세워졌다. 각 사찰은 승장이 관리했고 남·북한산성의 승영을 관할하는 승대장은 전국의 승려를 총괄하는 팔도도총섭을 겸임했다. 두 산성에는 총 700명의 승군이 상주했는데, 1년에 여섯 차례 평안도와 함경도를 제외한 6도의 승려들이 교대로 역을 지는 의승방번제義僧防番制가 시행되었다. 이후 이 제도가 사찰에 큰 부담이 된다는 북한산성 도총섭 호암護巖 약휴若休의 건의를 받아들여 영조대인 1756년에 방번전제防番錢制를 실시했다. 이는 각지의 승군이 산성까지 직접 가서 입역하는 대신, 매년 승려 1인당 40량씩 해당 사찰에서 고용전을 내어 산성에 상주하는 승군을 재정적으로 지원하는 방식이었다.

또한 18세기 중반부터는 '승려 또한 백성'이라는 전제 아래 산성을 제외한 국가 부역에 승려를 과도하게 동원하지 못하도록 했다. 산릉역은 1757년을 끝으로 승역 대상에서 제외되었고, 지방의 다른 공역도 필요한 양식을 관에서 지급하게 했다. 이와 함께 각종 잡역과 종이 등 특정 공물의 납부가 사찰에 재정적 부담을 주어 방번전을 제대로 내기 힘들다고 하자, 정조는 1785년 남·북한산성의 방번전을 반으로 줄였다. 이러한 경감조치는 국역과 국가 수취체제의 변동 상황과도 관련이 있다. 1751년 일반민이 군역 대신 내는 군포를 2필에서 1필로 삭감한 균역법均役法이 시행되면서 양인의 역이 대폭 줄었다. 이는 상대적으로 양역에 비해 승역의 부담이 커지는 결과를 낳았다. 이전에는 과중한 양역을 피해 승려가 되는 경우가 있었다면, 이제는 거꾸로 승역을 피해 다시 환속하는 '역피역'의 사례가 늘었다. 특히 승역이나 공물, 잡역 등이 집중된 유명하고 큰 사찰일수록 더 큰 피해를 입게 되었다. 18세기 중반 이후 방번전제의 시행과 반액 경감, 잡역 혁파 등의 조처가 잇달아 내려진 것은 이러한 정책적 변화와 연동된 것이었다.

18세기 말 정조대에는 국가에서 불교를 통제·관리하려는 정책 변화가 시도되었다. 정조는 1790년에 부친 사도세자에 대한 추숭의 염으로 수원 화성에 능침사로 용주사를 창건했다. 이때 주지 보경寶鏡 사일獅馹을 팔도도승통八道都僧統으로 임명하고 남·북한산성 팔도도총섭을 겸임하게 했다. 또 교단 자치기구로 5규정소糾正所를 두었는데, 용주사와 명종대 선교양종의 본사인 봉은사와 봉선사, 남·북한산성의 개원사와 중흥사에 설치된 5규정소에 전국의 승려를 규정하고 교단을 관할하는 권한이 주어졌다. 하지만 정조 사후 정치적·사회적 혼란이 심해지면서 정조대에 행해진 불교시책과 5규정소 같은 관리기관은 점차 유명무실해졌다. 대신 지역별·사찰별로 자의적이고 비공식적인 형태로 총섭, 승통 등이 두어지고 임의로 운영되는 등 성격이 변질되었다.

그동안 국가로부터 과도한 승역이 부과된 것을 근거로 조선 후기 승려의 사회적 신분이 천인과 다름없었고, 승려가 8천賤의 하나였다는 잘못된 인식이 통용되기도 했다. 그러나 승역은 천인이 아닌 양인의 역에 준하는 의무였고, 무엇보다 승려는 세습되는 신분이 아닌 자신의 의지와 선택에 따른 존재였다. 조선 후기 승려의 출신도 정확한 수치는 알 수 없지만 대체로 양인이 많았고 승단에는 양반부터 천인까지 다양한 신분이 섞여 있었다. 특히 한문을 읽고 쓸 줄 아는 학승이나 고승은 당시에는 일류 지식인이었고 양반 사류 출신이 적지 않았다. 승려가 여덟 부류의 천민에 포함된다는 잘못된 인식은 『이조불교』를 쓴 다카하시 도루가 조선 후기에 불교가 매우 침체되고 승려가 사회적으로 경멸을 받았다는 부정적 이미지를 형상화하면서 나온 것이었다. 그러나 이는 조선 후기 법제에서 규정한 7종의 천인에 승려를 추가로 집어넣은 것일 뿐, 법전이나 사료에서 승려 천인설을 뒷받침할 근거는 보이지 않는다.

조선 후기에는 승역과 잡역, 공물 납부 같은 부담이 많았음에도 사원의 운영과 유지를 위한 자립적 기반이 마련되었다. 현존하는 전통사찰 대부분은 17~19세기에 중수와 중창을 거쳤고 많은 불보살상과 탱화가 만들어졌으며, 사찰 공간 안에서 수행과 교육 활동, 다양한 신앙 행위가 이루어졌다. 이러한 양상은 경제적 토대가 갖추어지지 않았다면 불가능한 일이었다. 17세기 이후 사원경제의 기반 구축과 관련해 주목할 점은 승려의 전답 소유와 상속이 제도적으로 허용되면서 크게 확대된 사실이다. 고려시대에도 승려 개인의 토지 소유 사례가 없지는 않았지만, 조선 후기에는 그러한 양상이 일반화되고 합법화되면서 관행으로 굳어졌다.

승려 소유의 사유지가 확산된 직접적인 계기는 전 국토를 유린한 임진왜란이었다. 7년간의 전쟁을 거치면서 토지가 황폐화되고 소유권의 혼란이 일어났다. 이는 사찰에서 가지고 있던 전답도 마찬가지여서 사원경제에 큰 타격을 주었다. 당시 폐허가 되다시피 한 사찰을 재건하고 유지하기 위해서는 토지 같은 재정기반을 확충해야 했다. 또 현물 대신 곡물로 공물을 납부하는 대동법大同法이 시행되면서 토지의 소유자는 납세자의 의무를 져야 했고 중요한 법적 의미를 가지게 되었다. 이런 상황에서 승려의 사유지가 늘어남에 따라 그 상속권을 법으로 정해야 할 필요가 생겼다. 17세기 중반에 조선 정부는 승려의 개인 사유지를 사찰 내에서 제자에게 물려주지 못하도록 조치했다. 하지만 이는 현실과 맞지 않았고 잘 지켜질 리도 없었기에 얼마 후 다시 속가의 친족과 함께 승려 사제의 토지 상속을 허용했다. 이는 승려 개인이 부모나 가족, 스승에게 물려받은 전답을 제자에게 주고 그것이 결국 사찰이나 문파의 재산으로 축적될 수 있는 제도적 장치가 되었다.

이뿐 아니라 사찰의 재산을 늘리고 원만한 재정 운영을 돕기 위해 사찰계寺刹契가 결성되고 보사補寺 활동이 활발히 일어났다. 사찰계는 승려를 중심으로 재가 신도들이 함께 참여하는 신앙 결사의 성격을 가진 계회였다. 특정한 목적을 가진 신앙공동체를 만들어 토지를 구입하고 그 땅을 통해 얻은 이익금을 사찰에 기부하거나 전각을 조성하는 방식이 일반적이었다. 사찰계의 종류는 매우 다양했다. 동년배들끼리 결성하는 갑계, 같은 문파의 승려들이 조직하는 문중계, 사찰의 개별 전각을 조성하거나 중수하기 위한 불량계가 있었고, 신앙 위주의 사찰계로는 염불계, 미타계, 칠성계, 지장계 등이 만들어졌다. 이 밖에도 사찰 주

표충사 순영巡營 「완문完文」
(조선시대에 관찰사가 직무를 보던 관아인 순영에서 발급한 허가문서)

변의 소나무 등 산림을 육성하기 위한 송계, 승려교육을 위한 학계, 범패梵唄(불교의례 때 쓰이는 음악) 전수를 위한 어산계 등 특수 목적성 사찰계가 다양하게 존재했다. 사찰계 외에도 보사청補寺廳이 큰 사찰을 중심으로 운영되었는데, 이는 고위직 승려들이 주축이 되어 절의 재정자립을 추구한 일종의 사설 금융기관이었다.

또한 유력가의 후원이나 재회, 기도 등을 통해 들어오는 보시금 등 전통적 방식의 수입원도 여전히 존재했다. 특히 유서 깊은 명찰이 왕실이나 궁방의 원당으로 지정되면 잡역이나 공물 납부 등이 면제되고 기타 사적인 침탈에서도 벗어날 수 있었다. 이는 특혜와 지원을 얻어 경제적 기반을 늘릴 수 있는 유력한 방안이었다. 이에 거짓으로 원당이라고 칭하는 사찰이 있었을 정도였다. 한편 조선 후기에는 잡역이나 각종 잡물의 공납 등을 행하면서 승려들이 수공업 분야의 전문기술자로 활동하는 경우가 많았다. 사찰에서는 종이를 생산해 납품했고 목판인쇄도 빈번히 이루어졌다. 또한 많은 불사를 통해 뛰어난 목공과 석공, 화승 등이 배출되었다.

양란의 피해를 극복하고 국가재정이 임진왜란 이전 수준으로 돌아가게 된 17세기 후반부터는 각지에서 크고 작은 불사가 일어났다. 이는 일반 사회는 물론 사찰의 재정 상황이 좋아졌기에 가능한 일이었다. 화엄사 각황전을 비롯해 전국의 주요 사찰에서 큰 규모의 전각들이 중창되었다. 또한 많은 불상과 불화의 제작, 이를 담당한 여러 화승 집단의 존재, 야외법회를 위한 대규모 괘불 그림의 조성 등에서 당시 사원경제의 물적 토대가 갖추어져 있었음을 알 수 있다. 그리고 이는 불교신앙을 매개로 한 왕실과 유력 가문, 보통 사람들의 종교적 기원과 후원 역시 계속되었음을 뜻한다.

한편 19세기에는 왕비와 외척세력이 정국 운영을 좌지우지하는 세도정치가 시작되었다. 그러면서 온갖 특혜와 비리, 정치적·사회적 혼란이 거듭되며 공적 제도가 가동되지 않고 기강이 무너져 내렸다. 그 결과 중앙과 지방의 국가 운영체계가 흔들리고 경제적 모순과 양극화 현상이 날로 심해지면서 민란이 자주 일어나는 원인이 되었다. 불교계의 경우에도 힘 있는 양반 사족이나 토호들이 사찰을 침탈하고 과도한 요구를 하는 등 힘겨운 시기를 겪어야 했다. 물론 왕실과 정부 차원에서 원당이나 주요 사찰의 잡역을 혁파하고 다량의 공명첩空名帖을 내리거나 외부인의 사적 농단을 금지하는 등 긴급조치를 취하기는 했다. 그럼에도 19세기 조선 사회의 난맥상과 혼란은 사찰에도 투영되어 나타났다. 그리고 이때의 어두운 기억이 20세기에 들어 조선 후기 불교 쇠퇴론과 승려 천인설 같은 부정적 이미지로 거듭난 것이다.

　의승군 전통을 이은 승군의 운용과 승역의 관행화는 조선 후기 불교의 존립을 가능케 하는 제도적 기반이 되었다. 불교는 국가 입장에서 정책적 활용의 대상이었지 억압과 배제, 타파의 대상이 아니었다. 다만 다른 한편으로 불교의 출세간적 지향과는 배치되는 것이었고, 오랜 역사 속에서 국가가 보장하던 '면세·면역 계층인 승려상'이 무너진 것이기도 했다. 시야를 넓혀보면 동아시아에서는 불교가 세속의 정치권력에 기본적으로 종속되었고 자율권과 성역을 확보하기는 쉽지 않았다. 조선시대 불교와 국가의 관계는 이러한 동아시아 세계의 공통 지형을 기반으로 하면서도 국가와의 강한 정책적·경제적 유착이라는 면에서 독특한 특성을 가진다.

5장

유불 교류의 양상과
불교 심성론

유교가 정치와 사상, 사회규범과 의례의 기본 틀이 되었던 조선시대에
도 유학자와 승려 사이의 인적·지적 교류는 계속되었다. 유교와의 접
점을 찾기 위한 불교 측의 노력도 이어졌는데, 일심을 매개로 한 유불
도 3교의 근원적 일치가 주장되었다. 나아가 성리학에서 말하는 하늘
의 이치인 천리가 사람의 본성에 담겨 있다는 '성즉리性卽理'에 대비되
는, 중생의 마음 안에 이치가 있다는 '심즉리心卽理'의 학설이 나오기도
했다. 또한 유명한 학승이나 각 문파의 고승들도 명문 사대부와 마찬가
지로 사후에 문집이 간행되었고 17세기부터는 고승 비도 세워지기 시
작했다. 이때 문도들이 스승을 위해 이름난 문사나 고위 관료들을 찾아
가 비문을 의뢰하고 비를 세우려고 노력하는 모습이 많은 기록에서 확
인된다.

　조선시대 학승들은 대개 한문과 유학에 대한 깊은 소양을 가지고 있
었고, 당대의 명사들과 시문을 주고받거나 가르침을 얻는 경우도 많았
다. 청허 휴정도 출가 전에 성균관에서 유학을 공부했고 유불도의 요

체를 정리한 『삼가귀감三家龜鑑』을 남겼다. 휴정은 당시의 이름난 유학자였던 조식, 기대승 등과도 교류했다. 휴정이 입적한 후 그의 비문과 문집 서문을 써준 이는 당시 한문 4대가에 들어간 이정구, 이식, 장유였다. 사명 유정도 우의정·좌의정·영의정을 역임한 노수신에게 노자와 장자莊子, 당과 송의 시를 배웠다. 유정이 임진왜란이 끝나고 전후 처리와 국교 재개를 위해 탐적사探賊使(조선통신사의 초기 명칭)로서 일본에 갈 때는 고위급 관료들이 잘 다녀오라는 송별시를 지어주기도 했다. 이처럼 고승과 학승들은 유학자 관료와 활발히 교류했고 조선 후기 승려의 문집과 비문에서 관련된 기록들을 찾아볼 수 있다.

유학자 가운데서도 불교 교리를 잘 알고 수행이나 신앙 등에 관심을 갖는 이들이 있었다. 다만 유학자 문집이나 다른 공적 기록에서는 승려와의 친분이나 교유 사실을 잘 드러내지 않는 경향이 있어서 실제 펼쳐진 유불 교류의 장을 생생히 복원하기에는 자료적 한계가 분명히 있다. 여기서는 몇몇 이름난 유학자가 불교에 대해 가진 생각이나 맺은 인연을 소개해본다. 먼저 5,000원권의 주인공인 율곡 이이(1536-1584)는 1,000원권에 나오는 퇴계 이황과 함께 조선 유학을 대표하는 학자이자 경세가였다. 그는 10대 후반에 어머니 신사임당의 3년상을 치르자마자 금강산으로 들어갔다. 이때는 문정왕후의 명으로 1550년(명종 5년) 선교양종이 재건되고 승과가 다시 치러진 직후였는데, 이이는 입산 출가 후 1년 동안 불교를 공부했다. 그는 "불교의 오묘한 이치가 유교에서 벗어나지 않으므로 유교를 버리고 굳이 불교에서 구할 것이 없다"라고 하며 산을 내려왔다. 이이는 선조에게 올린 『성학집요聖學輯要』에서 윤회 등은 허무맹랑한 설이라고 비판하면서도 불교의 심성론에 대해서는 높은 평가를 내렸다.

삼척부사로 있을 때 불상을 모셨다는 이유로 파면당한 허균(1569-1618)은 당시로서는 드물게 불교를 신앙하는 유학자 관료였다. 그의 형 허봉은 사명 유정과 매우 절친한 관계였고 임진왜란 때 팔도도총섭으로 활동한 유정이 자신의 시문 원고를 보관하게 했을 정도였다. 허균도 유정과 교류를 지속해 유정 입적 후 제자들의 부탁으로 비문과 문집 서문을 써주었는데, 이때 조선 불교의 법통설이 처음 제기되었다. 이처럼 친불교적 성향을 지닌 그는 "위로는 유학을 높여 사대부의 습속을 맑게 하고 아래로는 부처의 인과와 화복으로 인심을 깨우친다면 고르게 다스려질 것이다"라면서 유불병행론을 내세웠다.

조선 실학의 선구자로 알려진 이수광(1563-1628)은 마음으로 본성을 본다는 불교의 '즉심견성卽心見性'과 마음을 간직하고 이치를 밝힌다는 유교의 '존심명리存心明理'는 마음의 작용이나 근원에서 같지 않다고 보았다. 그러면서도 『지봉유설芝峯類說』에서 "이단은 유학의 도에 해가 되지만 한편 이익도 있다. 불교에서 마음을 살피는 것은 마음을 멋대로 놓아두는 자의 경계가 되고 살생을 금하는 것은 죽이기 좋아하는 자에게 금기가 된다"라고 밝혀 윤리와 교화 측면에서 불교가 가진 효용가치를 인정했다.

한편 불교에 대한 세간의 비난을 들어 하나하나 따지는 구체적 반박 논리가 나왔다. 17세기 중반 팔도도총섭을 지낸 백곡白谷 처능處能(1617-1680)은 현종대의 일시적 억불시책에 대해 문제점을 지적하며 장문의 「간폐석교소諫廢釋教疏」를 국왕에게 올렸다. 여기서 처능은 중국과 인도의 공간적 차이, 중국 삼대三代와 다른 시간적 차이, 인과응보와 윤회설의 허망함, 경제적 해악과 정교의 손상 등 불교에 대한 비판론을 먼저 정리했다. 그리고 각각에 대해 지역과 시대가 달라도 이치는 같고, 출가자는 노동보다 수행에 힘써야 하며, 불법不法 승려의 처벌과 불교의 폐지는 다른 차원의 일이라는 점 등을 지적했다. 또 불교가 선왕선후의 명복을 빌고 승려들이 군역과 공납에 공헌하는 등 국가에 이로움을 주었으므로 이단으로 차별하고 폐불을 꾀하는 것은 부당하다고 주장했다.

18세기에 활동한 연담 유일은 조선의 지식인 사회에서 금과옥조로 여기던 대의명분과 중화 정통주의에 동조했다. 그렇기에 그는 당시 유학자들로부터 '충의의 대장부', '겉은 승려지만 속은 유학자' 등의 평가를 들었다. 그러면서도 당시 유학자들의 불교에 대한 인식에는 문제가 많음을 지적했다. 유일은 당·송 이후 중국의 이름난 유학자들은 불교를 탐구해 유불이 근본에서 같음을 알았고 승려들과 이치와 심성에 대해 논의했음을 들었다. 그는 성리학을 이론적으로 체계화시킨 주희도 선승의 영향으로 심법의 요체를 깨달았고 불교에서 배운 바가 적지 않았다고 강조했다. 반면 조선의 유학자들은 진리 추구가 아닌 과거시험 공부에만 몰두해 실천궁행하는 공부가 부족하며, 단지 허무하다는 이유로 불교에 대한 비판을 일삼는다고 나무랐다. 유일은 공세의 표적이 된 윤회나 인과설에 대해서도 해명하고 유교 경서에서 논거를 찾아 반문하는 등 적극적 변론을 시도했다.

상·장례를 다룬 의례집에서도 유불이 서로 교차한 시대성의 일면을 볼 수 있다. 17세기 중반에는 『석문상의초釋門喪儀抄』, 『석문가례초釋門家禮抄』, 『승가예의문僧家禮儀文』 같은 불교 상례집이 집중적으로 간행

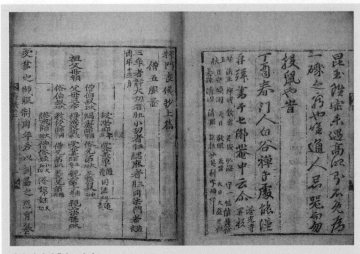
벽암 각성의 『석문상의초』

되었다. 당시는 가례를 비롯한 예학이 성행하고 예송 논쟁이 활발히 펼쳐지던 때였다. 이들 불교 상례집의 서문에는 "조선에는 불가의 상례에 대한 근본이 없고 현재 시행되고 있는 것은 규범에 맞지 않는다. 『선원청규禪苑淸規』 등 불교 상례의에 의거했지만 중국의 법이 조선의 예와 맞지 않으므로 그 요점만 간추린다"라고 되어 있고, 또 "세속의 예인 『주자가례』를 취해 『선원청규』 등에 빠진 내용을 보충하고 그 절요를 간추린다"라고 간행의 목적과 의미를 밝히고 있다. 이들 불교 상례집에서는 『주자가례』에 의거해 상복을 입는 기간인 오복제五服制 조항을 도입해서 승려 사제 간의 관계를 세속의 친족과 같은 촌수寸數로 규정해놓았다. 임진왜란 후 17세기에는 불교계 문파가 형성되고 사제 간의 결속이 강화되면서 전답 상속과 제사 등 권리와 의무에 관한 기준과 준거 틀이 요구되었다. 이를 반영해 불교 상례집에는 사제 사이의 인적 관계망을 오복제와 촌수 같은 세속의 룰에 따라 규정한 조항이 들어가게 된 것이다.

조선 후기에는 불교 심성에 관한 논의도 활성화되었다. 17세기에 운봉雲峯 대지大智가 쓴 『심성론心性論』은 불교의 전통적 심성 이해에 기초해 마음과 본성의 문제를 다루었다. 대지는 일심=여래장=불성을 전제로 한 심=성의 관점에서 진심과 자성이 곧 부처이며 법이라는 '진심즉성眞心卽性'의 논리를 폈다. 그는 당시 불교계에서 "사람들 각각의 법신法身은 결국 하나"라는 일원론적 주장이 통용되고 있음을 비판하면서 "사람들 각각이 원만하다"라는 다원론적 입장을 제시했다. 18세기에는 대둔사의 편양파 종장인 연담 유일과 송광사 부휴계의 적전인 묵암黙庵 최눌最訥 사이에 심성 논쟁이 펼쳐졌다. 조선시대 사상사의 주요 과제였던 성리학의 이기심성론理氣心性論과 유사한 심성 논의가 잇달아 나온 것은 불교계도 조선 사상계의 한 구성원이었음을 보여준다.

묵암 최눌과 연담 유일의 논쟁을 담은 『심성론』 3권은 저자인 최눌의 문도들이 불태웠는데 그 정확한 이유는 알 수 없다. 그런데 유일이 쓴 짧은 서문이 전하고 있어 논의의 요점은 겨우 파악할 수 있다. 유일은 "부처와 중생의 마음은 각각 따로 원만하지만 본래는 하나다"라는 입장에 서 있었다. 이는 일심이 모든 개체에 다 구현되어 있기 때문에 각각의 마음이 완결성을 갖지만 근원에서는 같다는 뜻이다. 이에 비해 최눌은 "부처와 중생의 마음은 각각 따로 원만하며 원래부터 하나가 아니다"라는 주장을 펼쳤다. 이는 부처와 중생의 마음은 각각의 완결성을 갖추고 있으므로 독립적 주체성을 인정해야 한다는 것이다. 양자의 논의는 이치와 현상이 서로 다르지 않다는 '체용불이體用不二'의 관점에서 보는 성기性起, 현상적 개체의 상대적 관계에 중점을 두는 연기緣起의 입장으로 대별해볼 수 있다. 또 전자는 '일즉다 다즉일一即多多即一'이라는 리理의 본원적 측면을 강조한 것이고, 후자는 현상적 개체인 사事의 독립성을 중시한 것으로 이해된다.

이러한 심성 논의는 조선 사상계의 주요 과제였던 이기심성론, 특히 그 연장선상에서 18세기를 풍미했던 호락湖洛 논쟁과 몇 가지 공통점이 있다. 호락은 호서(충청도)와 낙양(한양)을 가리키며, 쉽지 않다는 뜻의 '호락호락하지 않다'는 말이 여기서 나왔다고 할 정도로 난해한 논쟁이었다. 그런데 불교계에서 부처(성인)와 중생(범인)의 마음, 양자의 일원성과 다원성을 두고 논란을 벌인 것은 호락 논쟁에서 성심聖心과 범심凡心의 같고 다름, 인성人性과 물성物性의 관계를 논의한 것과 매우 흡사하다. 성리학에서는 천리天理를 궁극적인 절대 이치로 상정하면서도 리理와 현상의 기氣 사이의 관계성을 둘러싸고 어디에 중점을 두는지에 따라 본연지성本然之性과 기질지성氣質之性으로 나눈다. 이처럼 마음과 본성, 원리와 현상에 대한 철학적 해석은 성리학과 불교 모두의 관심사였다. 보통 성리학을 이학理學, 불교나 양명학을 심학心學으로 분류하는 것은, 성리학에서는 본성에 내재된 '리'의 절대성을 강조하는 반면 불교에서는 마음[心]을 중시하기 때문이다. 유학자들은 불교를 허무주의, 상대주의로 비판해왔는데, 조선 후기 불교계에서는 일심의 본원성에 주목한 '심즉리'의 구도를 전제로 일원적 절대성과 다원적 상대성을 논했다. 이는 성리학에서 '성즉리'를 전제로 한 본연지성의 절대성과 기질지성의 차별성을 논의한 것에 비견되는 불교식 접근법이었다.

김정희의 〈세한도〉

이를 통해 조선 후기의 교학승들은 불교의 일심과 유교의 천리가 만나는 접점을 찾고자 했는지도 모른다.

이후 19세기로 접어들면 청에서 들어온 고증학과 서양 학문의 영향으로 사상계의 분위기가 다시 바뀌었다. 조선의 사상 전통에 대한 종합적 이해와 해석이 시도되는 한편, 이규경의 『오주연문장전산고五洲衍文長箋散稿』를 비롯해 방대한 주석과 해설을 넣은 백과전서식의 책들도 나왔다. 또한 호남 지역에서는 유배 온 이름난 유학자와 인근의 학승들이 교류하며 학술과 문예의 꽃을 피웠다. 강진에 와서 다산초당을 짓고 18년간 머물렀던 정약용은 아암兒庵 혜장惠藏, 초의草衣 의순意恂 등 재기 넘치는 승려들과 친분을 쌓고 가르치기도 했다. 그는 『대둔사지大芚寺志』 편찬에 고증학적 방식을 적용하게 했고 불교사서인 『대동선교고大東禪敎攷』를 직접 저술했다.

또한 청나라에 가서 최신 사조와 학풍을 전수한 추사 김정희는 불교경전과 교리에도 이해가 깊었다. 그는 특히 대둔사의 초의 의순과 오랜 친분을 나누었는데, 동년배인 두 사람은 시·예·차를 함께 나눈 평생의 지음이자 지기로 지냈다. 김정희가 보낸 38통의 편지에는 차에 대한 언급은 물론 불교 교리에 대한 질의와 고증학적 설명이 담겨 있다. 의순도 김정희의 제문을 지어 40여 년의 '금란지교'를 떠올리며 서로 마음을 터놓고 도를 논했음을 회고했다. 남종화의 대가 소치 허련도 의순에게 시·서·화를 3년간 배우고 그의 소개로 김정희의 제자가 되었다. 한편 김정희는 백파白坡 긍선亘璇과도 서신을 왕래하며 선 논쟁에 직접 참여했는데, 그는 수행 일변도보다는 교학 공부의 중요성을 강조했다. 반면 백파 긍선은 선 수행을 확산시키기 위해 결사를 조직했는데, 그의 수선 결사문에는 명문가 출신의 고관과 노사 기정진 같은 이름난 유학자가 직접 서문을 써주었다. 이처럼 19세기 사상계의 경향은 유교와 불교의 대결보다는 조선적 전통의 하나로 불교를 받아들이면서 새로운 시대적 가치와 지향을 함께 모색하는 쪽으로 흘러갔다.

6장

중국 불서의 전래와
화엄의 전성시대

18세기 이후에는 승려의 교육과정인 이력과정을 중심으로 강원의 강학교육이 매우 활성화되었다. 특히 화엄학 이해와 교학 연구가 중시되었고, 화엄과 이력과정 교재를 대상으로 한 강의노트이자 주석서인 사기私記가 많이 만들어졌다. 화엄학은 신라 의상 이래 한국 불교의 주류 교학이었고, 『화엄경』은 조선 전기 교종의 승과시험 과목이자 조선 후기 이력과정의 최고 단계인 대교과에 포함되었다. 그런데 18세기를 '화엄의 전성시대'라 할 정도로 강학과 연구가 크게 성행하게 된 데는 중국 불서의 우연한 전래가 기폭제가 되었다. 1681년 6월 5일에 전라도 신안 임자도 앞바다에서 태풍에 휩쓸려 온 중국 상선이 발견되었는데, 배 안에는 사람은 없고 불서만 가득 실려 있었다. 이 배는 일본의 황벽판黃檗版 일체경(철안판鐵眼版)을 조성하기 위해 중국의 최신 대장경인 가흥대장경 간인본을 싣고 일본으로 가던 무역선이었다. 가흥장은 1589년부터 약 100년간에 걸쳐 판각된 대장경으로 간행 비용을 마련하기 위해 책자 형태로 만들어 판매했다. 그중에 일본으로 수출되던 한

질의 가흥장본이 태풍을 만나 우연히 조선에 들어온 것이다.

표착선에 실려 있던 1,000여 권의 불서 중 일부는 지방 관아에서 수습해 조정에 올려 보냈다. 당시 숙종은 승지 임상원에게 불서 가운데 『유마경維摩經』이 어떤 책인지 설명해보라고 했지만 그가 고사했다고 한다. 이 불서들은 숙종의 명에 따라 남한산성 안에 있는 수사찰 개원사로 보내졌는데, 현재는 전하지 않는다. 조정에서 가져간 불서 외에도 많은 책이 전라도 인근 사찰에 나뉘어 보관되었는데, 부휴계의 정통 법맥을 이어받은 송광사의 백암 성총이 이를 수집했다. 이때의 불서 입수 경위에 대해 성총은 "중국 배에 실려 온 불서의 거의 절반이 조정에 유입되었지만 능가사楞伽寺, 소요사逍遙寺, 선운사禪雲寺 등 여러 사찰에서 나머지 책을 구해 소장하고 있어서 그 가운데 400여 권을 얻게 되었다"고 밝혔다. 성총은 판각사업에 온힘을 기울여 낙안 징광사澄光寺 등에서 그중 197권 5,000여 판을 찍어 널리 배포했다.

당시 간행된 불서는 12종이었는데, 그중 9종이 『금강기金剛記』, 『기신론기起信論記』, 화엄 등 이력과정과 관련이 있었다. 이때 종밀의 『기신론소』를 토대로 송의 장수 자선이 재차 해석한 『기신론소필삭기』가 합쳐져 간행되어 유통됨으로써 이력과정 사교과에서 『법화경』 대신 『대승기신론』이 들어가게 되었다. 이는 화엄을 필두로 한 교학 중심의 강학교육이 심화된 것과 맥락을 같이한다. 이 밖에도 『정토보서淨土寶書』처럼 염불정토를 주제로 하는 책도 성총이 직접 교감하고 주석을 붙여 펴내면서 대중적 확산의 기폭제가 되었다. 이는 승려교육과 선·교·염불의 삼문 수행체계가 이미 정착된 상황에서 이들 서책에 대한 수요가 있었음을 잘 보여준다.

그런데 성총이 가흥장 불서를 간행하면서 가장 심혈을 기울인 것은 중국 화엄종 4조 징관이 쓴 『화엄경소초華嚴經疏鈔』였다. 『화엄경소초』는 80권본 『화엄경』과 징관의 주석서 『화엄소』, 또 징관 자신이 『화엄소』에 상세한 해설을 붙인 『연의초演義鈔』를 합쳐 부르는 이름이다. 성총은 1682년 전라도 영광의 불갑사佛甲寺에서 가흥장본 합본 『화엄경소초』를 손에 넣은 후 1689년 낙안 징광사에서 각판을 시작했다. 그런데 그가 처음에 구했던 『화엄경소초』는 80권의 완질이 아니었고 절반이 조금 넘을 뿐이었다. 이에 묘향산 보현사를 비롯해 각지 사찰에서 나머지 없는 부분을 찾아 구했으며 1690년에 1차 간행했다. 그리고 1692년 『화엄경소초』의 판각을 기념하는 대화엄회를 열었다. 하지만 이때도 여전히 빠진 내용이 있어서 따로 입수한 명의 영락남장永樂南藏 『연의초』를 참고해 1700년 『화엄경소초』 합본 80자호를 완성해 간행했다.

성총이 펴낸 『화엄경소초』는 명대까지의 주석과 교열 성과를 반영한 중국의 최신 교정본에 의거한 것이었다. 더욱이 징관 화엄교학의 결정판인 『연의초』는 당시 조선에서 쉽게 구해볼 수 없는 상황이었다. 18세기 후반에 연담 유일은 "우리 동방에 청량 징관의 『화엄소초』가 이미 들어와 유통되었지만 언제부터인가 『연의초』는 전하지 않아 화엄강사들이 『화엄소』를 모범으로 삼을 수밖에 없었다. (……) 백암 성총이 『화엄경소초』 합본 80권을 얻어 판각하고 유통시킨 뒤에야 동방의 학자들이 『연의초』의 무애無碍법문을 알 수 있게 되었다"라고 기술했다. 이와 함께 조선에 들어온 가흥장에는 『연의초』 앞부분의 총론격인 현담玄談에 대해 원의 보서普瑞가 해설한 주석서 『회현기會玄記』가 들어 있었는데, 이 또한 성총의 주도로 간행되었다. 이로써 조선 강학계에서 화엄교학에 대해 더욱 심도 있는 이해와 연구가 가능해졌다.

화엄학의 주요 해설서의 간행은 18세기 이후 강학의 활성화와 다수의 화엄 사기私記 저술로 이어졌다. 바야흐로 화엄교학의 전성시대가 활짝 열린 것이다. 화엄 사기와 과문科文 작성은 청허계와 부휴계 모두에서 크게 유행했다. 가흥장 불서를 간행한 백암 성총의 부휴계에 대해 『이조불교』에서는 '화엄의 전법'이 그 계보를 통해 이어졌다고 평했다. 부휴계에서는 모운暮雲 진언震言(1622-1703)이 가흥장『화엄소초』유입 직후 화엄을 집중적으로 연구해『칠처구회품목지도七處九會品目之圖』를 지었다. 또 그의 손제자 회암晦庵 정혜定慧(1685-1741)는『화엄경소은과 華嚴經疏隱科』를 저술했고 뒤에 중국 화엄종 5조 종밀의 후신으로 추앙되었다. 한편 성총의 전법제자 무용無用 수연秀演(1651-1719)은 1688년 송광사로 스승을 찾아가『화엄경소초』를 전해 받고 그 정수를 얻었다고 한다. 또 성총에게 화엄 원융의 뜻을 직접 전수했다는 석실石室 명안 明眼(1646-1710)도 「화엄법계품華嚴法界品」을 판각했다. 이어 18세기 후반 부휴계의 교학 종장이자 적전인 묵암 최눌(1717-1790)은 화엄의 대의를 총괄한 「화엄품목華嚴品目」을 지었고 여러 경전의 요체를 정리한 『제경회요諸經會要』를 찬술했다.

청허계 편양파에서도 화엄 강학과 교학 연구는 활발히 진행되었다. 부휴계 묵암 최눌의 「불조종파도佛祖宗派圖」에 특별히 소개된 편양파 주류 계보는 모두 교학에 밝고 화엄강학으로 유명한 이들이었다. 먼저 월저月渚 도안道安(1633-1715)은 조사 편양 언기와 스승 풍담楓潭 의심 義諶의 유훈을 이어받아『화엄경』의 한글 음석 작업을 완수했다. 그는 성총이 간행한 『연의초』와 『회현기』에 근거해 한글로 장과 구절을 나누었다고 한다. 보현사에 주석했던 월저 도안은 화엄의 대의를 강구하고 원교圓敎의 진수인 화엄 법계法界에 뜻을 두었으며, 승속 1,000여 명을 모아 경전을 간행했다. 한편 그가 대둔사의 화엄강회에 참여해 법석을 넘겨받고 종사로 추앙된 일은 편양파 주류가 대둔사를 비롯한 남방으로 진출하는 계기가 되었다. 도안의 동문인 상봉霜峯 정원淨源도 『화엄경』 과문 4과 가운데

환성 지안

없어진 3과의 누락 부분을 교정해 『화엄일과華嚴逸科』를 작성했고, 화엄의 요지를 정확히 파악했다는 평을 들었다.

이처럼 화엄교학에 대한 이해가 깊어지고 사기 저술이 성행하면서 대규모 화엄법회가 곳곳에서 열렸다. 편양파 환성喚醒 지안志安(1664-1729)은 당대 화엄학의 1인자 모운 진언의 인정을 받았는데, 그의 강설은 성총이 간행한 『화엄경소초』의 내용에 모두 부합했다고 한다. 지안은 1724년 금산사 화엄대법회를 개최했는데 1,400여 명의 청중이 구름처럼 모여들어 성황을 이루었다. 그러나 몇 년 후인 1729년에 지안은 앞서 법회 때 많은 대중이 모였음을 빌미로 무고를 당해 옥에 갇혔고,

제주도로 유배 간 지 1주일 만에 입적했다. 지안은 화엄뿐 아니라 선에도 정통해 선종 5가의 특징을 약술한 『선문오종강요禪門五宗綱要』를 지었다. 한편 월저 도안의 문도 설암雪巖 추붕秋鵬도 대둔사 강회에서 『화엄강회록華嚴講會錄』을 남겼고, 제자 상월霜月 새봉璽篈이 1754년 선암사에서 연 화엄강회에는 1,200여 명이 참가할 정도로 인기를 끌었다.

이들에 이어 편양파 교학 전통을 대표하는 종장들 덕에 18세기 화엄교학은 최고의 전성기를 맞이했다. 설파雪坡 상언尙彦(1701-1769)은 『화엄경』을 25회나 강설했고 『소초』의 글자가 확실하지 않은 부분을 해인사 대장경본과 일일이 대조해가며 살폈다. 그 결과 기존에 잘못 전해지던 것을 바로잡아 『구현기鉤玄記』 1권과 『화엄은과華嚴隱科』를 썼다. 상언은 또 『화엄경』 「십지품十地品」을 대상으로 사기를 남겼는데, 그의 제자가 찬한 것으로 보이는 발문에는 "『화엄경』은 근기에 따른 설이 아니며 불성에 계합하는 지극한 설이다. 여러 경전 중에서 가장 뛰어나 근본이 되는데 그 가운데서도 「십지품」은 더욱 깊이가 있다. 이 사기를 쓴 설파장로는 근래의 화엄 종주이며 가르침의 바다로 이끄는 나침반이다"라고 평했다. 한편 1770년에 징광사에 불이 나서 성총이 간행한 『화엄경소초』의 판목이 불타버리자 상언은 정밀하게 교감을 더해 1775년에 중간했고 함양 영각사靈覺寺에 경판각을 세워 보관했다. 이후 이 영각사본은 목판이 마멸될 정도로 많이 인출되었고, 이에 1855년 남호南湖 영기永奇가 경기도 봉은사에서 복각해 펴냈다.

연담 유일은 설파 상언에게 수학한 후 30여 년간 화엄 강석을 펼쳤다. 그는 상언의 『화엄소초』 주석을 '조선 화엄과의 금과옥조'로 높이 평가했고, 중국 화엄학의 조사로서 징관과 종밀을 칭송했다. 유일은 화엄 현담과 「십지품」 등에 대한 다량의 사기를 남겼는데 그의 화엄 사기는 '유망기遺忘記'라는 이름으로 전한다. 조선 후기 화엄교학의 성행 양상은 유일이 주석했던 대둔사의 강학 전통에서 그 일단을 볼 수 있다. 화엄강학을 매개로 한 12대 종사와 12대 강사를 배출한 대둔사의 교학 전통은 청허계 편양파와 소요파가 주축이 되어 만들어졌다. 이들은 청허 휴정이 대둔사에 법이 전해질 것이라고 예견했다는 '서산유의西山遺意'를 내세워 해

인악 의첨

남 표충사를 지정받았고 대둔사가 8도 선과 교의 종원宗院임을 자부했다. 이는 선의 임제법통과 교의 화엄종풍이 결합된 조선 후기 불교의 이중구조를 잘 보여주는 상징적 사례다. 경상도에서 활동한 인악仁嶽 의첨義沾(1746-1796)도 설파 상언에게 수학했고 상언의 『화엄은과』에 의거해 『화엄소초』에 대한 사기를 남겼다. 이들의 사기는 화엄교학 이해의 심화와 강학의 전수에 크게 기여했는데, 19세기 호남과 영남의 강원에서는 각각 유일과 의첨의 사기가 중시되었다. 화엄은 유일의 사기가 더 자세하고 이력과정 사교과에 대한 주석은 의첨의 사기가 더 낫다는 평가가 후대에 내려지기도 했다.

화엄학은 고려 전기까지는 중국 화엄을 체계화시킨 지엄과 법장, 그리고 신라 의상계 화엄이 중심이 되어 전개되었고, 이를 대표하는 사상가는 고려 초의 균여였다. 그러나 송의 진수 정원과 교류한 의천 이후에는 징관의 화엄교학이 중시되기 시작했다. 또한 고려 후기 보조 지눌은 선교일치를 주창한 당의 종밀, 그리고 이통현의 실천적 화엄론의 영향을 받았고, 지눌 이후 조사선과 화엄의 공조·융합은 한국 불교의 고유한 전통으로 자리 잡았다. 조선 전기에는 억불정책이 시행되면서 화엄교학도 침체되었지만, 교종의 승과시험 과목에 『화엄경』이 들어가는 등 교학의 최고봉이라는 위상은 남았다. 그렇기에 조선 후기 이력과정의 마지막 단계인 대교과에 화엄이 포함되었고 강학이 활성화되며 선과 화엄이 양립하는 이중구조가 성립되었다. 더욱이 최신판 『화엄소초』가 간행, 유통되면서 18세기에는 화엄의 전성시대가 열렸다. 그 중심에는 징관의 화엄학이 있었는데, 일심을 매개로 화엄과 선을 연결시키려 한 징관의 화엄교학은 화엄과 선의 이중주에 적합한 것이었다. 나아가 이기심성론을 중시한 성리학이 주도한 조선 사상계에서 리理와 사事의 법계를 펼쳐놓은 화엄교학은 유불의 접점을 찾는 데도 중요한 도구가 될 수 있었다.

7장

19세기 선 논쟁의 전개와
선과 교의 이중주

19세기에는 선을 분류하고 우열관계를 따지는 선 논쟁이 거의 100년 가까이 벌어졌다. 처음 이 문제를 제기한 이는 선을 3종으로 나누어 볼 것을 주장한 백파 긍선(1767-1852)이었다. 그리고 그에 대해 초의 의순이 반박을 가하면서 논란이 크게 불거졌다. 조선 후기 불교의 사상사적 흐름에서 보면 선과 교를 함께 연마하는 이력과정의 성립과 18세기 화엄교학 이해의 심화가 선 논쟁의 배경에 자리 잡고 있었다. 강학에서 교학이 중시되면서 기존에 주도권을 쥐고 있던 선종의 권위와 정체성이 흔들리게 되었고, 그에 대해 선종 입장에서 취한 대응과 반격으로 논쟁이 출발한 것으로 볼 수 있다. 실제로 선 논쟁에서는 선의 종류를 나누고 각각의 위상을 설정하면서 선에 대비되는 교, 특히 조사선과 화엄의 관계를 어떻게 볼 것인지가 중요한 쟁점이었다.

선 논쟁의 불씨를 지핀 백파 긍선은 선과 교를 배우고 강학에 힘쓰다가 40대 중반 이후는 오직 선에 전념했다. 그는 진정한 깨달음을 얻기 위해서는 문자에 얽매이고 알음알이에 치중하는 교를 버리고 조사선을 행해야 한다고 주장했다. 긍선은 선운사에서 출가한 후 지리산에서 당대 최고의 화엄학자였던 설파 상언에게 배웠다. 이어 전라도 순창 구암사龜巖寺에서 상언의 문손으로부터 법을 전했고 장성 백양사白羊寺 운문암에서 처음 법을 설한 후 강학에 매진했다. 그러다 45세 때 법의 참된 진리가 문자 밖에 있음을 깨닫고는 강의안을 거두고 선 수행에 몰두했다. 이후 백양사에서 선의 종지를 드날리고 구암사에서 선강禪講 법회를 여는 등 호남 선문의 중흥자로 명성을 떨쳤다.

백파 긍선은 틀 밖에 있는 격외格外의 선뿐만 아니라 원래 강학에 오래 몸담았던 만큼 화엄 법문에도 밝았고 계율 또한 잘 지켰다. 그렇기에 추사 김정희가 써준 그의 비문 제명은 '화엄종주 대율사 대기대용大機大用'이었다. 다만 장년 이후 긍선의 관심은 오로지 선에 집중되었고 선종의 유파 중에서도 조선 선종의 법통이 연원을 둔 임제종이 가장 뛰어나다고 보았다. 또한 임제종 대혜 종고가 주장하고 고려 후기 이후 중심이 된 간화선을 최고의 수행법으로 여겼다. 그의 저술 면면도 『선문수경禪文手鏡』, 『법보단경요해法寶壇經要解』, 『선요사기禪要私記』, 『선문염송사기禪門拈頌私記』, 『선문오종강요사기禪門五宗綱要私記』 등 선종서에 대한 주석서가 대부분이었다. 이처럼 긍선은 선종의 절대적 우위를 강조했는데, 그가 남긴 「수선결사문修禪結社文」에서 구체적이고 실천적인 선 수행의 면모를 엿볼 수 있다.

긍선은 『선문수경』에서 수행자의 능력(근기)에 따라 선을 조사선祖師禪, 여래선如來禪, 의리선義理禪의 세 종류로 나누었다. 이 중 조사선과 여래선은 조사선이 더 뛰어나지만 둘 다 격외의 선임에 비해 의리선은 문자의 습기와 언어적 이해의 틀 속에 갇힌 가장 낮은 단계의 것으로

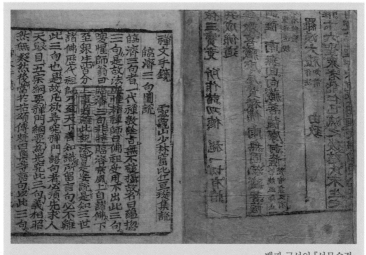

백파 긍선의 『선문수경』

보았다. 또한 선종 5가 가운데서도 임제종을 조사선의 최고 유파로 비정했고 그다음으로 운문종, 조동종, 위앙종, 법안종의 순서로 줄을 세웠다. 법안종은 선교겸수의 가풍을 지녔기에 교학과 관련이 깊다는 이유로 제일 낮은 단계에 위치시킨 것이다. 선을 차등화하는 이러한 파격적인 주장을 해명하기 위해 그는 부처가 가섭에게 선을 전한 방법인 삼처전심三處傳心, 임제종의 개조 임제臨濟 의현義玄의 3구, 살활殺活과 기용機用 등 여러 전거와 개념을 활용했다. 결국 긍선은 선과 교의 차별성을 인정하면서 여래선을 조사선과 함께 격외선으로 올림으로써 교학에 부여된 여래선의 자격을 박탈하고 의리선에 국한시켜 낮게 본 것이다.

당시로서는 일반적이지 않았던 이러한 주장에 대해 제일 먼저 반박한 것은 초의 의순(1786-1866)이었다. 의순은 연담 유일의 문손으로 선과 교에 모두 정통해 대둔사의 13대 종사로 추숭되었고, 김정희와의 교류, 그리고 다도와 서화를 비롯한 학예일치의 삶으로도 알려졌다. 그는 대둔사에 일지암을 짓고 40여 년간 교육과 저술에 전념했으며, 시와 서예뿐 아니라 불화와 범패, 다도와 원예 등에도 일가를 이루었다. 저술로는 『선문사변만어禪門四辨漫語』, 『초의시고草衣詩稿』, 『일지암문집一枝庵文集』 등을 남겼다. 또한 조선의 다도를 일으킨 『다신전茶神傳』과 『동다송東茶頌』도 전하며, 조선 중기 호남에서 '석가의 화신'으로 추앙된 진묵震黙 일옥一玉(1562-1633)의 행적을 쓴 『진묵조사유적고震黙祖師遺蹟攷』도 남아 있다.

의순은 긍선의 주장에 대해 하나하나 오류를 지적했고 이를 『선문사변만어』에 수록했다. 비판의 요점은 사람의 능력 차이에 따라 선을 차등화하고 구분함은 잘못이라는 것이다. 의순도 방편에 따라 사람을 기준으로 조사선과 여래선으로 나누고, 법을 잣대로 격외선과 의리선을 구분할 수 있음을 인정했다. 하지만 이는 단지 편의상의 분류일 뿐 양자 사이에 본질적 우열이나 차등은 있을 수 없다고 보았다. 그는 '조사선(격외선)=여래선(의리선)'의 구도는 전통적 통설임을 강조했다. 만약 긍선의 논리대로라면 부처와 조사도 기용機用을 드러내 설하지 않으면 결국 임제에 미치지 못하는지 반문하고, 선종 5가 분류에서도 위앙종과 조동종은 우열이 없으며 법안종에도 조사선이 있는데 이를 여래선에 배정함은 잘못이라고 비판했다.

의순의 반박은 부처의 마음(선)과 언설(교)은 동일한 근원에서 나온 것이므로 서로 다를 수 없다는 종밀 이래 선교겸수의 기본 전제에 기초한 것이었다. 당시 누군가 선을 실천함에 대해 의순에게 물어보자 "보통의 능력을 가진 사람이라면 선에 전념하는 것과 교에 전념하는 것이 큰 차이가 없다. 내 어찌 힘들여서 그것을 하겠는가"라고 반문했다. 또한 "선은 부처의 마음이고 교는 부처의 말씀인데 입으로 말만 한다면 교는 물론 선의 연구조차 모두 교의 자취에 들어간다. 하지만 마음을 직접 꿰뚫어 얻으면 선뿐 아니라 교학이나 일상의 언어도 모두 가장 높은 깨달음의 경지에 이르는 길이 된다"고 단언했다. 이처럼 의순은 선과 교에 근본적 차이가 없다는 점을 주장하면서 머리가 아닌 마음으로 깨닫는 것이 관건임을 거듭 강조했다.

　백파 긍선과 초의 의순은 둘 다 청허계 편양파의 주류 법맥을 이었다. 이들의 공통 조사인 환성 지안은 『선문오종강요』를 지어 선종 5가의 핵심을 간추리고 6조 혜능 이후 선종 종파 가운데 '기용'을 밝힌 임제종이 가장 뛰어나다고 보았다. 긍선은 『선문오종강요사기』를 지었는데, 대기大機와 대용大用을 선종 5가의 교의에 적용시키고 5가를 조사선, 여래선, 의리선에 배당해 우열을 나누었다. 특히 임제삼구를 강조하며 임제종의 선풍을 조사선의 가장 뛰어난 것으로 보았는데, 이는 지안의 영향으로 볼 수 있다. 긍선은 『선문수경』에서도 "임제삼구는 임제종의 가풍일 뿐 아니라 부처에서 중생까지 모든 이의 본분사다"라는 지안의 말을 인용해, 부처와 조사의 언구가 임제삼구에서 벗어나 있지 않고 선과 교의 취지가 그 안에 들어가 있다고 주장했다. 그에 비해 의순은 선교겸수의 전통과 화엄 등 교학의 중시라는 시대 경향을 충실히 따르고 있었다. 다시 말해 이들의 논쟁은 임제법통과 간화선, 선교겸수와 화엄교학이라는 조선 후기 불교사상의 이중구조 속에서 배태된 사건이었다. 그리고 그 핵심은 선 우위론과 선교병행론이 경합을 벌인 선과 교의 판석과 해석 문제였고 조선 불교의 정체성과 지향점을 둘러싼 사상사적 논쟁이었다.

백파 긍선과 초의 의순이 일대 논쟁을 벌인 후 어느 한쪽의 설을 계승하거나 자신의 입장에서 비판하는 이들이 나왔다. 먼저 우담優潭 홍기洪基(1822-1881)는 『선문증정록禪門證正錄』에서 의순의 설을 지지하면서 조사선=격외선, 여래선=의리선의 구도를 재차 확인했다. 다음으로 긍선의 문손인 설두雪竇 봉기奉琪(1824-1889)는 『선원소류禪源溯流』에서 "선론에는 교외별전의 선의 논지 외에 종류별로 요약 가능한 선의 해석이 있다"라면서 긍선의 선종 분류를 지지하며 보완, 설명했다. 그

초의 의순의 〈십일면천수관음보살도〉

는 화엄의 법계를 3종 선에 배당해 사사무애事事無碍와 이사무애理事無礙를 각각 조사선과 여래선의 경지에 비정했다. 이 또한 긍선이 제시한 조사선-여래선-의리선의 차등적 구분을 전제로 한 것이었다. 선 논쟁의 대미를 장식한 진하震河 축원竺源(1861-1926)은 『선문재정록禪門再正錄』에서 기존 논쟁의 문제점과 한계를 지적하면서 다른 각도의 해석을 내놓았다. 그는 긍선이 의리선을 교로 본 것에 대해 리理와 사事가 융합하는 원돈교圓頓敎(화엄)를 선에 배정함은 잘못이며 3종 선 모두 교가 아닌 '교외敎外'의 선이라고

반박했다. 다만 선 안에서 의리선은 틀 안의 '격格'에 매인 것이고 조사 선과 여래선은 '격외格外'라는 점에서 차이가 있다고 보았다.

선 논쟁에 등장하는 전거 가운데 가장 눈에 띄는 점은 진귀조사眞歸 祖師 관념의 계승이었다. 진귀조사는 부처에게 조사선을 전수해주었다 는 이로, 중국에는 없는 한국만의 독특한 인식이었다. 현존 문헌에서 진귀조사설이 처음 등장하는 것은 고려 후기에 천책이 지은 『선문보장 록禪門寶藏錄』이다. 여기서는 신라의 선승 범일梵日국사가 선과 교의 유 래를 설명하면서 진귀조사의 교외별전을 언급했음을 『해동칠대록海東 七代錄』이라는 책에서 인용해 소개하고 있다. 고려 후기에는 임제종 간 화선풍이 수용되면서 교외별전으로서 선의 우위가 강조되던 시기였 다. 그렇기에 진귀조사의 교외별전설은 교보다 뛰어난 선의 정통성을 내세우기에 아주 적합한 주장이었다. 조선 중기의 청허 휴정 또한 「선 교결禪敎訣」에서 부처가 진귀조사에게 따로 선을 전해 받았음을 언급 했고, 18세기 후반의 충허沖虛 지책旨冊(1721-1809)은 과거불인 연등불 이 석가(세존)에게 전한 것이 교, 진귀조사가 전수해준 것이 선이라고 이 해했다. 이처럼 진귀조사설은 조선 후기까지 이어지며 선 논쟁에서도 교에 대한 선의 우위를 합리화하기 위해 활용되었다.

조선 후기 불교계는 간화선 우위의 선교겸수를 수행의 기조로 삼았 고 18세기에는 교학이 성행하며 화엄교학과 조사선을 동등한 위상으 로 파악하려는 분위기가 강했다. 이러한 변화의 양상은 조사선=선, 여 래선=교의 이해에서도 확인되는데, 19세기의 선 논쟁은 바로 선과 교 가 함께 이어진 시대적 배경에서 나온 것이었다. 백파 긍선은 교학을 중시하는 교계의 분위기에 반기를 들고 선, 그중에서도 조선 불교의 법통이 속한 임제종과 조사선의 우위를 선언한 것이었다. 그는 여래선을 조사선과 함께 격외선으로 파악하고 의리선을 제일 아래에 배정함으로써 교에 부여된 여래선의 자격을 박탈하고 선에 비해 낮은 것으로 위상을 떨어뜨렸다. 이에 비해 초의 의순은 선과 교의 근원적 일치라는 전통적 통념을 계승해 격외선=조사선, 의리선=여래선의 병렬적 구조로 파악했다. 이처럼 선 논쟁은 선에 대한 분류와 차등화에 머물지 않고, 선과 교의 관계를 어떻게 볼 것인가 하는 적극적인 자리매김의 문제였다.

조선 후기에는 조사선=격외선, 여래선=의리선의 조합이 대체로 통용되었다. 여기서 전자는 선, 후자는 선은 물론 교학도 포함하는 것으로 이해되었다. 조사선의 우위를 주장하거나 조사선과 여래선의 근원적 일치를 주장하는 등 관점의 차이는 있었지만 선과 교를 병렬적으로 파악했다는 면에서는 공통점이 있었다. 이는 간화선 우위의 선교겸수 지향, 강학과 화엄교학의 성행이라는 흐름 속에서 생겨난 특성이었다. 조사선과 여래선을 모두 격외선에 넣고 의리의 교학을 낮은 단계의 의리선으로 규정한 백파 긍선의 구상은 청허 휴정과 같은 선 우위의 입장이었다. 그리고 그에 대비되는 격외 조사선(선), 의리 여래선(교)의 병렬구도는 선교겸수의 추세와 지향에 맞는 것이었다. 간화선 위주의 임제법통을 대외적으로 표명한 조선 후기에 선과 교의 위상을 둘러싼 일대 논쟁이 펼쳐진 것은 불교 전통 안에 교학이 이미 깊숙이 자리 잡고 있었음을 잘 보여준다.

8장

불교 역사서의 찬술: 전통을 아로새기다

조선 후기에는 불교 전통을 집성한 역사서들이 찬술되면서 불교사 인식이 다양한 형태로 수록되었다. '이심전심'으로 상징되는 선종의 법맥 전승을 담은 전등 계보서와 고승의 일대기를 모은 승전僧傳이 나왔고, 개별 사찰의 연혁과 기록을 정리한 사지寺誌가 만들어졌다. 이들 불교 역사서의 찬술은 18세기 후반 이후 집중적으로 이루어졌다. 이 시기는 북학과 서학 같은 외래의 신사조가 조선에 빠르게 유입되었고, 사상과 문예 등 여러 분야에서 새로운 움직임이 일어나고 있었다. 이와 함께 역사 전통의 계승 작업도 활발해졌는데, 역사서나 백과전서식의 유서類書, 족보·문집 등의 편찬과 간행이 그전에 비해 크게 늘어났다. 이는 그에 대한 사회적 수요와 지식층의 관심이 매우 컸음을 보여주는데, 불교계 또한 그러한 분위기에서 예외는 아니었다.

조선 후기에 나온 대표적 전등 계보서로는 편양파의 사암獅巖 채영采永이 1764년에 편찬한 『서역중화해동불조원류西域中華海東佛祖源流』를 들 수 있다. 이 책은 현재까지 조선시대 불교의 법통과 법맥, 계파·문

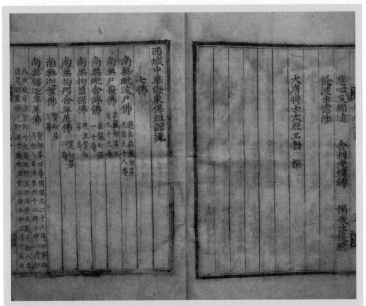

『서역중화해동불조원류』

파에 대한 가장 중요한 근거 자료로 활용되고 있다. '서역·중화·해동의 부처와 조사의 연원과 전개'라는 제목처럼 먼저 과거 7불과 석가모니 부처 이후 선의 심법을 전수한 인도와 중국의 선종 조사들의 법맥을 정리해놓았고, 한국은 고려 말 태고 보우의 임제법맥 전래를 기점으로 책이 나온 18세기 중반까지의 승려 계보를 망라했다. 조선 불교는 인도에서 중국을 거쳐 고려 말에 들어온 선종의 임제법통에서 정체성을 찾을 수 있다는 불교사 인식을 표명한 것이었다. 이를 반영해 신라와 고려의 고승들은 본문에서 다루지 않고 뒷부분에 뛰어난 인물이지만 정통은 아니라는 뜻의 '산성散聖' 항목을 두어 원효, 의상, 의천 등 유명한 고승들을 간략히 소개했다. 본문에는 해동불교의 원류인 태고 보우에서 시작해 청허 휴정 등으로 이어지는 임제태고법통의 전법관계를 전면에 내세웠고, 이어서 휴정과 그의 동문인 부휴 선수 이후 18세기 중반까지 계파와 문파의 법맥 계보를 모아놓았다.

『해동불조원류』에서는 조선 후기의 법맥을 청허계와 부휴계의 양대 계파로 나누고, 거기서 분파된 여러 문파의 전법 계보를 자세히 기록했다. 부휴계는 부휴 선수 이후 수제자인 적전을 중심으로 하는 비교적 단일한 계보로 이어진 반면, 좀더 규모가 컸던 청허계는 편양파, 사명파, 소요파, 정관파의 4대 문파로 나뉘어 퍼져갔다. 그중에서도 이 책의 편자인 사암 채영이 속한 편양 문파의 비중이 가장 컸는데, 편양파는 실제로도 가장 큰 세력을 가진 문파였다. 채영은 각지에서 자료를 수집하고 여러 문파의 공론을 모아 이 책을 만들었으며 1,000여 질을 간행해 전국에 유통시켰다. 이 책은 당시 불교계의 공식적 입장을 담은 것이었고 이후의 불교사 인식도 대개 여기에 기반을 두고 있다. 조선 후기 승려들의 비문과 행장, 문집의 서문과 발문 등에 나오는 전법사승의 계보를 보면, 청허계 그리고 편양파의 비중과 위상이 가장 컸음을 볼 수 있다. 1911년의 「사찰령본말사법」에 있는 30본사 주지 관련 조항에서도 본사의 주지가 될 수 있는 자격으로 3분의 2 이상이 청허계, 그중에서도 대부분이 편양파의 법맥 계보를 잇는 승려여야 한다고 명시했을 정도였다.

18세기 이후에는 계파·문파별로 자파의 역사 전통을 집대성하는 움직임이 활발해졌다. 사명 유정의 법맥을 계승한 사명파에서는 『사명당지파근원록四溟堂支派根源錄』과 「사명당승손세계도四溟堂僧孫世系

圖」가 나왔는데, 영남 지역을 중심으로 한 사명파의 계보를 상세히 정리해놓았다. 소요파 또한「해동선파정전도海東禪派正傳圖」를 만들었는데, 휴정 이후의 전법을 소요 태능, 편양 언기, 무염無染 성정性淨의 3파로 나누고 그중에서 소요파 위주의 사법 전승을 도표화했다. 소요파의 주류는 19세기에 전라도 대둔사, 미황사, 만덕사 일대를 주요 근거지로 활동했고『대흥보감大興寶鑑』이라는 책을 펴냈다.『대흥보감』은 임제태고법통과 청허 휴정의 권위를 앞세워 소요파의 정통성을 드러냈고, 편양파와 공조해 만든 대흥사(대둔사)의 전통을 현창하며 자파의 자부심을 높였다. 이 책에는 소요파 조사들의 비문이 수록되었는데, 태고 보우 이후 휴정을 동방 7조, 소요 태능을 동방 8조로 기재했고, 15조 아암 혜장을 거쳐 17조 철선鐵船 혜집惠楫으로 이어진 소요파의 정통 법맥을 앞세웠다.

조선 후기 최대 문파였던 편양파에서도 전통을 집성하려는 노력이 19세기 말까지 이어졌다. 1864년에 나온 설두 봉기의『산사약초山史略抄』는 부처부터 인도와 중국의 조사, 조선의 불교사를 간략히 개괄한 불교사서로서 임제태고법통을 전면에 내걸고 이후는 편양파 위주로 정리했다. 1894년에는 범해梵海 각안覺岸이『동사열전東師列傳』을 지었는데, 이 책은 삼국시대부터 19세기 후반까지 198인의 승려 전기를 모은 승전사서다. 여기에 수록된 인물의 대다수는 조선 후기의 승려였고『해동불조원류』나『산사약초』와 마찬가지로 편양파가 대부분을 차지한다. 특히 대둔사 12대 종사와 강사, 그리고 이들과 관련 있는 당시의 승려들을 대거 포함했는데, 이는 저자인 각안이 대둔사 출신으로 편양파인 호의縞衣 시오始悟, 초의 의순의 계보를 이은 것과 관련이 있다. 시

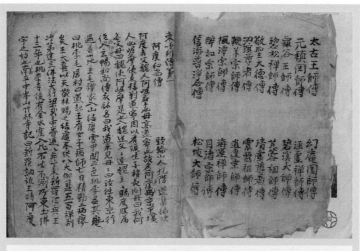

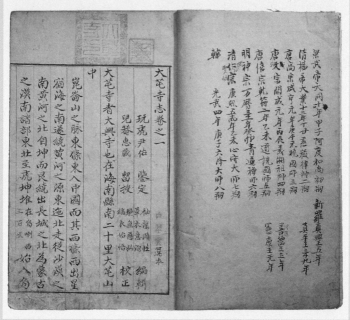

『동사열전』(위)과 『대둔사지』(아래)

오와 의순은 정약용의 지도를 받아『대둔사지』제작에 참여했고, 각안 또한 전국을 몇 차례 답사하는 등 불교사 서술에 큰 관심을 가졌다.

『동사열전』권4에 실린 각안의 자서전에는 "원래 부처님의 법이 처음 동국으로 유통된 이래 고구려, 백제, 신라, 고려로부터 우리 조선에 이르기까지 불교의 전성시대에는 도첩과 승과, 승관 제도가 있어서 승려들을 뒷받침해주었다. 역사가 있으면 전기 같은 기록도 있게 마련이지만 여러 번 전쟁을 겪은 끝에 다양한 문서가 다 소실되어 믿고 고찰할 만한 것이 거의 없다. 비록 비석에 새겨진 비문 등이 있기는 하지만 이끼가 끼고 침식되어 제대로 읽고 살펴보기에 어렵다. 또『해동불조원류』가 전해지지만, 중간에 수록된 내용은 법명과 법호를 억지로 갖다 붙여서 그대로 믿기 어렵다. 내가 학인들과 경론을 문답하고 남는 시간에 우리나라 승려들이 세상에 살아 있을 때의 일들을 채집하고 선각자들의 행적을 갖추어 후학들의 경계로 삼으려 한다"라고 책의 편찬 이유와 목적을 밝혔다.

부휴계 묵암 최눌도 과거 7불, 인도와 중국의 역대 조사, 조선의 선맥을 도표로 그린 「불조종파도」를 작성했다. 여기에는 중국 임제종 선승 평산 처림의 법을 전해 받은 나옹 혜근도 언급되어 있지만, 전법 계보의 주축은 임제종 석옥 청공에서 태고 보우-환암 혼수-귀곡 각운-등계 정심-벽송 지엄-부용 영관-부휴 선수로 이어지는 임제태고법통에 입각했다. 부휴계의 불교사 인식이니만큼 휴정 대신 부휴 선수를 내세운 점이 특징이다. 이후는 "부휴 선수에서 벽암 각성으로 전해진 법이 영해影海 약탄若坦과 풍암楓岩 세찰世察을 거쳐 묵암 최눌과 응암應庵 낭윤朗閏으로 계승되었다"라며 부휴계 적전 계보를 중심에 두었다. 이처럼 부휴계도 계파의식을 분명히 드러내면서 자파 중심의 역사상을 그렸다.

근대에 들어서도 부휴계는 계파적 정체성을 담은 역사인식을 더욱 강하게 드러냈다. 송광사 주지를 역임한 금명錦溟 보정寶鼎이 펴낸 『불조록찬송佛祖錄贊頌』에는 인도와 중국의 조사에 이어 「해동신라열조」, 「구산조사」, 「해동열조」, 「조계종사」의 항목을 두어 한국 불교사를 빛낸 역대 조사의 전기와 찬송을 수록했다. 이 중 「조계종사」는 지눌 이후 수선사 16국사와 조계산 송광사를 본사로 한 부휴계 조사들의 계보를 망라해놓은 것이다. 보정은 자파를 부휴종으로 칭하면서 지눌과 선수를 종조의 반열에 올려놓았고 조계종 정통론을 표방했다. 그가 찬술한 『조계고승전』은 수선사 계통과 조선 후기 부휴계 승려들의 전기를 모아놓은 책이다.

보정 또한 임제태고법통의 권위는 부정하지 않았지만 송광사 부휴계의 독자성을 앞세워 지눌과 조계종 정통주의를 주창했다. 이는 한국 불교의 역사와 종파인식에 관한 새로운 이해를 꾀했다는 점에서 주목할 만하다. 1941년에는 조계종이 조선 불교 교단의 공식 명칭으로 정해졌고, 이후 현재까지 조계종이 한국 불교를 대표하는 종명으로 확고한 위상을 가지게 되었다는 점에서 보정의 조계종명 재발견과 제창은 중요한 의미를 지닌다.

조선 후기에는 정통주의에 입각한 법통이 확립되고 그에 토대를 둔 불교사 인식이 확산되었다. 각 문파에서 자파를 중심으로 하는 전통의 조형을 모색한 점은 유학의 도통론이나 학파와 정파를 매개로 한 역사인식의 정립과 다르지 않은 것이었다. 또한 제3자의 입장에서 불교사를 서술한 독특한 사서도 나왔다. 저자 미상의『동국승니록東國僧尼錄』은 신라, 고려의 승려들과 조선 중기 휴정, 유정 등의 행장을 간략히 수록하고 그들의 사상을 짧게 소개한 일종의 고승전이다. 이 책에는 1794년에 건립된 묘향산 수충사가 기재되어 있어 그 이후에 쓰인 책으로 보인다. 항목 구성은 「명승名僧」, 「니고尼枯」, 「시승詩僧」, 「역승逆僧」, 「간승奸僧」의 순으로 되어 있다. 「역승」에는 고려 공민왕대의 권승인 신돈, 「간승」은 명종대에 양종 재건을 주도한 허응 보우가 들어 있어, 이들에 대한 비판적 입장을 가진 유학자가 지은 것이 아닐까 추정된다.

유학자가 불교사서를 서술하거나 편찬에 관여한 또 다른 예로는 호남에 유배하면서 승려들과 교류하고 가르치기도 한 정약용을 들 수 있다. 비슷한 시기에 한치윤이 지은『해동역사海東繹史』의 「석지釋志」 항목에서도 불교사가 일부 다루어지기는 했지만, 정약용은 삼국시대부터의 불교사와 고승들의 전기를 수록한『대동선교고』를 직접 지었다. 그는 유배지 인근 대둔사와 만덕사의 사지인『대둔사지』와『만덕사지萬德寺志』의 편찬을 지도하기도 했다.『대둔사지』는 편양파 완호玩虎 윤우倫佑, 초의 의순, 소요파의 아암 혜장 등이 공동으로 참여해서 만든 책으로 1820년대 전반에 나온 것으로 보인다. 정약용은 이들 연담 유일의 문손, 아암 혜장과 교유하면서 학문적 영향을 크게 미쳤다. 그 결실 가운데 하나인『대둔사지』는 고증학의 특징인 실증과 사료비판 방식을 채택하고 있다. 또 여기에 참여했던 소요파 승려들은 근거지인 만덕사(백련사)의『만덕사지』를 편찬했다. 한편 유일의 숙부격인 함월涵月 해원海源(1691-1770)도『석왕사지釋王寺誌』를 펴냈는데 이 책은 그가 입적한 뒤인 19세기 초에 간행되었다. 이처럼 각지에서 개별 사찰의 역사를 집대성한 사지가 다수 나왔는데, 사지 또한 불교사 전통 집성의 중요한 성과물이었다.

조선 후기에는 역사 서술과 전통의 집성이 개인, 가문, 학파 단위로 활발히 이루어졌고, 백과전서 형태의 유서도 만들어졌다. 불교 측에서도 용어와 교리를 정리한 유서 형식의 책이 나왔는데, 연담 유일의 『석전유해釋典類解』가 대표적이다. 이 책의 말미에는 이름난 유학자인 김창협의 동생이자 불교에 정통했던 김창흡의 시문집에서 불교 용어를 발췌·해설한 「삼연선생시집중용불어해三淵先生詩集中用佛語解」가 실려 있고, 또 선조대의 문장가인 신흠의 「불가경의설佛家經義說」도 수록되었다. 한편 이규경의 『오주연문장전산고』 같은 일반 유서에도 불교 관련 해설과 자세한 개념 설명이 들어가 있다. 18세기 후반 이후에는 승려가 생전에 자신의 전기를 직접 쓰는 자전 형태의 글도 늘어났는데, 역사에 관심이 많았던 연담 유일, 초의 의순, 범해 각안 등이 구체적 개인사를 남겼다.

조선 후기 불교사 인식에서 나타난 독특한 현상 중 하나는 삼보종찰三寶宗刹 관념의 형성이었다. 종찰은 교단의 상징적 중심으로서 큰 의미를 갖는데, 삼보종찰 관념은 19세기에 들어 확립되었다. 송광사의 경우 17세기 이후 수선사 16국사에 대한 자부심이 나타났고, 19세기에는 승보사찰임이 강조되면서 '삼한국의 조실', '삼보종의 복전'이라고 칭해지기도 했다. 『동사열전』의 편자인 범해 각안도 자료를 수집하기 위해 전국 사찰을 답사하면서 '조계, 가야, 취령의 종찰'을 순례했다고 밝혔다. 이는 조계산 송광사, 가야산 해인사, 영취산 통도사를 말한 것으로 각각 승보, 법보, 불보 종찰이다. 1899년에 고종은 해인사의 팔만대장경을 세 부 인쇄해서 해인사, 통도사, 송광사에 각각 보관하라고 칙명을 내렸는데, 이 또한 삼보종찰 관념이 이미 전제되어 있기에 가능했다. 1911년에 건립운동이 벌어진 임제종도 종무원은 범어사에 두었지만 본사는 이들 삼보사찰로 정했고, 총독부의 본말사법에서도 통도사, 해인사, 송광사는 각각 불찰대본산, 법찰대본산, 승찰대본산으로 규정되었다. 이처럼 삼보사찰 인식의 확립은 불교 전통의 오랜 역사적 권위와 해당 사찰의 위상을 높이는 결과로 이어졌다. 또한 역사 전통을 집성하려는 노력이 활발히 펼쳐진 18세기 이후의 시대조류와도 맥이 닿아 있다.

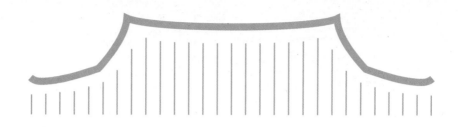

6부

근대화의 격랑과
불교의 활로 모색

1장

불교, 문명개화와
근대화의 횃불을 들다

19세기는 정치적·사회적으로 내우외환에 시달리던 위기의 시대였다. 그래서인지 현실의 어려움을 이겨내고 정신적 위안과 도피처를 구하려는 종교적 갈망이 더 강하게 뿜어져 나왔다. 이미 조선적 전통의 안에 있던 불교는 이제 서구 열강의 힘을 등에 업은 천주교와 개신교, 지식층과 민중에 급속히 퍼진 동학과 신흥 종교에 맞서면서 종교 경쟁의 각축전에 뛰어들어야 했다. 불교는 왕실부터 서민에 이르기까지 폭넓은 신도층과 지지기반을 확보하고 있었고 신앙 활동도 활발히 이루어지고 있었다. 하지만 새로운 시대는 과거의 유산만으로는 헤쳐가기 어려운 불확실성의 세계였고, 환골탈태의 큰 변화 없이는 활로를 찾기 쉽지 않았다. 불교는 서양의 기독교와 대비되는 동양의 세계종교로서 발돋움해야만 했고, 그러기 위해서는 문명개화와 근대화의 격랑 속을 뚫고 나가야 했다.

 동아시아에서 가장 먼저 문호를 열고 부국강병의 근대화를 추구한 일본은 1867년 메이지유신을 단행한 후 서구 열강의 뒤를 이어 자본주의와 제국주의의 길을 걸었다. 1876년 조일수호조규(강화도조약)를 통해 조선의 개항을 이끌어낸 일본은 1894년 동학농민운동 진압을 빌미로 일어난 청일전쟁, 영국의 대리전을 치른 1904년 러일전쟁에서 연이어 승리를 거두며 동아시아의 강자로 떠올랐다. 일본은 이 여세를 몰아 1895년에 타이완, 1910년에 조선(대한제국)을 식민지로 삼았다. 앞서 메이지 초기에는 천황제 이데올로기를 강화하기 위해 신도神道의 국교화를 선언하고 기득권을 가진 불교를 억압하는 '폐불훼석廢佛毁釋'을 단행했다. 이에 놀란 일본의 여러 불교 종파는 천황을 높이 받들고 국가에 철저히 순응하는 국가불교의 길로 나아가게 되었다. 일본 불교계는 제국주의 시대 기독교의 역할처럼 일본의 정치적·군사적 대륙 침탈을 뒷받침하는 역할을 했다. 조선의 경우에도 일찍이 1878년 개항장 부산에 정토진종淨土眞宗 오타니파大谷派 혼간지本願寺의 별원이 세워졌고, 이후 일련종日蓮宗, 정토종淨土宗, 진언종眞言宗, 조동종曹洞宗 등 일본 불교의 주요 종파들이 앞 다투어 승려를 파견하고 별원과 포교소를 설립했다.

이러한 상황에서 조선 불교계는 기독교를 견제하며 근대화의 길을 앞장서 나간 일본 불교의 영향을 크게 받았다. 이제 구태를 벗어던지고 문명개화를 통해 기독교와 어깨를 나란히 하는 세계종교로 발돋움하는 방법밖에 없었다. 19세기 말부터 등장한 문명개화론에서는 서양문명의 정수를 담은 근대종교의 총아로 기독교를 높이 평가했다. 실제로 기독교는 교육, 의료 같은 근대문명의 상징 기제와 함께 들어와 주가를 높였다. 이 시기 조선 불교계 앞에 놓인 선택지 중 하나는 기독교의 선진적 문화이식과 전도방식을 따라한 일본 불교의 '적대적 변용' 방식을

용산 오타니파 혼간지

받아들이는 것이었다. 근대기 불교계의 선각자로 알려진 승려 이동인
李東仁(1849-1881?)만 해도 1870년대 후반부터 일본 승려들과 교류하
며 서구화의 추세에 눈을 뜨고 불교 근대화의 필요성을 자각했다. 그는
일본을 통해 입수한 최신 지식과 국제정세의 정보를 김옥균, 박영효 등
조선의 젊은 개화파 지식인들에게 심어주었다. 또한 일본의 근대화 정
책을 시찰하러 간 조선 정부 사절단과 일본 정치계 인사의 교섭, 미국
과의 수교과정에서도 중요한 역할을 담당한 것으로 알려져 있다.

　1895년 4월에는 18세기 말부터 약 100년 동안 불교 억압의 상징적
조치로 실행되어온 승려의 도성 출입 금지가 풀렸다. 그동안 이 해제조
치는 일본 일련종 승려 사노 젠레이佐野前勵의 건의를 조선 정부가 수

용해 전격 단행한 것으로 알려졌다. 이때는 청일전쟁의 승리로 일본의 정치적 입김이 세진 상황에서 일본 불교의 포교와 조선 불교계 포섭을 위한 많은 시도가 펼쳐지고 있었다. 그런데 신부나 선교사와 마찬가지로 승려가 서울 안을 자유롭게 다니는 것은 근대의 원칙인 종교의 자유 측면에서 불가피한 일이었다. 따라서 그 전해에 군국기무처에서 마련한 제도개혁안에 이미 승려 입성 금지 폐지가 들어가 있었고, 이때 총리대신 김홍집과 내무대신 박영효가 주도해 실행한 것이다. 승려의 도성 출입 금지가 풀리자 당시 불교계는 오랜 염원이 해소되고 불교 중흥의 기틀이 마련되었다며 환영과 감사의 뜻을 표했다. 이와 함께 일본 불교계의 적극적 포교와 시혜적 접근이 큰 반향을 불러일으켜 애국호법과 기독교 방어 문제에서 조선 승려들의 공감을 샀다고 한다. 서양 선교사와 기독교회가 교육, 의료 등을 매개로 점차 영향력을 확대해가던 시기에 일본 불교의 모방과 추종은 종교 간의 경쟁에서 살아남기 위한 문명개화의 척도로 인식되었다.

이러한 상황에서 불교계의 근대화 노력이 계속 이어지는 한편 정부의 제도적 기반 조성도 가시화되었다. 1899년에는 교계의 염원을 담아 전국 수사찰로 서울 동대문 밖에 원흥사元興寺가 세워졌다. 1902년 4월에는 국가에서 불교 교단을 직접 관리하는 방향으로 정책이 바뀌었다. 궁내부 칙령에 따라 대법산大法山으로 지정된 원흥사에 정부기구인 사사관리서寺社管理署가 설치되고 도섭리都攝理(이때 특별히 만들어진 직책)가 파견되었으며, 지방에는 16개의 중법산中法山을 두어 전국 사찰을 그 아래에 편제했다. 또 관리법규인 대한제국 사찰령 36조가 반포되었는데, 국가에서 사찰재산을 관리하고 정식 승려 자격을 주는 도

원흥사

첩제의 시행을 골자로 했다. 이때의 사찰령에는 충과 효, 왕법 준수 등 여덟 개의 종칙이 마련되었고 불교계의 정치 참여를 금한다는 조항도 포함되었다. 비록 표면적으로는 정교분리의 원칙을 내세웠지만, 일본이 앞서 걸었던 국가불교의 길을 답습해 통제와 활용이라는 양날의 검을 쥐려 한 것이었다.

 이후 일본의 정치적 개입이 차츰 노골화하면서 1904년에 사사관리 서와 사찰령 체제는 흐지부지되었다. 다음 해인 1905년에는 일본의 보호국으로 전락하면서 통감부가 설치되었고, 1906년에는 일본 불교의 한국 사찰 관리와 보호를 허용하는 사찰관리세칙이 시행되었다. 이때 일부 사찰은 일본 불교계의 지원과 관리를 통해 대외적 위상을 높이려 했고 통감부의 허가를 받은 곳도 있었다. 이 시기에는 불교계 일각에서 문명개화와 근대화를 추진하기 위해 교육 문제에 눈을 뜨기 시작했다. 1906년 이보담李寶潭과 홍월초洪月初가 일본 정토종의 후원을 받아 불교연구회佛敎硏究會를 만들었다. 또 교계의 동의를 얻어 원홍사에 최초의 근대식 불교 교육기관인 명진학교明進學校가 세워졌다. 명진학교는 현재 동국대학교의 전신으로, 당시 전국 사찰에서 승려 학생들을 선발해 불교와 신학문을 가르쳤다.

1908년에는 전국 사찰 대표 52명이 모여 불교계를 대표하는 통합종단으로 원종圓宗을 세우고 서울 도심 내에 각황사覺皇寺를 건립하게 되었다. 원종의 초대 종정으로는 해인사 출신으로 명망이 높았던 이회광(1862-1933)이 선출되었다. 그런데 그에게 불교 개혁과 종단의 발전 방향을 조언해준 이는 일본 조동종의 한국포교사였던 다케다 한시武田範之(1863-1911)다. 다케다는 철저한 국가주의자로서 명성황후 시해 사건에도 가담했고 일진회一進會 같은 친일 정치단체의 고문을 맡는 등 식민지배의 포석을 놓는 데 앞장섰던 인물이다. 이처럼 일본 불교계의 외호와 후원은 당시의 불교계를 각성시키고 문명개화와 근대화의 열망을 충족시켜준 것이 사실이지만, 한편 일본 불교에 대한 경계심을 없애고 우호적 심리를 확산시키는 등 제국주의 침탈과 식민지화라는 정치적 노림수가 깔려 있었다.

일본의 식민지가 된 1910년대의 불교계는 총독부 체제에 순응하고 타협하는 한편 불교 개혁과 근대화 추진에 전력을 기울였다. 불교잡지의 출간, 다양한 개혁론의 분출 양상은 문명개화를 위한 불교계의 열망을 잘 보여준다. 또 불교의 대중적 확산을 위해 각지에 포교당이 개설되었고 보통학교-지방학림-중앙학림으로 이어지는 근대적 불교 교육체계가 정립되어 운영되었다. 이처럼 불교계는 시대에 적응하고 근대 종교로 살아남기 위한 제도 개선과 혁신을 추진했고 그 방향은 불교의 대중화·사회화·현대화였다.

1910년대에 나온 대표적 개혁 논의와 혁신 방안을 살펴보자. 먼저 한용운韓龍雲(1879-1944)은 『조선불교유신론朝鮮佛教惟新論』(1913)에서 당시 봇물처럼 터져 나온 문명개화론과 사회진화론에 의거해, 불교야 말로 철학과 종교를 아우르는 수준 높은 사유체계이며 근대의 종교 경쟁에서 살아남고 향후 도덕문명의 원천이 될 수 있다고 확신했다. 그는 그 근거로 불교의 평등주의, 중생을 구제하는 대중주의를 들었다. 다만 조선 불교의 오래된 폐단을 일소하기 위해서는 단순한 개량만으로는 안 되며 자각을 통해 구습을 타파하는 유신을 단행해야 한다고 역설했다. 이와 함께 불교 발전을 위해서는 무엇보다 근대적 교육이 절실하며 해외유학을 통해서라도 사상의 자유를 배워야 함을 촉구했다. 앞서 한 용운이 승려의 결혼을 전격적으로 허용해 불교 부흥과 사회화를 꾀해 야 한다고 당국에 청원한 것도 근대화론·발전론의 입장에 서 있었기 때문이다.

불교학·역사학·문학 등 여러 분야에서 많은 저술을 남긴 권상로權相老(1879-1965)도 「조선불교개혁론」(1912)에서 진화론에 입각한 종교 경쟁의 시대에 조선 불교의 구태와 폐쇄성을 극복하는 개혁을 피할 수 없다고 보았다. 그 또한 전통적 불교를 의타적·순종적이라고 비판하고 과거의 구습이자 타파의 대상으로 바라보았다. 근대기의 저명한 선승 백용성白龍城(1863-1940)도 『귀원정종歸源正宗』(1910)에서 기독교를 비 롯한 타 종교의 성행을 의식하면서 불교의 낙후된 현실을 개탄했다. 하지만 백용성은 전통에 대한 부정론이 팽배해 있던 현실에서 선종의 특색을 드러내고 불교 본연의 진면목을 제시하는 것이 올바른 유신이라고 거듭 강조했다.

1910년대 초에 다양하게 제기된 불교 개혁 논의는 사회진화론 등을 받아들여 종교 간의 경쟁에서 살아남기 위해 유신과 혁신을 추구하는 것이었다. 다만 식민지라는 현실 속에서도 불교계의 민족의식이나 호국의 실천 사례는 찾기 어려웠고, 불교 발전이라는 호교, 호법의 외길로 치닫는 양상이었다. 이는 이전 시대에 불교가 핍박과 천시를 받았다는 피해의식이 강했고, 그에 비해 지금부터는 새로운 시대를 맞아 불교 부흥과 종교적 활로 모색이 가능하다는 현실인식에서 비롯된 것이다. 더욱이 개혁 논의가 본격적으로 제기된 1910년대 초는 일제강점 직후의 삼엄한 분위기와 자포자기의 심정이 반영되어 사찰령 등 총독부 정책에 대한 직접적 반발과 비판의식을 드러내기 어려운 상황이었다.

이처럼 19세기 말에서 20세기 초의 불교계는 조선의 불교 전통을 온전히 계승하기보다는 문명개화의 근대적 지향에 더 큰 가치와 비중을 두었다. 또한 불교 안에 내포된 근대성의 원형에 눈뜨면서 근대종교로서 불교가 나아갈 길을 찾는 데 여념이 없었고 대중 포교와 사회적 확산에 매진했다. 반면 민족적 각성이나 식민지 체제에 대한 정치적 비판과 저항의식은 거의 드러나지 않았다. 특히 교단 운영을 주도하던 30본사 주지 등은 총독부 체제에 순응하고 일제에 타협하면서 교단과 사찰 안에서 기득권을 유지하고 확대하는 데 더 큰 관심을 쏟았다. 불교계가 총독부에서 시행한 사찰령에 대한 불만을 제기하고 정교분리와 교단의 자율권을 추구하게 된 것은 3·1운동을 겪은 후인 1920년대부터였다.

조선시대에 불교는 여러 영역에서 유교에 주류의 자리를 내어주었고, '조선적 전통'에서 큰 지분을 차지하지는 못했다. 그렇기에 문명개화의 신시대가 노도처럼 밀려올 때 전통을 탈피하고 근대로 이행하려는 호교론적 변신을 큰 부채의식 없이 추진할 수 있었다. 이처럼 구태를 벗어던지고 근대 선진종교의 대열에 합류하려는 열망과 바람은 어찌 보면 자연스러운 현상이었다. 하지만 치열한 성찰과 내적 체화 없는 외형적 변화와 모방만으로는 주체적 근대화를 달성하기 어려웠다. 물론 이는 불교만의 문제가 아니었고 전통의 단절과 식민지의 체제 모순은 이 시대에 누구나 겪어야 하는 현실이었다. 또 서구문명의 후광을 등에 업은 기독교와 경쟁하면서 근대종교로 거듭나는 일도 쉽지만은 않았다. 식민지 사찰령 같은 구조적 모순과 현실적 난관은 불교의 앞길을 가로막는 높은 산이었다. 불교는 전통의 유산을 짊어지고 근대의 활로를 모색하면서 민중과 사회 속으로 더 깊이 들어가야 했다. 그러나 눈앞에 놓인 호교의 길 또한 정치적 종속이라는 현실에 막혀 그 성공을 예측하기 어려웠다.

2장

사찰령 체제의 질곡:
물 건너간 불교 자주화

1910년 8월 29일 일제의 강제 병합으로 식민지가 된 직후 한국 불교 통합종단인 원종의 종정 이회광은 총독부의 정식 인가를 받는 데 지원군을 얻기 위해 일본으로 건너갔다. 그는 10월 6일에 원종과 선종 계통인 일본 조동종과의 연합조약을 비밀리에 체결했다. 이는 일본 조동종의 한국포교사였던 다케다 한시의 주선으로 이루어졌는데, 겉으로는 대등한 관계처럼 보이지만 실제 내용에서는 한국 불교계 전체를 일본 불교의 한 종파인 조동종에 종속시킨 것에 다름 아니었다. 이 사실이 12월 무렵 국내에 알려지자 종파와 조사를 바꿔치고 한국 불교를 팔았다는 '개종역조改宗易祖의 매교賣敎행위'라는 비판과 격렬한 성토가 이어졌다. 이에 한용운, 박한영朴漢永 등 당시의 의식 있는 승려들이 주도해서 다음 해 1월 이후 임제종 건립운동이 일어났다. 여기에는 통도사, 해인사, 송광사의 삼보사찰과 부산의 범어사를 비롯한 영·호남의 주요 사찰들이 가담했다. 이들은 조선 불교가 임제종 법통을 이었고, 따라서 같은 선종이라 해도 조동종과는 선풍이나 법맥에서 전혀 다르다는 것을 명분으로 들었다.

하지만 조선총독부는 조선 불교의 정체성을 강조하면서 자주적 색채를 드러낸 임제종을 인정할 수 없었고, 또 일본의 여러 불교 종파 가운데 조동종 하나에 연계된 원종도 인가해주지 않았다. 그 대신 총독부가 택한 정책 방향은 한국 불교를 직접 관리·통제하는 것이었다. 1911년 6월에는 「사찰령」과 그 「시행규칙」이 반포되었고, 1912년에는 일본의 본말사 제도를 본떠서 30본산제를 실시했다. 이 사찰령 체제는 30본산 본사의 주지 임면권을 총독이 쥐고 말사의

이회광

주지는 각 도의 장관이 담당하는 등 총독부에서 불교계의 인사권을 장악하고, 또 사찰재산의 관리처분권을 총독부가 행사하는 방식이었다. 이때 한국 불교의 종명은 『경국대전』의 선교양종에서 그대로 따와 조선불교 선교양종으로 했다.

일본에서 종교의 자유가 공식화한 것은 서구 열강의 압력으로 메이지 정부가 에도시대에 고수하던 기독교 금지 조치를 해제한 1873년부터였다. 이후 표면적으로는 근대적으로 포장된 종교의 자유가 보장되었고, 전통종교였던 불교와 신도도 독자조직을 세워서 포교를 하고 사회적 역할을 수행해나갔다. 그런데 1889년에 제정된 일본 제국헌법에서는 일본의 국체가 통치권의 정점에 있는 신성불가침한 천황임을 선언했고, 입헌군주제의 정치체제도 제정일치적 성격을 강하게 띠었다.

말이 종교의 자유지 모든 종교는 천황과 국가권력에 위배되면 안 되었고, 천황이 상징하는 국체에 어긋나지 않는 범위 내에서만 제한적 자유가 허용되었다. 더욱이 식민지 조선에는 일본 내지에 비해 더욱 강도 높은 통제장치가 적용되었고 국가불교적 특성을 덮어씌우려 했다. 그렇기에 사찰령과 시행규칙에는 천황의 은혜에 감사하고 사찰에서 천황을 축원·찬양하는 내용이 기본적으로 포함되었다.

이처럼 사찰령은 일제 식민지 종교정책의 일환으로 시행되었고, 그 결과 불교는 정치권력 아래 종속의 길을 걷게 되었다. 그리고 사찰령 제정 당시 교단 상층부에서는 어떤 비판의 목소리나 반발 움직임도 없었고, 오히려 30본산 체제에서 더 큰 지위와 권한을 갖게 된 본사 주지들을 중심으로 '불교의 합법화', '은혜와 외호', '새로운 발전의 동력' 등 사찰령을 긍정하고 찬양하는 분위기가 강했다. 이처럼 1910년대 불교계의 주류 세력은 권력과의 유착을 통해 불교의 중흥을 기대하고, 대중화·사회화·현대화의 장밋빛 미래를 꿈꾸는 이들이 적지 않았다. 한편 1915년 8월에 「포교규칙」이 공포되면서 종교는 신도, 불도, 기독교, 유사종교로 분류되었고 포교방법도 일률적으로 정해졌다. 이 또한 조선인은 물론 외국인 종교가의 자격 신고와 허가를 의무화함으로써 총독부의 종교 관리와 통제를 합법화하는 조치였다.

1919년 독립만세를 외치며 거족적으로 들고일어난 3·1운동을 계기로 불교계에서도 민족의식에 눈뜨고 불교의 자주화를 쟁취하려는 움직임이 일기 시작했다. 3·1운동에 불교계를 대표해서 민족지도자 33인에 들어간 이는 한용운과 백용성이었다. 이어 상해 대한민국 임시정부가 수립된 직후인 1919년 11월 15일에 이들을 포함한 12명이 7,000여

명의 승려들을 대표해서 '대한승려연합회 독립선언서'를 발표했다. 또 대한민국 임시정부의 국내 연락 총책이자 재정모금 담당자였던 월정사 月精寺 이종욱李鍾郁 등 적지 않은 승려들이 비밀리에 독립운동에 가담한 사실이 알려져 있다.

1920년대는 3·1운동의 영향으로 총독부의 식민통치 기조가 군대와 경찰의 강압적 무단통치에서 문화통치 방식으로 전환되었고 일시적이나마 유화적 분위기가 조성되었다. 이 시기에 각종 정치·사회·종교 단체와 조직이 만들어지고 제한된 범위에서 활동이 가능해졌다. 또 총독부의 학무국 안에 종교과가 신설되고 학무국이 총독 직속으로 승격되었다. 그러면서 주요 종교단체를 중앙집권화하고 그 대표자들을 회유해 순응하게 함으로써 내부의 갈등과 분열을 조장하는 방향으로 종교정책이 추진되었다. 이 시기에 불교계에서도 중앙 차원의 조직이 결성되고 정치적 주장이 분출되는 등 변화의 조짐이 나타났다. 1920년에는 진보적 청년 승려들을 중심으로 한 조선불교청년회, 1921년에는 조선불교유신회가 설립되면서 정교분리의 원칙을 내세워 사찰령 철폐를 공공연히 주장했다. 이들 혁신세력은 교단의 중앙기구로 총무원을 세웠지만, 30본산 주지회의 측에서 만든 교무원과 대립을 거듭하다가 1922년 총독부의 지원을 받는 교무원으로 통합되었다. 대표적 친일파와 일본인 유력자들이 모여서 결성한 재단법인 조선불교단도 이 무렵에 만들어졌다.

당시 불교계에서는 종교의 정치적 종속에 대한 비판이 강하게 일었고 개혁론과 함께 다양한 혁신운동이 펼쳐졌다. 일본 유학승인 이영재李英宰(1900-1927)는 「조선불교혁신론」(1922)에서 민주공화정 이념

및 권력분립을 내세워 혁신교단 건설과 불교 근대화를 주장했다. 이영재는 일본 도쿄제대 인도철학과에 입학해 불교학을 배웠고 유학생 기관지『금강저金剛杵』편찬에도 참여했다. 그는 산스크리트어를 터득하기 위해 인도 유학을 떠났다가 1927년 스리랑카에서 20대 후반의 젊은 나이에 풍토병으로 세상을 떠났다. 한편 3·1운동을 이끈 백용성도 불교 개혁의 기치를 내걸었다. 그는 신불교운동을 주창해 경제적 자립을 위한 식산운동을 벌였는데 노농 자립공동체 조직과 공장 설립, 소비조합 운영은 교단 재건을 위한 구체적 방안이었다. 또한 불교 대중화를 위해 불전을 한글로 번역하는 역경사업에 힘썼으며 1930년에는 대각교大覺教를 건립했다.

만해 한용운도 '산간에서 가두로, 승려에서 대중으로'라는 표어에서 볼 수 있듯이 불교의 사회화·대중화를 내걸었다. 1920년대 이후 그는 철저한 민족주의 불교운동가로 활동했고 사찰령에 대해 날선 비판을 가했다. 1922년 4월『동아일보』에 실은 기고문에서도 종교의 자유 원칙의 보편적 적용과 사찰령 폐지를 강력하게 촉구했다. 한용운은 사찰의 병합과 폐지, 승규 법식, 주지 취임, 부동산 처분 등이 모두 총독의 허가를 받아야 한다며 사찰령의 문제점과 모순을 지적하고, 총독을 불교의 로마 법왕(교황)에 비유했다. 이어 불교는 기독교와 마찬가지로 세계종교이므로 대우와 처리에 관한 법령이 동일해야 하는데, 기독교는 서양인이 관계되었기에 관대하게 대하고 불교는 약자의 모임이어서인지 자유를 구속하는 등 형평성에 맞지 않는다고 비판했다.

1921년에는 백용성, 송만공宋滿空 등이 선학원禪學院을 창립해 선 수행 전통의 계승과 중흥을 내걸고 독자적인 활동을 펼쳐나갔다. 선학

조선불교 청년총동맹 창립대회

원 측은 1935년에 전국 수좌首座대회를 열어 종규를 제정하고 '조선불
교선종朝鮮佛敎禪宗'이라는 종명을 선포하기도 했다. 한국 불교의 자주
적 종단 건립을 위한 노력은 1920년대 이후 계속되어 1929년에 열린
조선불교 선교양종 전국승려대회에서 종헌을 제정하고 자율적 교정을
추구했다. 이때도 총독부의 승인을 받지는 못했지만, 1931년 조선불교
청년총동맹이 종헌의 실행을 촉구하며 사법 개정운동을 벌이는 등 정
교분리와 불교 자주화를 위한 투쟁을 이어나갔다. 한용운이 가담한 청
년총동맹의 비밀결사조직인 만당卍黨의 활동도 그러한 노력의 일환이
었다.

한편 1937년에 시작된 중일전쟁을 계기로 일본의 중국 본토 침략이
본격화되었다. 이어 1941년 일본의 예기치 않은 진주만 공습으로 태평
양 전쟁이 발발하면서 전선은 동남아시아와 남태평양 전역으로 확장

되었다. 이처럼 1930년대 후반부터 1945년까지는 전시체제가 강화되어 일제의 강압적 통치와 국민총동원이 일상화되었다. 당시에는 일본인과 한국인이 뿌리가 같고 모두 천황의 신민이라는 내선일체內鮮一體 주장이 나오고 황국신민화皇國臣民化 정책이 추진되었다. 일본에서는 1939년에 국민정신 진흥과 종교의 건전한 발달을 명목으로 하는 종교단체법이 제정되었다. 이는 국가질서와 신민의 의무에 위배되는 종교단체의 인가를 취소할 수 있다는 내용으로 종교의 자유권을 제약하고 국가의 종교 탄압과 통제를 합법화하는 것이었다. 앞서 1938년에 시행된 국가총동원법과 함께 전시통제와 총력동원체제를 강화하기 위한 법적 기반이 다져졌음을 볼 수 있다.

이러한 시기에 불교계의 자주권 추구, 체제 비판과 연동된 혁신운동은 급격히 위축될 수밖에 없었다. 대신 총독부 차원에서 모든 종교·사회단체를 동원해 전략적으로 추진한 심전心田개발운동에 불교계 주류 세력이 적극적으로 참여했다. 심전개발운동은 국민총동원을 통한 전쟁의 총력수행과 황민화를 위한 정신계몽운동으로서 천황이 정점에 있는 일본의 국체를 대중에게 각인시키고 감사와 보은의 행렬에 동참하게 하는 것이 목표였다. 이뿐 아니라 전승기념법회와 국방헌금 납부 등에도 불교계 지도층 인사와 여러 본사가 협력해 총독부의 환심을 사기에 바빴다.

불교계 내부의 변화를 살펴보면, 1930년대 후반부터 총본산 건립운동이 본격화되었다. 1941년에 종명을 조계종曹溪宗, 총본사를 태고사太古寺로 하는 총본산 체제가 출범했다. 원래 총본산 건립은 교단을 총괄하는 중앙 대표기관 설립을 열망해온 불교계의 숙원사업이었다. 하지만 그 실상은 전시체제에서 총력전을 수행하기 위해 불교계를 통합·관리할 중앙기관이 필요했기 때문에 총독부의 암묵적 지원 아래 이루어진 일이었다. 총본산 체제는 종정이 행정권과 입법권을 가지고 총본사가 전국의 본사와 말사를 총괄 감독하는 방식이었지만, 실제로는 총독부가 불교계를 통제하고 조직적으로 동원할 수 있는 제도적 기반이 되었다. 총본산 출범에 맞춰 사법寺法이 일부 개정되기는 했지만 사찰령은 변함없이 존속했고, 본사 주지의 임면권과 사찰의 재산처분 인가권역시 조선 총독이 여전히 쥐고 있었다.

이처럼 총본산 체제의 성립은 전시체제 강화와 불교계의 총동원을 좀더 효율적으로 달성하기 위해 총독부가 허용한 것이었다. 이는 중앙기관의 설치를 통해 교단의 자율권을 쟁취하고자 한 불교계의 오랜 염원과는 동떨어진 결과를 낳았다. 불교계 지도층은 개신교, 천주교, 유교 등 다른 종교·사회단체와 마찬가지로 시국 강연, 학병 동원, 군수물자 기부 등에 발 벗고 나서야 했다. 당시의 엄중한 시국을 감안하더라도 불교계의 명망 있는 인사가 사상과 종교 단속, 대중선동과 애국운동 등에 적극 참여해 황도皇道불교와 친일의 길에 가담한 것은 지탄받아 마땅하다. 다만 종교가 정치적으로 종속된 식민지 체제 불교의 속성을 고려할 때 어쩌면 예견된 일이었는지도 모른다.

19세기 말부터 문명개화와 근대화의 횃불을 들고 호교의 길로 뛰어든 불교계는 식민지기에 대체로 순응과 타협으로 일관했다. 3·1운동 이후 불교계 혁신세력이 민족의식에 눈뜨고 사찰령 폐지와 정교분리를 내세워 불교 자주화를 추구했지만, 식민지 체제 불교가 갖는 구조적 모순이 그 앞을 가로막았다. 1930년대 후반 이후 전시체제기에는 정치권력에 대한 종속이 심화되었고, 황도불교로 표상되는 국가주의와 체제 지향적 경향성이 더욱 짙어졌다. 이처럼 식민지 사찰령 체제의 견고한 현실적 벽 앞에서 불교 자주화의 꿈은 물 건너가고 말았다. 대신 정치적 굴종과 친일이라는 식민지 유산을 떠안은 채 1945년 8월 15일 해방을 맞이해야 했다.

3장

승려의 결혼:
불교의 사회화와 세속화의 추구

근대기에 접어들어 일본 불교의 여러 종파가 조선에 경쟁적으로 진출하고 포교 활동을 벌이면서 한국 불교에 많은 영향을 미치게 되었다. 그중 하나가 불교 근대화와 교세 확장을 명분으로 삼은 승려의 결혼에 대한 인식 변화였다. 계율에서 승려의 결혼은 허용되지 않고 오랜 불교의 역사에서도 그것은 반드시 지켜진 불문율의 전통이었다. 하지만 메이지기 일본에서는 문명개화론, 사회진화론이 성행하면서 승려의 결혼과 교단의 세력 확대를 인구 증식, 생산력 제고와 연결한 근대화 지상주의가 풍미했다. 일본은 메이지 초기부터 금단의 빗장을 풀고 승려의 결혼을 용인함으로써 개신교 목사와 마찬가지로 성직을 담당하는 직업인, 세속생활을 하는 사회인으로 탈바꿈했다.

일본은 1868년 메이지 유신 이후 천황을 정점으로 하는 국가체제 강화와 천황제 이데올로기 확산을 위해 신도의 국교화를 단행했다. 반대로 군건한 사회적 기반 위에서 기득권을 누려온 불교를 억압하는 폐불훼석 조치를 일시적으로 시행했다. 1872년에는 고기를 먹고 결혼을

하는 '육식과 대처'를 승려 각자의 뜻에 맡긴다는 허가령을 내려 출세
간의 성역을 무너뜨렸다. 이는 부국강병과 식산흥업을 통해 근대화와
자본주의 발전을 이룬다는 정책 방향, 시대조류와 맥을 같이하는 조치
였다. 이제 승려는 세속의 성씨를 쓰는 일본의 국민이 되었고 직업으로
서의 승려가 탄생했다. 그런데 일본에는 정토진종처럼 승려가 가족을
꾸리는 재가불교의 전통을 가진 종파가 이미 있었던 데다 유신을 단행
한 메이지 정부의 강력한 의지와 새로운 시대를 열망하는 분위기에서
나온 조치여서 불교계의 저항이나 반발은 크지 않았다. 물론 불교 중
흥을 위한 계율부흥운동이 일어나는 등 전통 수호의 움직임이나 비판
의 목소리가 전혀 없었던 것은 아니지만 그렇다고 대세를 바꾸지는 못
했다.

국가주의 불교를 부르짖고 나온 일련종의 다나카 지가쿠田中智學는
부부를 기초단위로 해서 불교의 개혁 방향을 모색한 『불교부부론佛敎
夫婦論』(1887)을 저술했다. 그는 부부야말로 종교나 윤리의 가장 중요
한 근본이고 사회 조직과 활동의 기초이며 불교 또한 그에 기반을 두
어야 한다고 보았다. 그렇기에 이제는 과거의 유습인 장례葬禮 불교에
서 벗어나 혼례婚禮 불교로 전환해야 한다고 주장했다. 불교의 세력을
키우고 확산시키려면 남녀와 부부에서 출발해야 한다고 본 것이다. 그
는 불교 교리에서도 남녀는 동등하며 남녀라는 이원적 원리를 통해 근
원인 일심에서 만물로 전개해나가는 것이라고 설명했다. 근대화에 매
진하는 시대성을 의식하면서 부부를 매개로 한 불교의 생활화·사회
화·세속화를 추구한 셈이다. 다나카는 또 승려의 육식과 결혼에 찬동
하는 「불교승려육처론佛敎僧侶肉妻論」(1891)을 발표해 대처식육이 반드

시 계율에 위배되지는 않음을 증명하려
했다. 이뿐 아니라 승려는 재가보살로서
자신의 지역과 밀착해서 호법과 호국을
동시에 추진해야 한다고 역설했다.

한용운

일본 불교의 이러한 급격한 변화는 한
국 불교계에 큰 충격과 자극을 주었다.
1908년에 시찰단의 일원으로 일본에 건
너간 한용운은 6개월간 체류하면서 불
교 근대화의 실상을 두 눈으로 확인했
다. 그 영향으로 한용운은 1910년 4월에
승려의 결혼을 허용해달라는 건의서를
통감부에 냈는데, 승려의 결혼이 불교의 교세를 발전시키는 데 도움이
된다는 것이 이유였다. 이는 자본주의 근대화를 위해 인구의 증대와
식산흥업을 장려한 메이지 정부가 종교 경쟁에서 불교가 이기려면 승
려의 대처가 필요하다고 한 것과 비슷한 논리였다. 한용운은 승려의 결
혼을 금지했던 것은 자질이 낮은 이를 위한 방편일 뿐이며 시대에 맞게
계율을 탄력적으로 적용해야 한다고 보았다. 또 승려도 사회적 인간으
로 인권 차원에서 결혼의 권리를 가진다고 주장했다. 한용운은 식민지
가 된 1910년 9월에도 총독부에 건백서를 올려 불교 발전과 포교를 위
해 승려의 대처를 허가해줄 것을 요청했지만 받아들여지지 않았다.

1911년에 총독부에서 단행한 사찰령과 1912년에 반포된 본말사법
에는 대처와 식육에 대해 제한하는 규정을 두었다. 본말사법 제60조에
는 정식 승려가 되는 데 필요한 비구계의 요건을 다음과 같이 명시했

다. "승적을 얻고 나이 20세 이상이 된 자는 비구계를 수지할 수 있다. 다만 대처식육하는 승려는 비구계 수지를 불허하며 비구계를 구족하지 않으면 보살계를 수지할 수 없다." 결혼하고 고기를 먹는 것을 원천적으로 금지한 것은 아니지만 대처승에게는 비구계를 줄 수 없음을 분명히 했다. 사찰령 규정에서는 본말사 주지가 되려면 비구계가 반드시 있어야 했기에, 결국 결혼을 한 이는 본사나 말사의 주지가 되는 것이 불가능했다. 또 본말사법 제87조에는 다음과 같은 징계 규정이 있었다. "사찰 안에 처와 자식을 머물게 하거나 여인을 재우는 경우는 근신의 징계에 처한다." 하지만 이러한 법적 규제가 무색하게도 실제 승려의 결혼은 암암리에 늘고 있었고, 불교 발전을 앞세운 세속화의 경향은 근대화의 이름으로 포장되어 점차 대세가 되었다.

승려의 결혼은 불교 계율에 정면으로 위반되기 때문에 엄청난 논란과 반발을 불러일으킬 만한 문제였다. 동서양의 여러 종교와 불교를 비교한 『백교회통百敎會通』(1912)과 『조선불교통사朝鮮佛敎通史』(1918)를 쓴 이능화李能和(1869-1943)는 세계의 종교를 '다처多妻, 일처一妻, 무처無妻'의 세 종류로 나누었다. 그는 다처교로는 유교와 이슬람교, 일처교는 기독교, 불교와 천주교는 무처교와 일처교를 겸한 것이라고 보았다. 이는 불교가 출가자와 재가신도의 사부대중이 함께 이룩한 전통이므로 무처와 일처의 공존이라고 본 것인데, 승려의 결혼과 세속화는 승과 속의 경계를 허무는 중차대한 도전임에 틀림없었다. 하지만 식민지의 나락으로 떨어져 자포자기와 무기력증에 빠진 1910년대 초의 상황에서 정치적 투쟁이나 독립의 염원이 분출되지 않았던 것과 마찬가지로 승려의 대처 또한 크게 비화되지는 않았다.

이런 와중에 승려가 결혼을 하는 사례가 늘어나면서 세태의 변화가 감지되고 있었다. 30본사의 하나인 화성 용주사의 주지 강대련姜大蓮은 1919년 한국의 승려도 일본처럼 결혼할 수 있게 해달라는 「조선불교기관확장의견서」를 총독부에 제출하면서 사법 개정까지 청원했다. 하지만 앞서 한용운의 건의와 마찬가지로 받아들여지지 않았다. 그런데 1919년 3·1운동이 일어나면서 총독부는 무단통치에서 문화통치로 정책기조를 바꾸고 지식인과 사회 지도층에 대한 회유와 포섭을 꾀했다. 당시 민족의식에 눈뜨고 정치적으로 각성하게 된 불교계 혁신세력은 교단의 자율권을 주장하며 기득권층인 본사 주지들과 사사건건 대립했다. 그럼에도 승려의 결혼은 진보와 보수의 구분 없이 행해진 불교계의 공공연한 비밀이었다.

대처식육 문제가 수면 위로 떠오른 것은 1920년대 중반의 일이다. 한국 불교는 일본 불교가 개척한 '근대의 길'을 뒤따르면서 정치적 통제 속에서 세속화에 물들어왔다. 그리고 그 상징이 바로 전통불교의 근간을 뒤흔든 승려의 대처식육 문제였다. 1925년 일본 유학생 출신의 대처승이 본사 주지에 취임하기 위해 사법개정을 청원했지만 무산되는 일이 있었다. 그런데 다음 해 1월부터 약 한 달 동안 총독부의 종교과장과 사무촉탁이 승려의 대처 실태를 조사하기 위해 일본 현지의 사찰을 시찰했다. 그 결과 승려 대처를 허용할 때 발생하는 문제 중 하나로 사찰의 재산보호가 필요하다는 내용의 보고서가 제출되었다. 이윽고 3월에는 대처승에게 본말사 주지 자격을 허용하는 사법개정 요구가 본사 주지를 중심으로 한 교무원 평의원회에서 결의되었다. 그 직후 총독부는 많은 승려가 이미 결혼한 현실에서 그로 말미암아 생겨날 수 있는 문제

백용성

점을 파악하고 대안을 강구할 필요가 있음을 들어 사법개정 작업을 검토하기 시작했다.

이러한 상황에서 3·1운동에 불교계의 민족대표로 참여한 백용성은 1926년 5월에 승려 127명의 동의를 받아 대처식육 금지를 요청하는 청원서를 제출했다. 청원의 요지는 승려가 계율을 지키며 수행함은 당연한 일이고 대처식육은 교설에 없는 불교의 적인데도 일부 무리가 이를 감행해 사원을 마귀소굴로 만들고 참선, 염불, 간경을 전폐하려 한다는 내용이었다. 하지만 당시 『동아일보』 등 신문 사설에서는 승려의 대처식육에 대해 근대성의 시각에서 찬성하면서 "불교가 인간의 본성과 종교의 목적에 부합해야 함에도 재래의 부당한 관습을 부활시키는 것은 잘못"이라고 비판했다. 나아가 불교는 사회사업, 교육사업을 통해 민중에 이익을 주는 데 역점을 두어야 하며, 인간의 생존과 본능, 현대종교의 특성과 관련된 대처식육 문제를 구태의연하게 접근해서는 안 된다고 조언했다.

총독부에서 청원을 받아들이지 않자 백용성은 1926년 9월에 다시 '범계생활 금지'에 관한 건백서를 제출했다. 그는 여기서도 출가불교의 전통을 지켜야 하는 당위성을 거듭 강조했다. 다만 전과는 달리 승려의 대처 자체를 엄금할 수 없는 현실이라면 대처승의 비구계를 취소하고 재가대중의 신분으로 만들거나, 아니면 수행승과 연로한 승려들이 사원에서 점차 밀려나고 있는 현실에서 승려의 본분을 지키는 지계승려, 청정승려들에게 몇 개의 본산을 할당해 청정사원을 유지하고 수행을 보장해야 한다는 의견을 냈다. 대처승이 늘어나고 이들이 사원 운영까지 영향력을 미치게 된 현실을 받아들이면서도 대처승과 청정비구의 구분만큼은 명확히 해야 한다는 입장을 밝힌 것이다.

총독부는 결국 1926년 10월에 본말사법의 취처 금지 조항을 삭제·개정해 승려의 결혼을 제도적으로 허용했다. 당시 총독부 기관지인 『매일신보』 논설에서는 사찰 주지의 선거자격 개정 문제를 언급하면서, 인생의 본능을 구속했던 승려의 대처와 육식 금지가 철폐된 것은 시대적 요구에 순응한 종교계의 일대 혁명이며 불교계의 비밀스러운 악폐를 일소한 것이라고 평가했다. 이에 일부 본산에서 대처승도 본사 주지에 취임할 수 있도록 사법 재개정을 신청했고, 1929년에 이르면 80퍼센트에 이르는 대다수 본산에서 대처승이 주지가 될 수 있도록 사법을 변경했다. 본말사법의 취처 금지 조항이 삭제된 1926년 무렵에 비구승 가운데 약 50퍼센트 정도가 이미 대처를 했던 것으로 추정되는데, 제도화된 이후에는 그 수가 더 늘어났다. 당시 교계의 권력을 장악한 본사 주지 상당수가 대처를 한 상황이었고, 일본 유학승 출신이 주축이 된 불교계 혁신세력 또한 결혼을 선진적·근대적인 것으로 인식하고 많은 승려가 실제로 대처를 했다. 다시 말해 보수와 혁신을 가릴 것 없이 불교계의 여론 주도층이 승려의 결혼을 불교 발전과 대중화를 위한 불가피한 시대조류로 받아들인 것이다.

하지만 당시에도 대처 유행의 풍조를 '대처독'이라고 지탄하면서 승려의 결혼으로 비승비속의 기형적 생활, 주지 자리를 둘러싼 권력 갈등, 사원경제의 파멸, 신도 수의 감소와 민중신앙의 소실 등 많은 문제가 생겨났다는 비판도 나왔다. 계율에 위배되는 파계행위로 교단이 뿌리째 흔들리고 불교에 해악이 된다는 주장은 수행승과 지식층을 중심으로 계속 제기되었다. 일찍부터 선종 전통과 계율의 회복을 내세워 대처를 반대해온 백용성도 선농禪農불교, 역경譯經불교를 통해 불교 자립과 대중화의 돌파구를 찾으려 했다. 그는 1925년에 자신이 조직한 활구참선만일결사活句參禪萬日結社에는 음주나 육식하는 자의 입회를 금지하는 등 계율 수호에 앞장섰다.

그럼에도 당시 언론이나 불교계 주류의 인식을 보면, 대처식육은 승려 개인의 문제이고 불교의 쇠퇴와는 무관하며, 보편종교로서의 사회화·대중화를 위해서는 문호 개방을 피할 수 없다는 긍정적 의견이 많았다. 또 승려도 인간이므로 인간의 본능을 살리고 인간을 위한 종교를 만듦은 당연한 일이라는 주장도 나왔다. 이러한 대처식육 찬성론은 불교의 근대화·사회화·대중화를 위해 전통불교의 개혁이 반드시 필요하다는 인식에 기반을 두고 있다. 전통불교는 간경, 참선, 염불만 해왔고 중생을 위한 이타행이 부족하며 사회와 동떨어져 있다고 본 것이다. 그렇기에 계율을 철저히 준수하지 못할 바에야 차라리 현실에 맞게 계율을 적용하고 현대인의 신앙으로 바꾸어야 한다는 논지였다. 불교계의 선각자인 한용운도 승려만의 불교가 아닌 대중불교를 지향했는데, 그가 1910년대 초에 제기한 유신론도 대처식육 문제에서는 찬성 쪽에 기울어져 있었다. 그는 세상을 피하고 스스로만 옳다고 여기는 염세주의와 독선주의를 버리고 모든 대중을 구제하는 구세주의로 나가야 한다고 주장한 바 있다.

　대처식육은 식민지기에 일어난 불교 세속화의 상징적 사건이었다. 당시에도 계율을 지키고 전통을 계승하자는 쪽과 시대정신에 맞게 불교도 환골탈태해야 한다는 쪽으로 나뉘었다. 속세를 떠나 자유자재한 깨달음을 추구하는 불교 본연의 길과 세속으로 뛰어들어 대중교화에 힘써야 하는 갈림길 사이에서 불교계는 머뭇거릴 수밖에 없었다. 하지만 20세기 전반의 시대 분위기는 전통 수호보다는 근대화에 초점이 맞추어져 있었고 근대화를 향해 전력질주하는 것이 대세였다. 불교의 근대화와 대중화가 시대적 요청이자 과제였음은 누구도 부인할 수 없었다. 다만 식민지 체제에서 정치권력에 종속된 불교계가 제대로 된 개혁과 근대적 이상을 실현하는 것은 처음부터 환상이었을지도 모른다. 승려의 결혼은 호국 대신 지향해온 호교의 길마저 그리 쉽지 않았음을 잘 보여준다. 그 결과 불교 세속화의 끝판인 대처식육은 나중에 청산 대상인 식민지 잔재로, 또 불교계가 짊어져야 할 부채로 남게 되었다.

4장

근대불교학의 수용과
한국 불교 전통의 형상화

근대불교학은 동양이 아닌 서양에서 탄생해 아시아의 수입 도매상인 일본을 통해 20세기에 들어 한국에 전해졌다. 이때부터 근대학문의 연구방법론에 따른 불교 전통의 조형이 시작되었다. 제국주의와 식민지 침탈로 막대한 부를 축적한 서양은 오리엔탈리즘이라는 렌즈를 통해 아시아를 부정적으로 타자화하고 유럽보다 열등한 지역으로 바라보았다. 서양의 동양학은 오랜 문헌해석학 전통과 실증주의 학문 풍토에서 비롯되었지만, 그 이면에는 동양에 대한 편견과 서양의 우월의식이 깊이 깔려 있었다. 이런 배경 속에서 근대학문으로 성립한 불교학은 불교의 원산지이자 오랜 역사 전통을 자랑하는 아시아에 역수입되었다. 이전에는 절대적이고 종교적인 신념체계였다면 이제 불교의 창시자 붓다와 그 사상, 이후의 역사에 대한 객관적인 접근이 이루어지게 된 것이다.

일본은 19세기 후반 서구에 유학생을 파견해 근대불교학을 일찍부터 받아들였다. 1877년 난조 분유南條文雄(1849-1927) 등이 유럽 인도학·비교종교학의 대가였던 막스 뮐러Max Müller(1823-1900)에게 배운 것이 시초였다. 이어 도쿄제대에서 하라 탄잔原坦山(1819-1892)의『대승기신론』, 인도철학 강좌가 개설되고 다카쿠스 준지로高楠順次朗(1866-1945)가 범어학 강의를 하면서 제도화된 학제의 틀 속에서 근대적 불교 연구가 시작되었다. 근대불교학은 한역 경론과 주석서에 의거해 교리와 종조를 무조건 따르던 교학이나 종학 등 이전의 전통불교와는 달랐다. 대신 산스크리트어, 팔리어 원전과 티베트어 대장경 등으로 자료의 범위가 대폭 넓혀졌고 문헌비판과 역사 실증주의 연구방법론이 채택되었다. 유럽처럼 일본도 여러 언어로 쓰인 원전을 통해 붓다의 가르침을 밝히고 불교의 역사와 경전의 성립 시기와 계보를 실증적으로 파악하게 된 것이다. 초기 불교와 부파불교, 대승불교의 역사적 전개에 대한 이해, 그리고 계통적이고 객관적인 불교 전통의 구축이 가능해진 것이다.

일본에서 근대학문의 연구방법론에 따라 불교역사학의 토대를 닦은 이는 무라카미 센쇼村上專精(1851-1929)였다. 그는 1894년 불교사학 전문 학술지인『불교사림佛敎史林』을 창간했고『불교통일론佛敎統一論』과『일본불교사강日本佛敎史綱』을 저술해 불교에 대한 체계적·역사적 이해를 추구했다. 또 1903년에는『대승불설론비판大乘佛說論批判』을 써서 대승불교는 붓다 생전에 설한 가르침이 아니라는 '대승비불설大乘非佛說'을 제기하고 교리가 아닌 역사의 문제로 접근해야 함을 선언했다. 그의 영향을 받은 사카이노 고요境野黃洋(1871-1933)는 1907년 중국 불교사의 대강을 정리한『지나불교사강支那佛敎史綱』을 저술했다. 이처럼 일본에서는 불교의 역사적·사상적·종교적 의미를 근대불교학

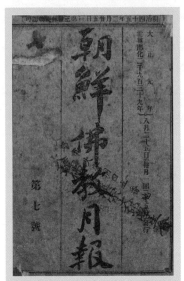

『조선불교월보』

의 방법론을 기초로 연구해서 상당한 성과를 냈다. 20세기 전반에 이미 한역본 『대정신수대장경大正新修大藏經』, 팔리어본 『남전대장경南傳大藏經』을 비롯해 각종 원전 자료집과 사전류를 편찬해서 불교학 연구의 기본 토대를 구축했다. 또한 팔리어와 한역 경전의 비교를 통한 초기 불교 연구, 인도의 주석서를 대상으로 하는 아비달마, 대승 경전과 사상 연구, 한역 불전에 의거한 중국과 일본 등 동아시아 불교 연구에서 많은 업적을 쌓았다.

한국에는 1910년대부터 일본의 근대불교학과 불교사 분야의 연구 성과와 방법론이 소개되었다. 또한 식민지 당국의 학술·종교 조사사업의 일환으로 자료조사와 대규모 집성 작업이 추진되었다. 1912년 2월에 창간된 『조선불교월보朝鮮佛敎月報』에는 「교사敎史」라는 이름으로 인도와 중국, 한국과 일본의 불교사 개관이 연재되었다. 또 이 잡지에는 무라카미 센쇼의 『불교통일론』 일부를 권상로가 번역해서 실었는데, 무라카미가 제기한 연구방법론의 핵심인 문헌 비평, 역사와 비교사적 연구가 소개되었다. 이처럼 문헌실증주의에 입각한 역사학적 접근법이 근대불교 연구의 방법론으로 국내에 도입된 것이다. 근대불교학은 강학이나 교리학 위주의 전통적 학술방식과는 차이가 있었다. 방대한 문헌 수집과 체계적 유형 분류, 비판적

텍스트 이해, 중립적 관점의 서술 등에서 전과는 다른 양상을 보였다.

이러한 문헌 집성과 계보학적 정리, 새로운 연구방법론의 수용에 힘입어 1910년대 후반부터 한국 불교 관련 개설서가 나올 수 있었다. 권상로의 『조선불교약사朝鮮佛教略史』(1917), 이능화의 『조선불교통사』(1918)가 그것이다. 근대기 최초의 한국 불교 통사인 『조선불교약사』는 승려교육을 위해 집필된 책으로 역사상의 사건과 인물 관련 자료들을 연대순으로 엮어놓았다. 최남선崔南善이 교열을 본 『조선불교통사』는 방대한 사료가 망라된 자료집의 성격이 강하지만, 저자의 해설과 평가에 한국 불교사에 대한 식견과 안목이 녹아들어가 있다. 이 책은 지금까지도 한국 불교 연구에서 자료의 보고이자 길라잡이가 되고 있다. 이능화는 문헌실증주의와 계통적 역사 서술을 지향했는데, 한국사에 나타난 여러 불교 종파를 정리하면서 조선시대의 임제종 선종 법통에 정통성을 부여했다.

이후 자료와 연구가 축적되면서 이를 자양분으로 삼아 일본인 학자들의 한국 불교 연구서가 나오게 되었다. 경성제대 교수였던 다카하시 도루(1878-1967)의 『이조불교』(1929), 중국 선종 전공자인 누카리야 가이텐忽滑谷快天(1867-1934)의 『조선선교사朝鮮禪教史』(1930)가 대표적 저작이다. 다카하시는 총독부의 종교·학술조사를 담당하면서 한국의 불교와 유교 전통에 일찍이 주목했다. 그의 불교 연구 대표작인 『이조불교』는 많은 자료를 종횡으로 활용하면서 조선시대 불교의 흐름을 꿰뚫고 자신만의 학설과 틀을 세웠다. 하지만 다카하시는 식민지 관변학자의 입장에서 한국사를 타율성과 정체성이라는 부정적 시각에서 재단한 한계가 있다. 그는 한국 불교에 대해 독자성이나 발전이 없다면서 중국 불교의 아류에 지나지 않는다고 폄하했다. 조선시대 불교 또한 여성과 서민의 신앙으로 그나마 의미를 가질 뿐이지, 정치적 억압 때문에 사상적으로나 사회적으로 침체와 쇠퇴를 거듭한 굴절의 역사라고 단정했다. 다카하시의 표현을 빌리자면, 조선시대 불교는 종교로서의 사회성을 잃고 소외된 계층의 신앙이었을 뿐이며 국가로부터 교권을 빼앗기고 모욕과 압박을 받은 기괴한 역사에 불과했다.

『조선선교사』를 지은 누카리야는 근대기의 대표적 학승인 박한영 등에게 구체적 정보를 얻고 그동안 축적된 자료와 연구를 참조해 한국 불교의 선과 교학사상 전체를 다룬 개설서를 낼 수 있었다. 『조선선교사』는 『이조불교』와 함께 식민지기 한국 불교 연구의 노작이지만, 누카리야 또한 원효, 지눌 등 소수의 예외를 제외하면 한국의 선종과 교학 전통에서 중국과 다른 독창성을 찾기 어렵다고 보았다. 일본 조동종 승려 출신으로서 종립 고마자와 대학의 교수였던 누카리야는 조선시대를 선과 교의 암울한 쇠퇴기로 보았고, 19세기 선 논쟁을 예로 들며 한국의 선종은 임제종 우위의 편견에 빠져 있다고 비판했다. 또 그는 부처가 진귀조사에게 선을 전해 받았다는, 한국에서만 보이는 독특한 주장인 '진귀조사설'이나 염화미소 등의 '삼처전심설'에 대해 경전상의 근거가 없는 후대의 가설이자 망설이라고 혹평했다.

한편 1920년대 후반부터는 해외에서 불교학을 공부하고 돌아온 유학생들 덕에 서양과 일본의 최신 연구 성과가 바로 전해졌다. 프랑스와 독일에서 유학한 김법린金法麟과 백성욱白性郁, 일본에서 배운 강유문姜裕文, 김경주金敬注, 김태흡金泰洽, 허영호許永鎬 등이 새로운 학문방법론과 연구동향을 소개했다. 예를 들어 김법린(1899-1964)은 세계의 학술사조에 적극 대처해야 한다고 주장하고 프랑스 불교학의 성과를 인도학·중국학·티베트학으로 나누어 정리했다. 그는 역사학과 언어학 등의 비판적·분석적 방법, 원전 교정과 주석을 위주로 한 문헌학 연구를 통해 종의적 전통과 신화적 전설에서 탈피해야 함을 역설했다. 이들 해외 유학생은 활발한 활동을 펼치며 불교계를 선도했지만, 식민지 조선의 특수한 여건상 학술연구에서 큰 족적을 남기지는 못했다.

이능화

1930년대에 한국 불교에 대한 연구는 양적으로 늘어나고 질적으로도 수준이 높아졌다. 대표적 연구 성과를 소개하면, 『조선불교사고朝鮮佛教史稿』(1939)를 쓴 김영수金映遂(1884-1965)의 경우 오교구산五教九山-오교양종五教兩宗-선교양종禪教兩宗 등 한국 불교 교단 종파사의 기본 구도를 세웠다. 또 동국대학교의 전신인 중앙불교전문학교 교수였던 에다 도시오江田俊雄(1898-1957)는 조선 초 간경도감의 불전 간행과 불서 언해 문제를 중점적으로 다루었고, 권상로와 함께 『조선왕조실록』에서 불교 관련 기사를 뽑은 『이조실록불교초존李朝實錄佛教鈔存』(1934)을 펴냈다. 이 밖에도 의천의 교장과 고려대장경, 조선시대 간행 불서 등에 관한 문헌서지학적 연구도 진전되었다.

박한영(1870-1948)은 1930년대 전반 무렵에 중앙불전의 강의교재로

『불교사남요佛教史攬要』를 썼다. 이 책은 일종의 불교사 개설서라고 할 수 있는데 본문은 앞부분의 「석가본행기釋迦本行記」만 전하지만 서론인 「통론統論」에서 인도, 중국, 한국, 일본의 불교사를 간략히 개괄하고 있어 책의 내용을 유추해볼 수 있다. 「통론」에서는 부처의 행적부터 아쇼카왕 시대의 불교 확산, 대승불교의 성립과 중관·유식사상, 불교의 중국 전래와 한역 경전, 교종과 선종의 발전, 송대 이후 불교사를 간략히 언급했다. 이어 한국의 불교 수용, 구산선문과 구법승의 활동, 고려시대 불교 전적의 동아시아 유통과 선과 교의 병행 문제 등을 짧게 서술했다. 또 일본 불교에 대해서는 나라시대의 남도南都 6종과 가마쿠라시대 이후의 종파불교를 개관했다. 나아가 그는 세계의 불교를 남부불교의 소승, 티베트·몽골 등 북부불교의 라마와 밀교, 대승과 소승·현교와 밀교를 갖춘 일본의 동부불교로 나누고, 중국 불교는 현재 영화를 잃었고 조선 불교는 명맥만 유지하는 상태라고 진단했다. 여기에서 이 책이 당시 일본학계의 연구 성과와 불교사를 바라보는 시각을 상당 부분 차용했음을 볼 수 있다.

근대시기 한국학의 태두라 할 수 있는 최남선(1890-1957)은 비록 불교학자는 아니었지만 불서 간행에 힘을 기울였고, 한국 불교의 역사와 전통을 널리 알려야 한다고 역설했다. 그는 한국사에 있어 유교보다 불교가 서민생활과 정신문화 등에서 미친 영향이 더 크다고 보았다. 또 한국 불교의 특징은 인도의 서론적 불교, 중국의 각론적 불교에 대비되는 결론적 불교이며 그에 걸맞은 많은 사상적 성과가 나왔다고 평가했다. 특히 원효로부터 이어져온 통불교 전통을 강조하면서 한국 불교의 종합성과 독자성을 내세웠다. 이는 인도-중국-일본으로 이어지는 일본의 전통적 불교사 인식, 그리고 종파불교의 특성에 대한 독자적 반론의 성격을 지닌다는 점에서 주목할 만하다.

이처럼 문헌텍스트의 조사 분류와 근대학문의 실증적·객관적 연구 방법론의 적용을 통해 20세기 전반에 한국 불교의 역사와 사상, 문화 등을 집성하고 이미지화한 전통의 형상화 작업이 이루어졌다. 일본인 학자들의 한국 불교 연구도 근대학문의 방법론에 따른 체계적 이해와 서술, 주제의 발굴과 입론 틀의 형성이라는 점에서 크게 기여했다. 하지만 그 이면에는 오리엔탈리즘에 입각한, 한국이라는 타자에 대한 폄하와 부정의 시각이 들어가 있음도 사실이다. 이후 지금까지 많은 연구가 축적되면서 식민지기에 나온 성과의 한계를 뛰어넘어 한국 불교사의 전체 윤곽이 그려졌다. 다만 조선시대 불교는 잿빛 전통의 어두운 이미지를 탈색하고 부정적 인식을 전환하는 데 많은 시간이 걸릴 것으로 보인다. 식민지 학문의 폐해를 극복하기 위해서는 한국 불교의 고유성과 보편성을 거시적 안목에서 함께 추구할 필요가 있다.

5장

식민지 유산의 청산:
불교정화의 빛과 그림자

일제강점기 36년 동안 불교는 사찰령 체제에서 통제와 구속을 당했고, 대처식육의 허용 등 전통의 해체와 세속화의 격랑을 경험했다. 식민지의 유산은 불교계에 감당키 어려운 부채로 돌아왔고 불교정화의 씨앗은 싹이 돋기만을 기다렸다. 1945년 8월 15일 해방과 함께 불교계도 식민지의 잿빛 잔재를 털어내고 민족종교, 전통종교로서 새 시대를 향해 나아가야 했다. 민족 독립의 벅찬 감격에 들떠 있던 1945년 9월에 전국승려대회가 열렸고 조선불교혁신준비위원회가 조직되었다. 여기에 교단의 중추세력이 모여 한국 불교의 장래와 개혁 방향을 논의했다. 그 결과 사찰령 같은 식민지배의 유산을 혁파하고 중앙 교단기구를 설립해 교헌을 제정하자는 데 의견의 일치를 보았다. 또 전국을 여러 교구로 나누는 교구제를 시행하며, 사찰재산을 통합·운영하고 역경사업과 비구승단 보호 등 수행정신의 선양을 중점 추진사항으로 의결했다.

그런데 총독부의 뒤를 이어 통치권력을 행사한 미군정은 근대 국민국가의 기본 원칙인 정교분리와 종교의 자유를 표면에 내세웠다. 하지만 실제로는 개신교와 천주교만을 공인하는 편파적인 공인교 정책을 펼쳤고, 기독교계 인사들을 미군정청에 대거 뽑아다 썼다. 무엇보다 1945년 11월에 공포된 군정법령 제21호에서 폐기되지 않은 구법령을 존속시킨다는 입장을 밝혔다. 이는 본사 주지 인사권과 사찰재산 처분권을 총독이 쥐었던 식민지 사찰령이 그대로 유지·적용됨을 의미했다. 이때 조선불교 중앙총무원과 교무회 측은 사찰령의 폐지를 거듭 요청했지만 끝내 받아들여지지 않았다. 미군정이 사찰령을 존치시키고 사찰재산 임시보호법을 시행한 것은 한국에 있던 일본 불교 사찰의 적산敵産재산 귀속 문제와도 관련이 있다. 총독부를 대신해 미군정에서 사찰재산 처분권을 행사할 수 있었기 때문에, 한국에 있는 일본 불교 사찰과 그 재산이 원래는 한국 불교로 넘어가야 했지만 일부는 교회에 주어진 경우도 있었다.

미군정의 한쪽으로 치우친 종교정책은 곳곳에서 드러났다. 만주 하얼빈에서 안중근 의사에게 저격당한 초대 조선통감 이토 히로부미伊藤博文를 추모하기 위해 세워진 박문사博文寺의 경우를 들어보자. 박문사는 대한제국의 현충원 격이었던 장충단 공원의 일부 부지를 양도받아 1932년에 건립되었고 그 앞에는 경희궁의 정문 흥화문을 옮겨 세웠다. 해방 후에는 이전 혜화전문학교의 기숙사로 쓰이다가 1947년 미군정의 관유지로 귀속되었고 이후 그 자리에는 현재의 신라호텔이 세워졌다. 또한 미군정은 1946년에 크리스마스를 공휴일로 지정했다. 기독교 문명권인 유럽·북미나 서구의 식민지도 아니었던 한국에서 크리스마스의 공휴일 지정은 종교의 자유와 정교분리의 원칙을 위반하는 위헌적 조치였다. 이를 의식한 불교계의 불만 표출과 계속되는 요구 끝에

박문사

석가탄신일(부처님 오신날)은 1975년에야 공휴일로 채택되었다. 어찌 보면 미군정 당시 종교의 자유는 기독교만 누릴 수 있는 특권이었는지 모른다.

　3년간의 미군정 통치 기간 동안 기독교는 여러 특혜를 누리면서 정치적·사회적 영향력을 키울 수 있었다. 오랫동안 미국에 머물다가 귀국한 이승만 등 일부 정치가들은 미군정과 기독교계의 지지를 얻기 위해 백방으로 노력했다. 1948년 8월 15일 대한민국 정부가 수립되고 이승만이 초대 대통령에 취임하면서 기독교 편향 정책은 계속되었다. 이승만은 '기독교 이념에 기초한 국가'를 세우려 했고, 특히 개신교와 미국 선교사들에게 많은 혜택이 주어졌다. 한국에서 활동하다가 사망한 선교사나 명망 있는 개신교인의 장례 때 국장과 사회장을 허용한 것도 형평성에 어긋난 조치였다. 이런 상황에서 해방 직후 50만 명이 되지 않았던 개신교 신자 수는 이승만 정부 때인 1950년대 중반에 150만 명에 달해 10년 만에 세 배의 양적 성장을 기록했다. 물론 개신교계는 1950년대 대통령 선거에서 공개적으로 이승만을 지원하는 등 그에 대한 보답을 톡톡히 했다.

불교계는 이러한 불공평하고 편파적인 상황에 어떻게 대처했을까? 본사 주지 등 식민지기 이래의 교단 주도세력은 기득권을 움켜쥐고 반대파인 혁신 진보세력을 억누르기 위해 이승만 정부 초기에 우호적으로 정권에 협조했다. 해방 직후 불교계가 결의한 사찰령 철폐, 일본 불교 적산재산의 한국 불교 귀속 문제도 더는 적극적으로 요구하지 않았다. 또 기독교 편향 정책에 대한 불만도 공식적으로는 드러내지 않았다. 다른 한편 식민지 잔재의 척결과 불교계 개혁을 부르짖어온 청년 승려 등의 혁신그룹은 정치적 좌우대립이 격화하면서 좌익으로 몰렸고, 일부는 월북하는 등 세력이 크게 약해졌다. 그러면서 이들이 내세웠던 교단 재정의 투명화, 사회 평등 같은 구호도 수면 아래로 가라앉았다. 결과적으로 해방 공간에서 이루어졌어야 할 친일불교 청산과 자주적 종단 건설의 꿈은 결국 물거품이 되고 말았다.

이처럼 1940년대 후반의 혼란한 정치적·사회적 상황에서 주목할 만한 자생적 움직임이 불교계에서 일어났다. 결혼을 하지 않은 청정비구 수행승들이 주도한 결사운동이 그것으로, 뒤에 정화운동을 주도하게 되는 청담靑潭 순호淳浩(1902-1971)와 퇴옹退翁 성철性徹(1912-1993)이 1947년에 일으킨 봉암사결사鳳巖寺結社가 대표적이다. 이들은 교법과 계율에 따른 선 수행 실천을 목표로 자주·자생·자립의 기치를 내세웠다. 비록 1950년 6월 25일 한국전쟁이 일어나면서 결사가 중단되었

퇴옹 성철(왼쪽)과 청담 순호(오른쪽)

지만 의미 있는 결사였음에 틀림없다. 또 만암曼庵 종헌宗憲 (1876-1956)은 1947년 백양사에서 고불총림古佛叢林을 결성하고 승려 자격, 일상과 수행, 의무와 상벌, 재산관리 등의 제반사항을 정한 청규를 만들었다. 종헌은 이후 불교계가 비구와 대처로 분열되고 선의 종맥 계승의식이 약해졌음을 비판하며 독자적인 불교정화 방안을 제시했다. 그는 계율을 지키고 출가 전통을 회복해야 한다고 주장하면서도, 현실을 감안해 비구=정법正法, 대처=호법護法으로 역할을 나눈 통합종단을 제안했다. 우선 통도사, 해인사, 송광사의 삼보사찰을 수행비구들이 맡아서 전통을 지키고 점차 단계적인 정화로 나아가자는 취지였다.

한편 1949년에는 정부에서 농지개혁법을 공포하고 1950년 3월에 그 시행령이 나왔다. 그에 의거해 직접 농사를 짓는 자경농이 농지를 소유함을 원칙으로 하는 유상매수 유상분배 조치가 내려졌다. 당시 사찰 소유 농지의 경작은 대개 자경 소작농이 담당했는데, 이 법이 시행됨에 따라 사찰 농지의 상당수가 헐값에 넘어가는 바람에 불교계는 심각한 경제적 타격을 입게 되었다. 게다가 한국전쟁까지 일어나면서 상황은 더욱 악화되었다. 특히 비구 수행승들은 여러 사찰을 떠돌며 기거했는데, 웬만한 사찰들이 재정적 어려움을 이유로 이들을 받아들이지 않아 안정적으로 수행할 수 있는 여건이 마련되지 않았다. 불교계는 이러한 상황을 정치권에 알려 해결책을 마련해달라고 요청했다. 그 결과 휴전협정이 체결된 1953년 7월 사찰보호 유지책이 나와 원래의 소유 사찰로 자경 농지를 반환하게 했다. 1954년 4월에는 당시 종단의 교정인 만암 종헌이 수행승의 생활고를 해결하고 수행 공간을 마련하기 위해 전통사찰 18곳을 비구승에게 할당한다는 방침을 세웠지만 대처 주지들의 반발에 막혀 실행되지는 못했다.

이 무렵 이승만 대통령의 불교정화 지지 담화가 발표되었다. 1954년 5월 대처승을 사찰에서 축출하라는 유시가 내려졌고, 1962년 4월까지 8년간에 걸친 불교정화운동이 펼쳐졌다. 이승만은 "일본인 승려의 생활을 모범으로 삼아 우리나라 불도에 위반되게 행해온 자는 이제부터 친일한 자로 인정할 수밖에 없다. 가정을 갖고 사는 중들은 모두 사찰에서 나가 살아야 하며 우리 불도를 숭상하는 승려만 정부에서 도로 내주는 전답을 개척하여 유지해가게 할 것이다"라고 선언했다. 이를 계기로 종권과 사찰의 주도권을 둘러싸고 기득권을 가진 대처와 그것을 접수하려는 비구 사이에 극심한 갈등과 대립이 펼쳐졌다. 1954년 8월 전국비구승대표자대회에서는 이승만 대통령에게 감사장을 올리자는 안건이 채택되었고, 1955년 8월 전국승려대회에서는 비구승이 교단 운영을 주도한다고 결정했다. 정화 시행 직후 대처 측은 크게 반발했지만 정부의 강경한 기조에 정면으로 맞서지는 못했다. 다만 승려대회 이후 종권이 비구 승려에 넘어가는 상황이 되자 대처 측은 법적 소송을 제기했는데, 이 또한 상당수는 패소했다.

이승만 정부 때 시작된 불교정화는 식민지 유산의 청산이라는 정치적 명분, 비구승 중심의 수행과 계율 전통을 회복한다는 불교적 가치를 공개적으로 내세운 것이었다. 당시 대처 승려는 친일행위자, 일제의 잔재로 매도되었고, 이를 통해 정치적으로 민족정신을 드높이고 애국심을 고양하는 효과를 냈다. 그런데 그 이면을 들여다보면, 이승만 정부가 줄기차게 추진해온 기독교 편향 정책에 불만을 품고 각종 선거에서 점차 반대파 지지로 돌아선 실세 대처 주지들을 쫓아내려는 정치적 의도도 있었다. 어쨌든 정부 차원에서 강력하게 밀어붙인 타율적·강제적 정화의 결과로 대처 측은 크게 위축되었다. 그런데 정화과정을 통해 불교에 대한 한국 사회의 부정적 인식은 크게 증가한 반면, 기독교는 그에 비해 깨끗하고 우월한 이미지를 부각시키면서 비약적 발전의 전기를 마련했다.

1960년 4·19 민주혁명이 일어나면서 이승만은 권좌에서 쫓겨나 하와이로 망명했다. 이승만 정부 때 수세에 몰렸던 대처 승려들은 비구측을 관제 불교단체로 규정하고 반격에 나섰다. 이들은 정치와 종교의 철저한 분리를 내세우며 권력이 교단을 좌지우지하는 법적 근거로 활용되어온 과거 사찰령의 철폐를 주장했다. 또 법원에서는 대처 측의 사찰 재진입을 허용하거나 사찰 운영권을 인정하는 등 승소 사례가 이어졌다. 이제는 반대로 비구 승려들이 반발하고 나서면서 공개적으로 할복을 시도하거나 법원에 난입하는 등 신문 지면을 장식함으로써 불교정화가 사회 문제로 떠올랐다.

1961년 박정희 소장이 주도한 5·16 군사쿠데타로 권력을 쥔 군사정권은 비구와 대처 어느 쪽도 불교계의 대표기관으로 인정하지 않았다. 대신 단일 종단을 만들어 자율적으로 불교를 재건하라는 지침과 함께 분규를 해결하고 통합하라는 지시를 내렸다. 비구와 대처 어느 쪽도 원하지 않았지만 당시 국가재건최고회의의 서슬 퍼런 지령을 받아들여야 했던 불교계는 1962년 4월 통합종단 대한불교조계종을 출범시켰다. 5월에는 사찰령을 대신해 불교재산관리법이 시행되었는데, 불교재산의 관리뿐 아니라 불교단체 등록과 운영도 국가에서 관리하고 감독하는 내용이었다. 이는 명칭만 바뀌었을 뿐 식민지 사찰령 체제가 그대로 이어진 것이었고, 어떤 점에서는 통제가 더 강화된 측면도 있다. 이처럼 기독교와 달리 불교는 교단의 기본권과 자율성이 매우 취약했고 정권의 입맛대로 흔들어댈 수 있었다. 이후 1970년에 대처 측이 통합종단에서 탈퇴하고 따로 태고종太古宗을 세우면서 공식적 분쟁은 일단락되었다.

불교정화는 식민지 체제에 연원을 둔 승려의 대처 풍조와 본사 주지의 권력화에서 1차적 원인을 찾을 수 있다. 해방 후 불교계는 사회와 민족에 기여하는 대중불교, 민족불교의 길을 걸어야 했지만, 교단의 세속화와 권력과의 결탁, 지도부의 부패와 무능은 큰 걸림돌이 되었다. 어찌보면 정화는 불교계의 당면한 과제였고 시대의 필연적인 요구였다. 하지만 불교계 스스로의 자정 노력이 뒷받침되지 않는 상태에서 정치권력의 입맛대로 이루어진 타율적·강제적 정화는 많은 부작용을 낳았다. 실제로 전체 승려의 10퍼센트도 안 되는 수백 명의 비구승이 개별 사찰과 교단 운영의 전반을 떠안게 되면서 많은 문제가 생겨났다. 특히 불교에 대한 이해와 승려로서의 기본 자질이 없는 이들도 정화의 와중에 갑자기 출가하는 일이 적지 않았다. 이를 급조승이라고 하는데 이들의 출현으로 불교계의 인적 수준은 크게 떨어졌다. 더욱이 비구 수행승이 교단을 주도하면서 선종으로서의 정체성은 뚜렷해졌지만, 교학이나 의례, 문화예술 등 다양한 전통이 단절되거나 겨우 명맥만 유지하는 상황을 피할 수 없었다. 또 정화과정에서 일어난 분규와 폭력, 불교계의 어두운 치부가 세상에 알려지면서 고요하고 청정한 불교의 이미지는 변색되었다.

식민지 잔재의 척결을 내건 불교정화는 반드시 거쳐야 할 당면 과제였다. 하지만 그 이면에는 빛과 그림자가 동시에 존재한다. 식민지기부터 모색되어온 주체적이고 자율적인 종단의 모습, 불교의 중요한 전통인 평화적·화합적 방식의 대응은 정화의 실제 현실에서는 찾기 어려웠다. 불교계는 사회와 시대의 요구에 부합할 만한 보편적 가치와 내일의 전망을 제시하지 못했다. 그 대신 구태의연하고 갈등으로 점철된 종교, 갑자기 승려가 된 급조승의 어두운 이미지가 짙어졌다. 그 결과 오랜 역사 속에서 한국인과 생사고락을 함께해온 불교는 그동안 행해왔던 종교적 기능과 사회적 지분을 개신교와 천주교에 점차 빼앗기게 되었다. 불교는 한국 현대사의 풍파 속에서 침체기에 접어들었고 개혁과 현대화의 퍼즐을 다시 꿰맞추기까지는 많은 시간이 필요했다.

6장

현대 한국 불교의 발자취,
그리고 오늘과 내일

현재 한국 불교는 번성과 쇠퇴의 갈림길에 서 있다. 출가자 수는 계속 줄고 있고 신도는 고령화되었으며 도시, 청년, 지식인층에서의 확산은 정체되어 있다. 무엇보다 불교를 포함한 종교 자체의 수요와 성장 가능성이 점차 줄어들고 있는 것이 지금의 현실이다. 과연 몇십 년이 지난 후에도 한국 불교가 거대 종교의 위상을 유지하면서 사회적 역할을 수행하고 큰 지분을 가질 수 있을까? 긍정적인 측면은 불교가 단순한 하나의 종교가 아니라 한국인과 오랜 역사를 함께해온 전통이자 문화라는 점이다. 어디를 가나 깊은 산속에는 고색창연한 절이 있고 누구나 고즈넉한 분위기에서 일상에 찌든 삶을 되돌아보고 마음의 위안을 얻을 수 있다. 박물관에서 불화와 불상 특별전이 성황리에 개최되고 외국인들도 관심을 갖는 템플스테이가 무난히 정착한 것은 불교가 가진 전통문화로서의 특성과 매력을 잘 보여준다. 대중에게 친숙한 유명 스님들의 강연과 책이 인기를 끌고 관심을 받는 것도 불교가 현대사회에서 그 나름의 역할을 할 수 있다는 방증이다. 최근에는 현대인의 고달픈

심신을 치유하는 명상심리, 선과 위파사나 수행, 사회복지와 유아교육 등 다양한 분야에서 불교가 사회화되고 생활 속까지 파고드는 모습을 볼 수 있다.

한국 불교가 겪어온 현대사는 영욕의 세월로 점철되었다고 해도 지나치지 않다. 식민지기에 시행된 사찰령에 연원을 둔 법령이 유지되면서 불교계는 언제라도 국가권력에 휘둘리게 되었고, 정교분리 원칙이 분명히 있음에도 종교적 자유와 자율성을 침해당하기 일쑤였다. 1962년 국가재건최고회의의 지시로 통합종단 대한불교조계종이 성립되었을 때 제정된 불교재산관리법은 국가에서 불교재산에 대한 관리 처분권을 행사하는 내용이었다. 사찰에서는 경내에 공사 하나를 하려 해도 정부의 허가를 얻어야 했고, 매년 재산목록을 작성해 관할 관청에 제출하는 것이 의무였다. 여기에 불교단체와 대표자, 사찰 주지는 당시의 문화공보부에 등록하게 함으로써 정부에서 마음만 먹으면 불교계의 조직·인사 문제에도 개입할 수 있었다. 이처럼 많은 독소 조항이 포함된 불교재산관리법은 일제강점기에 총독부가 사찰재산 처분권과 30본산 주지의 인사권을 장악하기 위해 만든 사찰령을 거의 그대로 이은 것이었다.

불교계는 정화과정에서 깊은 상처를 입은 채 외부의 압력 때문에 강제로 합치기는 했지만, 통합종단이라는 한 우산 안에서 비구와 대처 측의 갈등과 반목은 쉽게 없어지지 않았다. 1970년에 대처 측이 태고종을 독립해 세우고 분가한 후에도 대한불교조계종의 주도층은 종정 중심파와 총무원장 중심파로 나뉘어 분쟁을 벌였다. 식민지기와 마찬가지로 이때도 종단의 주도권을 차지하기 위해서는 국가권력의 지지와 암묵적 동의를 받아야 했다. 살벌한 유신체제에서 1975년 조계종은 호국불교 전통을 되살린다는 명목으로 호국승군단護國僧軍團을 조직했는데, 이는 박정희 대통령의 지시로 이루어진 일이었다. 이처럼 불교계의 정치적 종속은 총독부의 사찰령 체제로 거슬러 올라갈 만큼 뿌리가 깊었고, 그만큼 이러한 질곡에서 빠져나와 자율성을 회복하기란 쉬운 일이 아니었다.

이런 상황에서 정치권력이 불교계를 폭력으로 탄압한 유사 이래 찾기 힘든 희대의 사건이 벌어졌다. 박정희 대통령 서거 후 군사쿠데타를 일으킨 전두환 정권의 성립과정에서 신군부가 주도해 벌인 10·27 법난法難이 그것이다. 이는 국가권력

10·27 법난 기사

이 대놓고 불교계에 철퇴를 가한 초유의 사태로, 조선 초에 종파의 축소 통합과 토지·노비 환수를 목적으로 한 억불정책을 시행할 때도 없었던 일이다. 10·27 법난은 신군부세력이 제5공화국 헌법을 제정한 날

인 1980년 10월 27일에 예고도 없이 갑자기 벌어졌다. 신군부는 사회 정화 차원에서 불교도 정화해야 한다는 미명 아래 전국의 사찰과 암자 5,700여 곳에 군대와 경찰 병력 3만여 명을 한꺼번에 투입해 대대적인 검속과 체포 작전을 펼쳤다. 당시 계엄사령부 합동수사본부에서는 "불교계는 사이비 승려와 폭력배가 난동·발호하는 비리 지대로서 자력으로 갱생할 힘이 없는 것으로 판단했다"고 하며, "사회정화 차원에서 철퇴를 가한다"는 공식 입장을 냈다. 이때 조계종 승려 등 불교계 인사 150여 명이 군과 경찰에 강제로 연행되고 구금되었으며, 무자비한 폭력과 고문이 아무렇지도 않게 자행되었다.

신군부가 군사쿠데타 후 정권 창출과정에서 느닷없이 10·27 법난을 일으킨 원인은 무엇일까? 지금까지 알려진 바로는 조계종 총무원 측이 군사정권에 협조하지 않고 오히려 반대의사를 밝혀 신군부의 눈 밖에 났기 때문이라고 한다. 이 밖에도 정권 창출을 위해 막대한 정치 자금이 필요했는데 토지 등 재산을 많이 보유한 불교계를 부정부패로 몰아서 비자금을 조성하려 했다는 주장도 있다. 총무원이 신군부의 심기를 건드리게 된 과정은 다음과 같다. 앞서 1980년 4월에 조계종 총무원장에 취임한 태공太空 월주月珠는 정치권력의 간섭으로부터 벗어나 종단을 자율적으로 운영하고 자체적으로 정화를 시행하겠다고 밝혔다. 그뿐 아니라 정부가 불교계를 옥죄고 단속하는 수단이 되어온 불교재산관리법의 폐지를 요구했다. 그런데 이때 5·18 광주민주화운동이 일어나자 월주 총무원장은 광주를 방문해 성금을 전달하고 공수부대를 동원해 시민을 학살한 전두환 정권에 대한 지지성명을 거부했다.

당시 신군부의 서슬 퍼런 기세는 하늘을 찔렀는데, 고분고분하기만

했던 불교계가 반기를 드는 모습을 보이자 눈엣가시로 여기며 그 싹을 아예 잘라버리고자 했던 것이다. 12·12 군사쿠데타와 광주에서의 유혈진압으로 권력을 다잡은 신군부 측이 국민적 저항과 반발 확산을 막기 위해 불교를 본보기로 찍어 누른 것이 10·27 법난이었다. 전통종교인 불교에 비해 천주교와 개신교는 로마 교황청이나 미국 등 든든한 뒷배가 있었다. 또 사회 지도층 인사와 유력자 중에 기독교 신자가 많았기 때문에 폭력을 가하거나 막무가내로 건드리기에는 정치적 부담이 컸을 것이다. 1987년 6·10 민주항쟁 때도 민주화세력과 운동권 학생들이 줄곧 대피했던 곳이 명동성당인데 경찰 등 공권력이 그 안에 함부로 들어가지 못한 것도 그 때문이다. 이에 비해 불교는 신군부 입장에서 가장 만만한 거대 종교였고 비리 혐의를 씌우고 정화의 명분을 찾는 데 그다지 부담을 느끼지 않아도 되었다. 이처럼 10·27 법난은 흉흉한 민심을 다잡고 군사정권을 세우기 위해 공포 분위기를 조성해야 했던 신군부의 선택이었고, 불교는 정치적 희생양이 되고 말았다.

법난이라 불릴 정도로 역사에 남을 치욕적인 사태를 겪었음에도 당시 불교계의 공식적 대응은 없었다. 법난이 일어난 바로 다음 해인 1981년에 조계종의 종정에 오른 퇴옹 성철은 "산은 산이요 물은 물이다"라는 유명한 취임 법어를 남겼을 뿐이다. 이후 1980년대 후반 한국 사회를 강타한 민주화운동과 개혁 열망의 분출 속에서도 불교계 교단 주도층은 별다른 반응을 보이지 않았다. 오히려 총무원 측은 정권의 뜻에 맞춰 협력하면서 체제의 수호자 역할을 자임하는 듯 보였다. 이는 정권교체와 사회변혁을 위한 시민사회의 움직임에 호응하며 방패막이 되어준 천주교와 대비되는 모습이었다. 그러면서 시대의식과 무관한 보

전국승려대회

수적이고 구태의연한 종교라는 이미지가 덧씌워졌음은 물론이다. 노태우 정부 때였던 1988년 11월에는 국회 청문회를 피해 전두환 전 대통령이 설악산 백담사百潭寺로 도피했고 2년 동안 은둔했다. 광주 유혈사태와 10·27 법난을 일으킨 최종 결정권자인 그를 사찰에서 받아주고 보호해준 것을 불교의 자비행이라고 하기에는 왠지 개운치 않다. 법난에 대한 최소한의 사죄나 반성도 없이 덥석 면죄부를 준 셈이다.

이후 1990년대에는 민주화의 여파로 불교계에도 거센 개혁의 바람이 불었다. 급기야 1994년에 전국승려대회가 열렸고 개혁불사가 단행되었다. 전두환 정권 이래 정치권력과 유착해 종단을 장악하고 권세를 누렸던 조계종의 서의현 총무원장이 쫓겨나고 승적을 박탈당하는 멸빈이 행해졌다. 새로 출범한 개혁종단은 종회의 입지를 강화해 입법·사법·행정의 삼권을 분리·독립시켰다. 또 총무원의 재정을 공개해 중앙집중화를 추구하고 교육원과 포교원을 총무원과 별도의 기구로 설립했다. 이는 총무원장의 권력 독점을 방지하고 재정 투명화와 교육·포교사업 정비를 통해 불교계의 민주화와 제도적 안정, 인적 수준의 향상과 대중화를 도모하기 위한 장치였다.

개혁불사의 불씨는 1980년대에 불교 자주화와 사회화, 분규 종식 등을 내걸고 일어난 승려대회, 그리고 전국청년불교도연합회, 불교정토구현 전국승가회, 대승승가회 등의 활동에서부터 찾을 수 있다. 교단 개혁세력은 이 밖에도 실천승가회 등을 조직해 정치권력에 영합해온 총무원 측과 맞서 한국 사회의 민주화 열망에 부합하는 불교계의 개혁을 꿈꾸었다. 그리고 그 결과물로 얻은 중간 성과물이 바로 개혁불사였다. 개혁불사를 주도한 이들은 한국 불교의 지형을 바꾸려는 많은 시도를 했고 현재까지도 교계에 영향력을 행사하고 있다. 하지만 진정한 개혁이란 안주하지 않고 끊임없이 변화의 노력을 기울일 때 가능하다. 또한 사람보다는 구조와 제도를 통해 안정성과 지속성을 담보할 수 있어야 한다. 무엇보다 출가자와 재가자를 아우르는 사부대중의 지지와 동참이 필수적이다.

현재 한국 불교 최대 종단인 대한불교조계종 종단의 법규는 재정 운영과 인사 문제에서 총무원과 종회가 각각의 권한을 행사하며 권력을 분산하고 본사의 자율권이 기본적으로 보장된 것처럼 보인다. 하지만 실제 현실에서는 총무원장에 권력이 집중되어 있고, 종권의 향방과 권력을 둘러싼 잡음도 없지 않았다. 이러한 문제의 역사적 연원을 찾다보면, 일제의 사찰령 체제와 만나게 된다. 사찰령에 따르면 본사의 주지 임면권과 사찰재산 처분권을 총독이 행사했고, 해방 이후에도 재산관리권만큼은 계속 정부가 쥐고 있었다. 현재 시행되고 있는 '전통사찰 보존 및 지원에 관한 법률'에서도 "사찰의 주지가 운영·관리 중인 사찰을 전통사찰로 지정받기 위해서는 사찰이 속한 단체 대표자의 추천서를 첨부해 대통령령으로 정하는 바에 따라 시·도지사를 거쳐 문화체육관광부장관에게 신청할 수 있다"고 밝혀 국가의 보존 지원을 받는 대신 임의로 처분할 수 없는 전통사찰 지정에 관의 입김이 크게 작용함을 볼 수 있다.

현재 수많은 전통사찰이 국고나 지자체의 지원을 받고 있다. 국민과 지역민의 세금으로 사찰 건물을 짓거나 보수하고 각종 행사를 치르며, 국립공원 입장료와 템플스테이 사업비 등으로 사찰 운영비를 충당하는 상황에서 불교계의 자율권과 독립성을 말하기에는 한계가 있다. 문제는 나라의 보조금에 길들여지고 타성에 젖다보면 불교의 자생력과 정치적 중립성을 잃게 될지 모른다는 점이다. 출가자가 급감하고 개별 사찰의 신도 수가 줄어드는 현실에서 불교의 자립과 독자적 입지는 축소될 수밖에 없다. 국립공원 관리나 전통문화 수호도 중요하지만, 중생 구제의 이타행 같은 불교 본연의 역할은 유지나 보존보다 더 중요한 일이다.

한국 불교의 미래는 불교의 장점을 살려서 현재 한국 사회에 어떻게 적용할지에 달려 있다. 불교는 자기 자신에 집착하지 말라는 무아와 공, 모든 일에는 원인과 결과가 있다는 연기론 등 많은 지혜와 가르침을 주었다. 또 자율과 평등, 이타주의, 비폭력과 생태주의 등도 불교의 교리와 역사 안에서 찾을 수 있다. 불교는 1,700년 동안 한국인의 심성과 가치관을 형성해왔고 DNA의 일부를 이루고 있다. 그뿐 아니라 현재까지 살아 있는 주류 종교로서 큰 영향력을 미치고 있다. 시야를 확대해서 보면 지난 2,500년간 불교는 고도의 사유체계이자 보편적 세계종교로서 아시아 각지에 많은 영향을 주었고 인류 문명사에 크게 기여했다. 수많은 붓다의 계승자들은 종교적 경건함과 구도의 치열함으로 무장한 채 신앙과 수행, 교화에 생애를 바쳤다. 불교의 미래적 가치는 바로 과거부터 현재까지 쌓아올린 업과 인연에서 출발하며, 그 종교문화의 밝은 빛은 아시아를 넘어 세계로 널리 퍼져나갔다. 한국 불교도 21세기 불교의 세계화와 인류 문명의 길 안내자 역할에 동참하기 위해 무엇을 어떻게 해야 할지 깊이 고민할 때다.

연표

기원전 560년경	고타마 싯다르타 탄생
1세기 중반	후한 명제 때 중국에 불교가 들어옴
372년	고구려 소수림왕 때 전진에서 순도가 불상과 불경을 가지고 옴
374년	진에서 아도가 고구려에 옴
375년	고구려 소수림왕 때 초문사(성문사)와 이불란사 창건
384년	백제 침류왕 때 동진에서 마라난타가 와서 불교 전래
385년	백제 한산에 절을 짓고 10인 출가
391년	고구려 고국양왕이 '불법을 믿고 복을 구하라'는 교서 내림
392년	고구려 광개토왕이 평양에 9개 사찰 창건
395년	중국 승려 담시가 요동에 와서 교화
417~499년	신라 눌지왕(소지왕) 때 묵호자(아도)가 모례의 집에 머물며 교화
526년	백제 겸익이 인도에 가서 율장을 전래해 와 번역했다고 전함
527년	신라 법흥왕이 흥륜사 창건을 지시, 귀족들의 반대와 이차돈 순교
535년	신라 법흥왕이 불교 공인
538년(552년)	백제 성왕이 왜에 불상과 경전 보냄
541년	백제 성왕이 양 무제에게 『열반경』 등 주석서를 요청해 받음
544년	신라 진흥왕 때 흥륜사 창건
548년	백제 승려 도심이 일본에 감
549년	신라 각덕이 양나라에서 진신사리를 가지고 옴
551년	고구려 승려 혜량이 신라의 국통이 되어 처음으로 백고좌회 주관

565년	신라 명관이 진에서 불교 경전 1,700여 권 가지고 돌아옴
569년	신라 진흥왕 때 황룡사 완공, 574년 장육존상 조성
584년	일본 비구니 승려들이 정식 수계를 위해 백제에 옴
593년	일본 최초의 사찰 호코지(법흥사) 창건
595년	백제 혜총이 일본 쇼토쿠 태자의 스승이 됨
602년	수나라에 유학한 신라 지명이 귀국해 『사분율갈마기』 저술
608년	신라 원광이 수나라에 보내는 「걸사표」를 씀
610년	고구려 담징이 일본에 오경과 채색기법, 종이·먹 등의 제작기술을 전함
613년	원광이 황룡사에서 백고좌회를 열고 경을 강의
623년	백제 관륵이 일본 삼론종의 초대 승정이 됨
643년	신라 자장이 당에서 돌아와 대국통이 됨
645년	삼장법사 현장이 인도 유학을 마치고 중국 장안으로 돌아옴
646년	신라 황룡사 9층 목탑 조성
650년	고구려 보덕이 백제 완산에 와서 가르침
658년	원측이 당 황실 지원으로 세워진 서명사에 주석
661년	의상이 당나라 유학을 떠나 670년에 귀국
670년	명랑이 문두루비법으로 당군 격퇴를 기원
676년	의상이 부석사 창건
679년	신라 문무왕 때 경주에 사천왕사 창건
686년	원효가 혈사穴寺에서 입적
719년	김지성이 감산사를 창건하고 아미타불상과 미륵보살상 조성
727년	신라 출신 혜초가 인도를 순례하고 『왕오천축국전』 저술
751년	김대성이 불국사와 석불사 착공, 뒤에 국가에서 완공 현존 세계 최고 목판인쇄물 『무구정광대다라니경』 석가탑에 봉안

771년	성덕대왕신종(에밀레종) 조성
802년	해인사 창건
821년	도의가 중국에서 남종선을 최초로 전래해 옴
828년	홍척이 실상산문 실상사 창건
847년	무염이 성주산문 성주사 개창
851년	범일이 사굴산문 굴산사 창건
857년	체징이 가지산문 보림사 개창
865년	철원 향도 1,500명이 도피안사에 봉안된 철제 비로자나불상 조성
884년	도선이 광양에 옥룡사 창건
919년	고려 태조가 개경에 10사 창건
936년	고려 태조가 논산 개태사를 창건하고 발원문을 지음
958년	광종이 승과 실시, 승계제도 시행
961년	제관이 천태 전적을 가지고 중국 오월에 감
968년	광종이 혜거를 국사, 탄문을 왕사로 임명
982년	최승로가 불교와 유교의 역할을 구분하는 「시무 28조」 올림
991년	송의 개보장이 고려에 들어옴
1018년	성종이 현화사 창건
1029년	초조대장경 1차 판각됨
1063년	요나라에서 대장경을 보내옴
1067년	문종의 원찰 흥왕사 창건
1087년	초조대장경 6,000여 권 조성 완료
1090년	의천이 『신편제종교장총록』 편찬
1097년	의천이 천태종 창설, 국청사 낙성
1174년	개경의 승려 2,000명이 무인정권에 반발하다 진압됨

1190년	보조 지눌이 팔공산 거조암에서 정혜결사 행함
1205년	왕명으로 송광산 길상사를 조계산 수선사로 개칭
1215년	각훈이 『해동고승전』 편찬
1232년	요세가 백련사에 보현도량 설립
1238년	몽골군이 경주 황룡사 9층탑을 불태움
1245년	강화도에 수선사 계통의 선원사 창건
1251년	재조대장경 완성
1258년경	일연이 『삼국유사』 편찬
1290년	법상종 계열 혜영 등 사경승 65인이 원에 파견됨
1343년	원의 기황후가 금강산 장안사 중창
1351년	이색이 오교양종의 폐단 시정을 요구하는 상소를 올림
1356년	태고 보우가 공민왕의 왕사가 되고 개경 광명사에 원융부 설치
1370년	나옹 혜근이 공부선 주관
1371년	나옹 혜근이 공민왕의 왕사가 됨
1377년	백운 경한이 『불조직지심체요절』을 편집해 금속활자로 간행
1392년	조선 태조가 무학 자초를 왕사로 책봉
1394년	정도전이 『불씨잡변』 저술
1399년	대장경판이 강화도 선원사, 한양 지천사를 거쳐 해인사에 이안됨
1406년	태종대 불교 종파 11종 242사 국가에서 지정 관리
1407년	불교 종파를 7종으로 통합하고 242사 중 88사를 명산의 절로 대체
1424년	세종대 선교양종으로 통폐합하고 36사만 승정체제에서 관리 승록사 폐지하고 흥천사와 흥덕사를 선교양종의 도회소로 삼음
1449년	수양대군이 지은 부처 일대기 『석보상절』 간행
1459년	『월인천강지곡』과 『석보상절』을 합친 『월인석보』 간행

1461년	세조가 불서 간행을 위한 간경도감 설치
1464년	한양 도성 내에 원각사 창건, 1467년 원각사 탑 건립
1472년	세조비 정희왕후가 회암사 중창
1485년	『경국대전』 반포, 도승조 규정 법제화
1504년	연산군이 승과 시행 중단
1512년	중종대 선교양종 폐지
1516년	『경국대전』 도승조 사문화, 왕실 기신재 폐지
1550년	문정왕후가 선교양종 재건, 도첩과 승과 재개
1551년	허응 보우가 선종판사 제수
1552년	식년시로 승과 시행
1555년	청허 휴정이 선종과 교종의 판사 역임
1564년	휴정이 『선가귀감』 언해본 간행
1566년	선교양종 혁파
1592년	휴정이 임진왜란 의승군 일으킴, 사명 유정 등 승군 통솔
1593년	팔도도총섭, 도별로 총섭 2명 임명
1604년	사명 유정이 일본에 탐적사로 건너가 도쿠가와 이에야스와 회담
1626년	남한산성 축성, 팔도도총섭 벽암 각성이 이끄는 승군 동원
1678년	호적에 직역으로 승역 등재
1681년	전라도 임자도에 중국 가흥대장경 불서 표착
1695년	백암 성총이 가흥장 불서 190권 간행
1703년	화엄사 각황전 중창
1711년	북한산성 수축, 승군 350명 방비
1725년	환성 지안이 금산사에서 1,400명이 참여하는 화엄법회 개최
1756년	호암 약휴의 건의로 남·북한산성 승역을 돈으로 내는 방번전제 실시

1757년	승려의 산릉역 중지
1764년	사암 채영이 『서역중화해동불조원류』 간행
1785년	남·북한산성 의승방번전 반감
1790년	정조가 현륭원 수복사로 용주사 창건
1802년	건봉사 만일염불회 결성
1817년	해인사 대적광전 중창, 김정희가 상량문을 지음
1826년	백파 긍선의 『선문수경』, 초의 의순의 『선문사변만어』 선 논쟁 시작
1851년	법주사에 잡역 면제 등의 완문과 공명첩 내려짐
1863년	설두 봉기가 『산사약초』 저술
1866년	흥선대원군이 화계사 중창 지원
1877년	일본 정토진종 오타니파 부산 별원 설립
1879년	개화승 이동인이 봉원사에서 서양 문물 소개
1895년	승려의 도성 출입 금지 해제
1899년	서울 동대문 밖에 수사찰인 원흥사 창건
1902년	대법산 원흥사에 사사관리서를 두고 사찰현행세칙 36조 시행
1906년	사찰관리세칙 시행, 원흥사에 불교연구회 설립, 명진학교 개교
1908년	통합종단 원종 창립
1910년	원종과 일본 조동종이 비밀 연합조약 체결, 임제종 건립운동 시작
1911년	총독부 사찰령과 시행규칙 반포, 조선불교 선교양종 체제 가동
1912년	30본산 본말사법 제정
1913년	한용운이 『조선불교유신론』 출간
1919년	3·1운동 민족지도자 33인에 한용운, 백용성 참여 11월 15일 상해에서 대한승려연합회 독립선언서 발표
1920년	조선불교청년회 창립

1921년	조선불교유신회, 선학원 창립
1922년	이영재가 「조선불교혁신론」 발표
1929년	조선불교승려대회 개최, 종헌 제정
1930년	백용성이 대각교 설립, 한용운이 만당 결성 주도
1941년	조계종 태고사 총본산 체제 출범
1945년	전국승려대회에서 조선불교 교헌 제정, 중앙총무원 구성
1947년	청담 순호와 퇴옹 성철이 봉암사 결사를 일으킴 만암 종헌이 백암사 고불총림 결성
1954년	이승만의 유시로 불교정화운동 시작
1962년	통합종단 대한불교조계종 출범, 불교재산관리법 시행
1970년	대처 승려 측이 한국불교태고종 설립
1980년	전두환 신군부가 10·27 법난을 일으킴
1994년	개혁불사와 함께 개혁종단 출범

1부 한국인의 삶 속에 들어온 불교

〈팔상도 도솔래의상〉: 통도사 영산전 팔상도, 보물 제1041호, 문화재청 국가문화유산포털
〈팔상도 쌍림열반상〉: 통도사 영산전 팔상도, 보물 제1041호, 문화재청 국가문화유산포털
백률사 이차돈 석당: 국립경주박물관 제공
김해 파사석탑: 경상남도 문화재자료 제227호, 문화재청 국가문화유산포털
북한산 진흥왕순수비: 국보 제3호, 문화재청 국가문화유산포털
황룡사와 9층 목탑 복원도: 국사편찬위원회 편, 『신앙과 사상으로 본 불교 전통의 흐름』, 두
　　산동아, 2007, 55쪽
경주 사천왕사지: 사적 제8호, 문화재청 국가문화유산포털
익산 미륵사지 석탑: 국보 제11호, 문화재청 국가문화유산포털
『속고승전』원광 전기: 고려대장경, 불교기록문화유산아카이브
통도사 금강계단: 국보 제290호, 문화재청 국가문화유산포털

2부 신라 불교, 사상과 신앙의 나래를 펴다

원효의 『금강삼매경론』: 불교기록문화유산아카이브
불국사 아미타여래좌상: 국보 제27호, 문화재청 국가문화유산포털
분황사 원효 진영: 문화재청 국가문화유산포털
분황사 화쟁국사비부: 경상남도 유형문화재 제97호, 문화재청 국가문화유산포털
의상: 부산광역시 유형문화재 제55호(범어사), 문화재청 국가문화유산포털
시안 홍교사 원측탑과 소조상: 국사편찬위원회 편, 『신앙과 사상으로 본 불교 전통의 흐름』,

두산동아, 2007, 82쪽

불국사 다보탑과 석가탑: 국보 제20·21호, 문화재청 국가문화유산포털

석굴암 본존불: 국보 제24호, 문화재청 국가문화유산포털

혜초의 『왕오천축국전』: 저자 소장 복본

도선 진영: 보물 제1506호(순천 선암사), 문화재청 국가문화유산포털

3부 고려 불교, 전성기를 노래하다

개태사지 석불입상: 보물 제219호, 문화재청 국가문화유산포털

연등회: 국가무형문화재 제122호, 문화재청 국가문화유산포털

대각국사 의천: 보물 제1044호(순천 선암사), 문화재청 국가문화유산포털

제관의 『천태사교의』: 보물 제1052호(경기도박물관), 문화재청 국가문화유산포털

보조 지눌: 보물 제1043호(송광사), 문화재청 국가문화유산포털

백련사 사적비: 보물 제1396호, 문화재청 국가문화유산포털

초조본 『법원주림』: 보물 제1838호, 문화재청 국가문화유산포털

해인사 대장경 경판: 국보 제32호, 문화재청 국가문화유산포털

〈수월관음도〉: 보물 제1426호(아모레퍼시픽미술관), 문화재청 국가문화유산포털

매향비: 보물 제614호(경상남도 사천시 곤양면 흥사리), 문화재청 국가문화유산포털

일연의 『삼국유사』: 국보 제306-4호, 문화재청 국가문화유산포털

군위 인각사지 석조부재: 사적 제374호, 문화재청 국가문화유산포털

몽산 덕이의 『육도보설』: 보물 제1737호, 문화재청 국가문화유산포털

회암사 선각왕사비와 나옹: 보물 제387호, 문화재청 국가문화유산포털

4부 조선 불교, 유교와의 힘겨루기

목은 이색: 보물 제1215-1호, 문화재청 국가문화유산포털

함허 기화의 『현정론』: 경상남도 유형문화재 제663호(창원 봉림사), 문화재청 국가문화유

산포털

『경국대전』 도승조: 보물 제1521호, 문화재청 국가문화유산포털

원각사지 10층 석탑: 국보 제2호(서울 탑골공원), 문화재청 국가문화유산포털

『석보상절』: 보물 제523호(국립중앙도서관, 동국대도서관 등), 문화재청 국가문화유산포털

『수륙무차평등재의촬요』: 경기도 고양시 원각사 소장(1533년 문수사본), 경기도 유형문화
　　재 제240호, 불교기록문화유산아카이브

봉은사 석가여래삼불좌상: 보물 제1819호, 문화재청 국가문화유산포털

회암사 〈약사여래삼존도〉: 보물 제2012호(국립중앙박물관), 문화재청 국가문화유산포털

청허 휴정: 경상남도 유형문화재 제450-1호(양산 통도사), 문화재청 국가문화유산포털

사명 유정: 보물 제1505호(대구 동화사), 문화재청 국가문화유산포털

5부 유교사회와 불교, 공생을 꿈꾸다

벽송 지엄: 경상남도 유형문화재 제316호(함양 벽송사), 문화재청 국가문화유산포털

태고 보우 탑: 보물 제749호(태고사 원증국사탑), 문화재청 국가문화유산포털

보조 지눌의 『법집별행록절요병입사기』: 보물 제1148호(명지대박물관), 문화재청 국가문
　　화유산포털

『대승기신론소』: 보물 제1713호, 문화재청 국가문화유산포털

해인사 〈지장시왕도〉: 보물 제1799호, 문화재청 국가문화유산포털

천은사 〈칠성탱〉: 부산시 유형문화재 제143호, 문화재청 국가문화유산포털

서산대사 교지: 보물 제1357호(해남 대흥사), 문화재청 국가문화유산포털

표충사 순영 「완문」: 밀양 표충사 소장, 불교기록문화유산아카이브

벽암 각성의 『석문상의초』: 징광사본, 불교기록문화유산아카이브

김정희의 〈세한도〉: 국보 제180호, 문화재청 국가문화유산포털

환성 지안: 경상남도 유형문화재 제450-3호(통도사), 문화재청 국가문화유산포털

인악 의첨: 대구시 유형문화재 제61호(동화사), 문화재청 국가문화유산포털

백파 긍선의 『선문수경』: 담양 용흥사 소장, 불교기록문화유산아카이브

초의 의순의 〈십일면천수관음보살도〉: 전라남도 유형문화재 제179호(대흥사), 문화재청 국

가문화유산포털

『서역중화해동불조원류』: 담양 용흥사 소장(1764년 송광사본), 불교기록문화유산아카이브

『동사열전』과 『대둔사지』: 담양 용흥사 소장, 불교기록문화유산아카이브

6부 근대화의 격랑과 불교의 활로 모색

용산 오타니파 혼간지: 민족사 제공

원흥사: 민족사 제공

이회광: 민족사 제공

조선불교 청년총동맹 창립대회: 민족사 제공

한용운: 출처 미상

백용성: 민족사 제공

『조선불교월보』: 불교기록문화유산아카이브

이능화: 민족사 제공

박문사: 민족사 제공

퇴옹 성철과 청담 순호: 출처 미상

10·27 법난 기사: 출처 미상

전국승려대회: 출처 미상

토픽 한국 불교사

36개 테마로 보는 한국 불교의 스펙트럼

2021년 6월 30일 초판 1쇄 발행

지은이 | 김용태
펴낸곳 | 여문책
펴낸이 | 소은주
등록 | 제406-251002014000042호
주소 | (10911) 경기도 파주시 운정역길 116-3, 101동 401호
전화 | (070) 8808-0750
팩스 | (031) 946-0750
전자우편 | yeomoonchaek@gmail.com
페이스북 | www.facebook.com/yeomoonchaek

ISBN 979-11-87700-42-5 (03220)

여문책은 잘 익은 가을벼처럼 속이 알찬 책을 만듭니다.